99. WISSENSCHAFTLICHE VERÖFFENTLICHUNG

DER DEUTSCHEN ORIENT-GESELLSCHAFT

AUSGRABUNGEN
DER
DEUTSCHEN ORIENT-GESELLSCHAFT
IN ASSUR

E

INSCHRIFTEN

VII.

# KEILSCHRIFTTEXTE AUS MITTELASSYRISCHER ZEIT

---

# 2. MITTELASSYRISCHE RECHTSURKUNDEN UND VERWALTUNGSTEXTE IV
# TAFELN AUS KĀR-TUKULTĪ-NINURTA

VON
HELMUT FREYDANK
MIT EINEM BEITRAG ZU DEN SIEGELABROLLUNGEN VON
CLAUDIA FISCHER

# MITTELASSYRISCHE RECHTSURKUNDEN UND VERWALTUNGSTEXTE IV
# TAFELN AUS KĀR-TUKULTĪ-NINURTA

VON

HELMUT FREYDANK

MIT EINEM BEITRAG ZU DEN SIEGELABROLLUNGEN VON

CLAUDIA FISCHER

herausgegeben von der

DEUTSCHEN ORIENT-GESELLSCHAFT

und dem

VORDERASIATISCHEN MUSEUM
DER STAATLICHEN MUSEEN ZU BERLIN
PREUSSISCHER KULTURBESITZ

2001

in Kommission bei

SAARBRÜCKER DRUCKEREI UND VERLAG · SAARBRÜCKEN

Die Deutsche Bibliothek – CIP-Einheitsaufnahme

Keilschrifttexte aus mittelassyrischer Zeit.
– Saarbrücken : SDV, Saarbrücker Dr. und Verl.
(Ausgrabungen der Deutschen Orient-Gesellschaft in Assur: E, Inschriften ; 7)
2. Mittelassyrische Rechtsurkunden und Verwaltungstexte. – 4. Tafeln aus Kār-Tukultī-Ninurta /
hrsg. von der Deutschen Orient-Gesellschaft und dem Vorderasiatischen Museum
der Staatlichen Museen zu Berlin Preußischer Kulturbesitz. Von Helmut Freydank.
Mit einem Beitr. zu den Siegelabrollungen von Claudia Fischer. – 2001
(... Wissenschaftliche Veröffentlichung der Deutschen Orient-Gesellschaft ; 99)
ISBN 3-930843-75-7


Gedruckt auf alterungsbeständigem Papier.
Gesamtherstellung und Verlagsauslieferung: Saarbrücker Druckerei und Verlag GmbH, Saarbrücken.
Printed in Germany
ISBN 3-930843-75-7
ISSN 0342-4464

# Vorwort der Herausgeber

Mit dem vorliegenden 99. Band der Wissenschaftlichen Veröffentlichungen der Deutschen Orient-Gesellschaft (WVDOG) werden die mit WVDOG 92 begonnenen Bemühungen der Deutschen Orient-Gesellschaft und des Vorderasiatischen Museums Berlin um die gemeinsame Publikation altorientalischer Schriftdenkmäler fortgesetzt. Gleichzeitig ist dieser Band bereits der vierte der *Mittelassyrischen Rechtsurkunden und Verwaltungstexte (MARV)* (= KAM [Keilschrifttexte – Assur – Mittelassyrische Zeit] 2). Er enthält insgesamt 173 Tafeln und Tafelfragmente aus den Ausgrabungen in Kar-Tukulti-Ninurta 1913/14. Nach den wenigen vereinzelt publizierten Texten aus der assyrischen Residenzstadt wird hiermit nach nunmehr nahezu 90 Jahren ein ausschließlich diesen Texten gewidmeter Band vorgelegt.

Wie schon bei den ersten Heften stammen die Autographien wiederum aus der Hand von Helmut Freydank, der in seinem Vorwort auch auf die Schwierigkeiten bei der Identifikation und Zuordnung einzelner Texte eingeht. Auf die weitere Bearbeitung dieser Texte durch den Autor dürfen wir mit Spannung warten.

Besondere Bedeutung erhält der vorliegende Band dadurch, dass neben den Texten auch die darauf befindlichen Siegelabrollungen, die Claudia Fischer, M. A., bearbeitet hat, enthalten sind, so dass die schon mit WVDOG 94 begonnene „ganzheitliche" Bearbeitung der gesiegelten Tontafeln beibehalten wurde.

Die Deutsche Orient-Gesellschaft und das Vorderasiatische Museum danken den beiden Autoren, besonders aber H. Freydank, für den unermüdlichen Einsatz bei der Bearbeitung der MARV, sowie allen anderen, die an der Fertigstellung dieses Bandes beteiligt waren.

Beate Salje
Direktorin
des
Vorderasiatischen Museums

Jan-Waalke Meyer
Vorsitzender
der
Deutschen Orient-Gesellschaft

# Vorwort

In der hiermit vorgelegten 99. Wissenschaftlichen Veröffentlichung der Deutschen Orient-Gesellschaft (WVDOG), die als viertes Heft unter dem Titel „Mittelassyrische Rechtsurkunden und Verwaltungstexte“ (im folgenden: MARV) erscheint, sind 173 Tafeln und Tafelfragmente vereint, die mit Sicherheit oder mutmaßlich während der unter Leitung von Walter Bachmann stehenden Ausgrabungskampagne des Winters 1913/14 in Tulūl al-ʻAqir, dem alten Kār-Tukultī-Ninurta (im folgenden: KTN), gefunden wurden. Einige der damals in KTN zutage gekommenen keilschriftlichen Urkunden sind bereits in MARV 1 (VS 19), MARV 2 (VS 21) oder MARV 3 (WVDOG 92) als Kopien enthalten, und ebenso sei auch auf die von F. Köcher publizierte Tafel aus KTN hingewiesen.[1]

Was diesen Band von seinen Vorgängern besonders unterscheidet, sind der erstmals den Autographien der Berliner mittelassyrischen Texte beigefügte Katalog und die Zeichnungen der Siegelabrollungen, die von Frau Claudia Fischer M. A. erarbeitet wurden. An dieser Stelle sei Frau Fischer für manches anregende Gespräch über die Urkunden wie auch für einige Korrekturen zum einleitenden Teil dieses Heftes gedankt und insbesondere für die Identifizierung der Nr. 170 als Hüllenbruchstück von MARV 2,17. Frau Fischer hat inzwischen ihre Auswertung der Siegelabrollungen auf den Tafeln der KTN-Grabung von 1913/14 nebst einem entsprechenden Katalog in MDOG 131 (1999) 115-154 vorgelegt, so daß mit ihrem hier angefügten „Beitrag zu den Siegelabrollungen“ vor allem dem Erfordernis entsprochen wird, gesiegelte Tontafeln an einem Ort ganzheitlich vorzustellen.

Die im Verlauf jener Kampagne von 1913/14 in KTN gefundenen Tafeln tragen, wie sich zeigte, nur ausnahmsweise Fundnummern, und von ihnen existieren, soweit bekannt, nur wenige Grabungsfotos.[2] Deshalb war es in vielen Fällen nicht möglich, eine Herkunft der Stücke aus KTN zweifelsfrei festzustellen oder auch ihre Zugehörigkeit zu einem bestimmten Fundkomplex aus KTN zu ermitteln. Oftmals waren somit allein

---

[1] Ein Inventartext aus Kār-Tukulti-Ninurta, AfO 18 (1957/1958) 300ff. – An dieser Stelle sei noch einmal darauf aufmerksam gemacht, daß neben der üblich gewordenen Abkürzung „MARV IV“ des Stücktitels vorliegender Publikation nach dem Reihentitel der Assur-Veröffentlichungen eine Abkürzung „KAM (= Keilschrifttexte – Assur – Mittelassyrische Zeit) 2“ für den Band vorgesehen ist (vgl. dazu E. Klengel/J. Renger, in: MARV III [= KAM 1] S. 6).

[2] Tafeln aus KTN sind auf den Assur-Fotos S. 6846, S. 6955 und S. 7024 abgebildet. Dabei erscheint der Fundkomplex T 51 mit seinen sechs Tafeln (a-f = VAT 14431, 14430, 14429 18151, 18147 u. 18148) sowohl auf S. 6846 als auch auf S. 6955. Letzteres Foto zeigt ferner die Tafel T 189 (VAT 18149) sowie eine weitere kleine Tafel, die auf ihrer z. T. beschädigten und sehr wahrscheinlich unbeschriebenen Rs. die Grabungsnr. T 181 trägt. Dieses Stück, das bisher im VAM Berlin nicht festgestellt werden konnte, trägt auf der Vs. etwa sechs beschädigte Zeilen, in denen sich jedenfalls eine Datierung, wie sie schon BMCG 125 wiedergegeben wurde, identifizieren läßt. Neben den beiden auf S. 7024 abgebildeten fragmentarischen mA Tafeln (T 380 a = VAT 19580 u. T 314 = VAT 19579) erscheint eine weitere fragmentarische Tafel unsicherer Zuordnung, die offenbar nA ist. Nach dem Photo-Sachregister S. 372 (Tulul Akir) zeigt das Foto S. 7024 die Funde T 312-380. Die hier dementsprechend zu erwartende Tafel mit der Fund-Nr. T 363 ist allerdings nicht abgebildet. Keines der Fotos zeigt die Tafeln in einem besseren Erhaltungszustand, als er zur Zeit der Anfertigung der Autographien im VAM Berlin angetroffen wurde.

inhaltliche Kriterien entscheidend für die Aufnahme in den Band, sofern nicht alte Beischriften, wie z. B. „o. Nr. evtl. T", dazu verpflichteten, Tulūl al-'Aqir als den wahrscheinlichsten Fundort anzunehmen.[3]

Unter den „Rechtsurkunden und Verwaltungstexten", wie sie im Titel genannt werden, sind abermals auch einige Briefe anzutreffen, die insofern zugehörig sind, als sie jedenfalls mit Angelegenheiten der Verwaltung befaßt sein dürften.

Parallel zu der Textedition ist eine Bearbeitung der Tafeln aus KTN (Texte aus Kār-Tukultī-Ninurta [TKTN]) in Vorbereitung, in die mit Ausnahme des von F. Köcher behandelten Inventartextes alle erkennbar oder möglicherweise der Ausgrabungskampagne 1913/14 entstammenden (Ton)tafelinschriften des Vorderasiatischen Museums zu Berlin einbezogen worden sind. Soweit in früheren Arbeiten aus unpublizierten KTN-Texten zitiert worden ist, werden diese Erwähnungen (vgl. z. B. Vf., AoF 4 [1976] 111-129) bei den Bearbeitungen genannt werden. Das gilt ebenso für die in Vf., Beiträge zur mittelassyrischen Chronologie und Geschichte (BMCG), Berlin 1991 (Schriften zur Geschichte und Kultur des Alten Orients 21) wiedergegebenen Datierungen der KTN-Tafeln.

Nach dankenswerter Auskunft von Herrn Prof. Veysel Donbaz, Istanbul, bewahren die dortigen Arkeoloji Müzeleri einige weitere der seinerzeit in KTN gefundenen Tafeln auf. Deren baldige Publikation wäre nun um so mehr zu begrüßen.

Die unterschiedliche Größe der Tafeln und Tafelfragmente aus KTN bedingte, daß in der vorliegenden Edition eine Abfolge der Texte nach Fundkomplexen (und deren Fundnummern) oder nach Textkategorien nicht eingehalten werden konnte. Die laufenden Nummern der Bearbeitungen werden folglich nicht mit denen dieser Edition identisch sein und an geeigneter Stelle eine Konkordanz erfordern, die in Hinsicht auf immer noch mögliche Joins hier noch nicht gegeben werden kann. Auf ein separates Verzeichnis der „Assur-Photo-Nummern" konnte wegen deren geringer Zahl verzichtet werden. Die Fotonummern erscheinen in der Konkordanz der Fundnummern.

Wegen der getrennten Publikation von Autographien und Bearbeitungen, wobei letztere also um die meisten der früher publizierten Texte aus KTN erweitert sein werden, ist es erforderlich, in beiden Fällen Indizes der Eigennamen beizugeben. Diese werden daher inhaltlich zum überwiegenden Teil übereinstimmen, wenn auch infolge der unterschiedlichen Textzählung die Belegstellen jeweils unter anderen Nummern erscheinen.

Nachdem mehrere weitere Fragmente als zugehörig erkannt werden konnten, hatte sich die Situation um die als MARV 2,17 zusammen mit mehreren Hüllenbruchstücken veröffentlichte Tafel VAT 18007 soweit kompliziert, daß es angebracht schien, hier eine Skizze der Tafelhülle und ein Verzeichnis aller bisher vorliegenden Teile des Dokuments beizugeben. An dieser Skizze sind die Nummern ablesbar, unter denen die einzelnen Fragmente publiziert sind. Infolge der neuen Zuweisung von Hüllenbruchstücken sind die früheren Zeilenzählungen fast ausnahmslos zu korrigieren. – Joins, die erst nach

---

[3] Zur Dokumentation der Tafeln aus KTN und den Möglichkeiten, den betreffenden Tafelbestand im VAM Berlin mit den Daten der Ausgräber in Übereinstimmung zu bringen, s. H. Freydank, Die Tontafelfunde der Grabungskampagne 1913-1914 aus Kār-Tukultī-Ninurta, AoF 16 (1989) 61-67.

Fertigstellung des Kopienteils festgestellt wurden, sind in der Inhaltsübersicht kenntlich gemacht.

Den Direktorinnen des Vorderasiatischen Museums, Frau Dr. E. Klengel-Brandt und Frau Prof. Dr. B. Salje, sowie deren Mitarbeiterinnen und Mitarbeitern, Frau U. von Eickstedt, Frau B. Gaspar, Herrn Dr. J. Marzahn und Herrn H.-J. Nohka, die mir die Tafeln zur Verfügung stellten bzw. meine Arbeit über viele Jahre geduldig und hilfsbereit unterstützten, danke ich an dieser Stelle sehr herzlich.

Dem Vorstand der Deutschen Orient-Gesellschaft e. V. gilt mein Dank für die Aufnahme auch dieses Manuskripts in die Reihe der WVDOG sowie für die finanzielle Absicherung von Formatierungsarbeiten, die in Vorbereitung der Drucklegung erforderlich wurden. Diese Arbeiten hat Frau C. Feyer vorbildlich ausgeführt. Ihr wie auch dem Verlag SDV und namentlich Herrn R. Hesslinger und Frau C. Wüst sei hier ebenfalls gedankt.

Meinen Dank sage ich schließlich der Freien Universität Berlin, als deren im Wissenschaftler-Integrationsprogramm geförderter Mitarbeiter ich mich von 1994 bis 1996 der Aufbereitung und Bearbeitung der hier vorgelegten mittelassyrischen inschriftlichen Quellen widmen konnte.

Berlin, im März 2001 Helmut Freydank

# Die Tontafel'archive' in Kār-Tukultī-Ninurta (Tulūl al-'Aqir)

Zur besseren Veranschaulichung dessen, was während der Ausgrabungskampagne im Winter 1913/14 an Tontafelfunden zutage kam, sollen im folgenden noch einmal die Angaben der Originalfundliste resümiert werden.[1] Beigefügt ist ferner der Plan von KTN, wie ihn R. Dittmann in seinem Vorbericht über die Ausgrabungen in KTN im Jahre 1986[2] als „Vereinfachte Darstellung von Bachmanns Übersichtsplan"[3] abgebildet hat. Obwohl der Maßstab nicht gestattet, die Fundorte der Tafeln genauer zu bezeichnen, läßt er doch die Regionen erkennen, in denen sich die Tafelfunde konzentrierten. Es sind das Tor D, der Assurtempel mit der Zikkurat (B) und der Südpalast A. Ob auch der Nordpalast M als Fundort von Tafeln in Frage kommt, kann man aus der Originalfundliste nicht eindeutig ableiten, da sie nur vom 'Palast' spricht. Deshalb wollte sich T. Eickhoff[4] seinerzeit in etlichen Fällen nicht festlegen, ob A oder M gemeint sei. Inzwischen ist jedoch sicher, daß die entsprechenden Fundortangaben für die Tafelfunde ab T 225 auf den Südpalast A zu beziehen sind. Nach dem zeitlichen Kontext der Grabung zu urteilen, dürften sich namentlich die beiden Fundkomplexe T 225 und T 232 und damit auch die relativ zahlreichen Verpflegungsprotokolle ohne Fundnummern hinter der brieflichen Mitteilung W. Bachmanns vom 31. 1. 1914 verbergen : „In zweien der kleinen Nebenräume an der Südostterrassenecke wurden auf dem Fußboden ungebrannte Tontafeln in größerer Anzahl gefunden."[5]

| | | | |
|---|---|---|---|
| T 2 | 16. 10. 1913 | Fragment einer gebrannten Tontafel | Suchgraben an der Westseite von B ; 1,5 m tief |
| T 51 | 11. 11. 1913 | 3 beschädigte und 3 unbeschädigte, ungebrannte Tontafeln | An der SW-Laibungsecke des Tordurchgangs bei D |
| T 169 | 1. 1. 1914 | Viele ganze und zerbrochene Tontafeln (ungebrannt) | Auf dem Fußboden des Rampenraumes ; bei B |
| T 181 | 8. 1. 1914 | Ungebrannte Tontafel | Palastterrasse Südseite ; A |

[1] Siehe T. Eickhoff, Kār Tukulti Ninurta. Eine mittelassyrische Kult- und Residenzstadt, Berlin 1985 (ADOG 21) 61-94 („Erweiterte Originalfundliste") ; vgl. ferner die Angaben bei H. Freydank, Die Tontafelfunde der Grabungskampagne 1913-1914 aus Kār-Tukultī-Ninurta (Tulūl al-'Aqar), AoF 16 (1989) 63f. Vgl. jetzt noch O. Pedersén, Archives and Libraries in the Ancient Near East, 1500-300 B. C., Bethesda, Maryland 1998, 88-90.

[2] R. Dittmann et al., Untersuchungen in Kār-Tukultī-Ninurta (Tulūl al-'Aqār) 1986, MDOG 120 (1988) 97-138.

[3] Dittmann (s. Anm. 3) 100. Einen Plan von KTN bietet auch Pedersén (s. Anm. 1) 89.

[4] Eickhoff (s. Anm. 1) 80-93.

[5] W. Bachmann, Aus den Berichten über die Grabungen in Tulul Akir (Kar Tukulti-Ninib), MDOG 53 ( 1914) 54 ; s. dazu auch Freydank (s. Anm. 1) 65.

| | | | |
|---|---|---|---|
| T 189 | 9. 1. 1914 | Ungebrannte Tontafel | Auf dem Abortfußboden, Rampenbau ; B |
| T 207 | 15. 1. 1914 | Zerbrochenes Tontäfelchen | Unter dem Zellaposta- ment, Raum 1, Aššurtempel ; bei B |
| T 225 | 20. 1. 1914 | Ungebrannte Tontafel | Raumgruppe an der SO-Seite der Palast- terrasse, 2,4 m unter der Oberkante der Mauer ; A |
| T 232 | 26. 1. 1914 | Fragmente ungebr. Tontafeln und ganze Tafeln | In der Tür zu Raum 1 des Palastes |
| T 236 | 28. 1. 1914 | Kleine ungebrannte Tontafel | NW-Ecke des südlichen Hofs im Schutt |
| T 240 | 30. 1. 1914 | Ungebrannte Tontafel | SW-Ecke der Palast -terrasse aus dem Schutt des Raumes 7 |
| T 273 | 5. 2. 1914 | Ungebrannte Ton- tafel ohne Inschrift | Raum 7 (?) des Palastes |
| T 302 | 13. 2. 1914 | Fragment einer unge- brannten Tontafel | Südlich Raum 7 (?) des Palastes |
| T 314 | 19. 2. 1914 | 2 ungebr. Tontafeln | Palast SO-Ecke |
| T 363 | 5. 3. 1914 | Kleine ungebrannte Tontafel | Fußbodenniveau Raum 10 des Palastes |
| T 380 | 19. 3. 1914 | Fragmente unge- brannter Tontafeln | Raum 7 des Palastes |

Ohne Bezug auf die Fundnummern spricht O. Pedersén (s. Anm. 1) für KTN von vier Archiven, die er im Südpalast (Kar-Tukulti-Ninurta 1 u. 2) im Aššur-Tempel (Kar-Tukulti-Ninurta 3) und in Tor D (Kar-Tukulti-Ninurta 4) feststellt. Für diese Tafeln gibt er folgende Fundorte an, die offenkundig auf Daten der Fundliste basieren :

KTN 1 : „one of the small rooms north of the magazines“,

KTN 2 : „Room 7 of the palace“

KTN 3 : „A few meters southwest of the zikkurrat was a buildung with, according to the excavators, a staircase, possibly leading to the zikkurrat.“

KTN 4 : „Gate D of the city wall“.

Eindeutig ist die Situation für die Archive 3 (T 169) und 4 (T 51), während man zur Kenntnis nehmen muß, daß keiner der bisher veröffentlichten Pläne gestattet, einen der als Fundort verzeichneten und gezählten Räume zu identifizieren. Immerhin ist in dem Archiv 1 zweifelsfrei T 232 wiederzuerkennen, und bei Archiv 2 handelt es sich um T 380, eine Fundgruppe, zu der bisher nachweislich nur eine einzige Tafel gestellt werden kann. Wie in der Fundliste vermerkt, bilden viele ganze und zerbrochene ungebrannte Tontafeln, die auf dem Fußboden des Rampenraumes bei B, der Zikkurrat, gefunden wurden, den Fundkomplex T 169. Zu diesem gehören aber, soweit die Stücke gekennzeichnet sind, nur 24 Tafeln, und bisher deutet nichts darauf hin, daß die Zahl möglicherweise auf 50 zu erhöhen sei, wie O. Pedersén vermutet (ebd. 88).

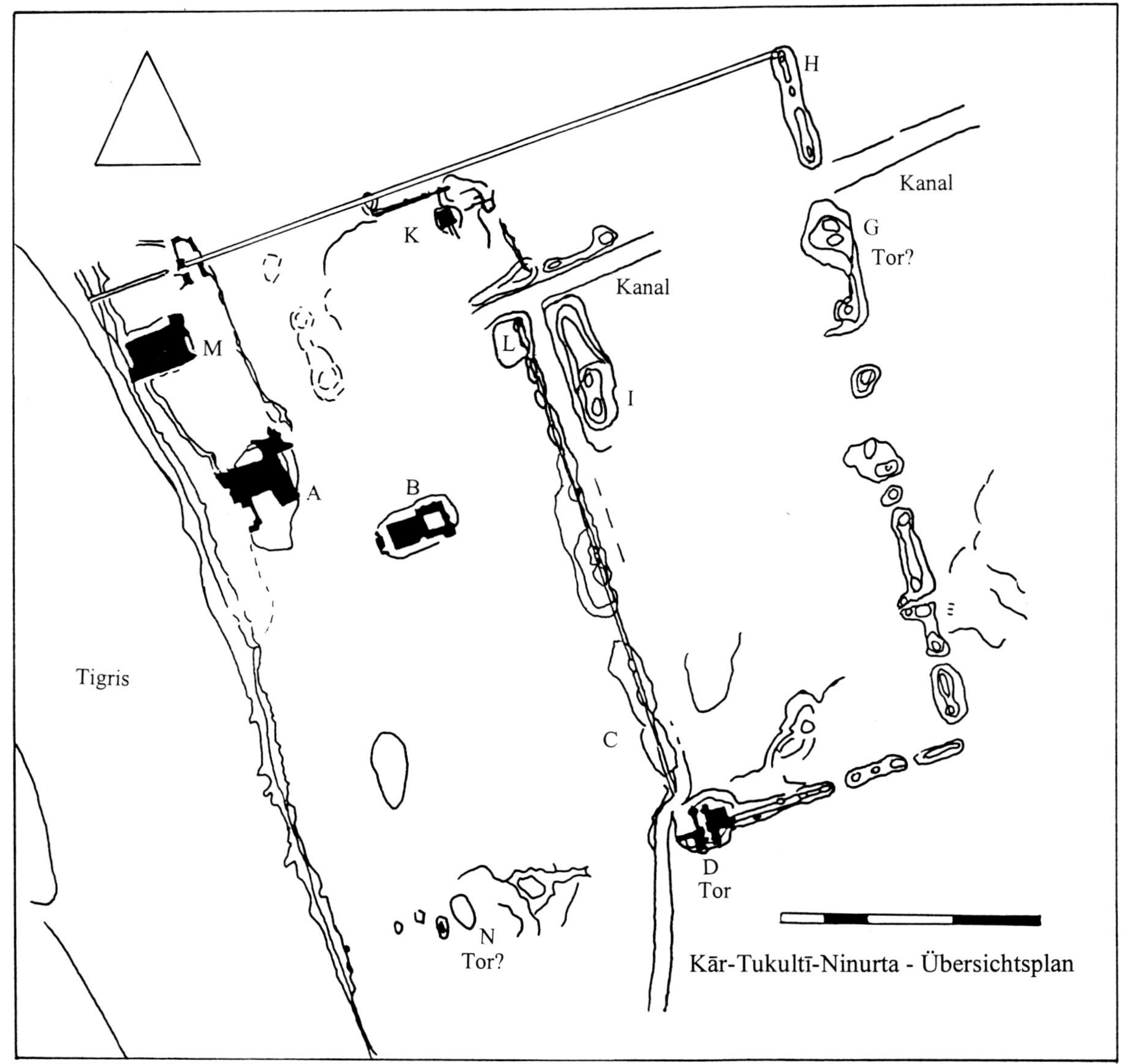

## Tafelhülle zu MARV 2,17+

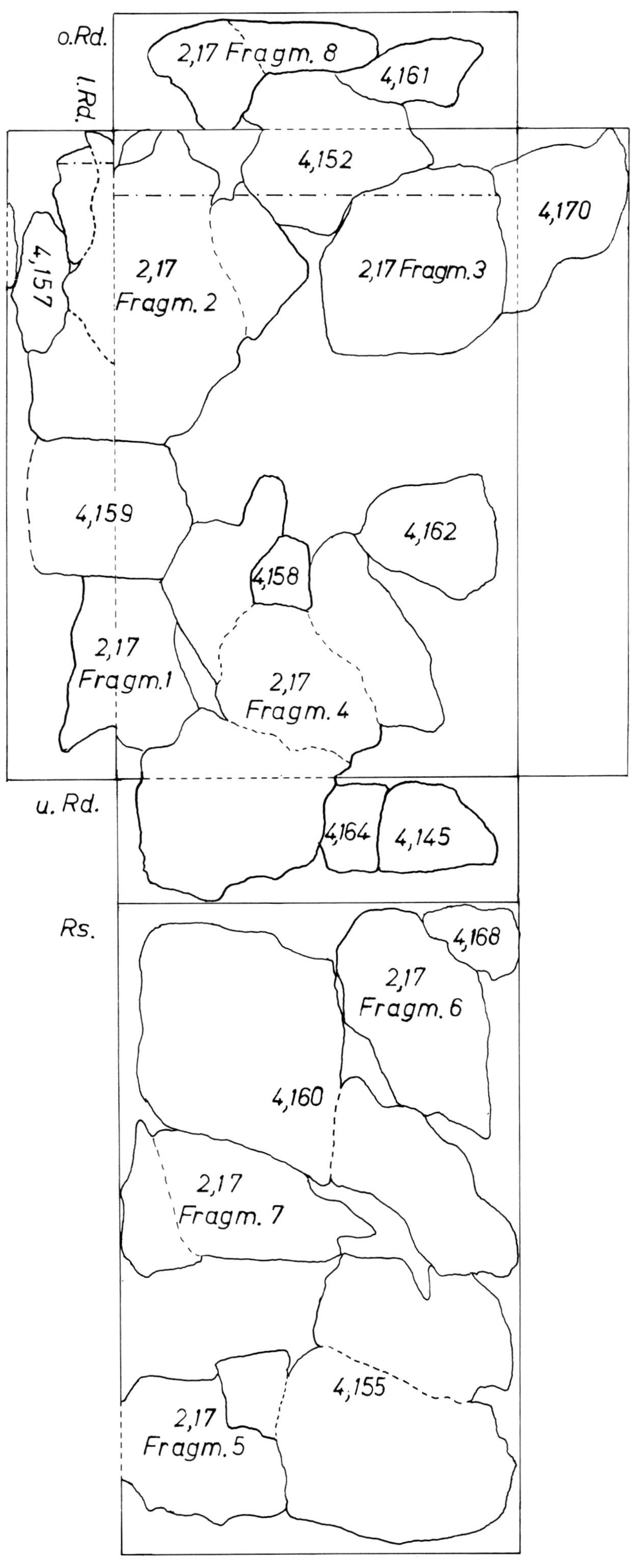

## Zusammensetzung der Tafel MARV 2,17+ und der zugehörigen Tafelhülle (TKTN 39)

### Innentafel

| | | |
|---|---|---|
| Vs. 1 - 46 | MARV 2,17 | VAT 18007 |
| unterer Rd. 47 - 51 | | |
| Rs. 52 - 103 | | |
| oberer Rd. 104 - 109 | | |
| linker Seitenrd. 110 - 114 | | |
| Vs. 13 - 19 (Zeilenanfang) | MARV 4,156 | VAT 18007 e |
| Vs. 15 (Zeilenende) | MARV 4,167 | VAT 18109 c |
| Rs. 74-80 (Zeilenanfang) | MARV 4,171 | VAT 18007 f |
| Rs. 83-89 (Zeilenende) | MARV 4,167 | VAT 18109 c |

### Tafelhülle

| | | |
|---|---|---|
| Vs. 1 - 18 | MARV 2,17 Fragment 2 | VAT 18107 a |
| Vs. 1 - 3 | MARV 4,152 | VAT 18007 k |
| Vs. 1 - 12 | MARV 2,17 Fragment 3 | VAT 18107 c |
| Vs. 17 - 25 | MARV 4,159 | VAT 18007 i |
| Vs. 19 - u. Rd. 47 | MARV 2,17 Fragment 4 | VAT 18107 d + 18107 f + (gejointe Fragmente) |
| Vs. 19 - 25 | MARV 4,162 | VAT 18109 b |
| Vs. 24 - 27 | MARV 4,158 | VAT 18007 h |
| Vs. 27 - 38 | MARV 2,17 Fragment 1 | VAT 18107 i |
| u. Rd. 39 - 45 | MARV 4,164 | VAT 18007 n |
| u. Rd. 39 - 45 | MARV 4,145 | VAT 18008 |
| Rs. 47 - 72 | MARV 4,160 | VAT 18007 k + 18007 l |
| Rs. 48 - 64 | MARV 2,17 Fragment 6 | VAT 18107 e |
| Rs. 62 - 72 | MARV 2,17 Fragment 7 | VAT 18107 h |
| Rs. 77 - 96 | MARV 4,155 | VAT 18007 c + 18007 d + 18109 |
| Rs. 81 - 93 | MARV 2,17 Fragment 5 | VAT 18007 b |
| Rs. 95 - o. Rd. 103 | MARV 2,17 Fragment 8 | VAT 18107 j |
| o. Rd. 97 - 103 | MARV 4,161 | VAT 18007 m |
| l. Rd. 104 - 108 (Spuren) | MARV 4,159 | VAT 18007 i |
| l. Rd. 104 - 109 | MARV 2,17 Fragment 1 | VAT 18107 i |
| l. Rd. 104 - 110 | MARV 2,17 Fragment 3 | VAT 18107 c |
| l. Rd. 108 - 112 | MARV 4,157 | VAT 18007 g |
| l. Rd. 112 | MARV 2,17 Fragment 5 | VAT 18007 b |

# Inhaltsübersicht

1 VAT 14429, Fund-Nr. T 51 c, Assur Foto-Nr. S. 6846, ungesiegelt ; Personenliste ; den 29 PN der „gefangenen? Mannschaften“ (Z. 30) folgen in den meisten Fällen Berufs- oder Herkunftsbezeichnungen ; Z. 1 legt die Zugehörigkeit der Personen zum „Haus“ des Burruqu nahe. Ähnlich anderen Tafeln der Fundgruppe T 51 zeigen einige Zeilen (Z. 31-34) eine flüchtig und flach eingedrückte Schrift, die schwer lesbar ist.

2 VAT 18148, Fund-Nr. T 51 f, Assur Foto-Nr. S. 6846, ungesiegelt ; unvollständig erhaltene Personenliste, nennt u. a. Gruppen fehlender und kranker Personen unterschiedlicher geographischer Herkunft bzw. Zuordnung zu namentlich genannten Personen.

3 VAT 15534, Fund-Nr. T 169, soweit erhalten, ungesiegelt ; Verpflegungsprotokoll.

4 VAT 18177, soweit erhalten, ungesiegelt ; Fragment einer Verwaltungsurkunde.

5 VAT 15422, Fund-Nr. T 169 b, gesiegelt ; Verpflichtungsschein über die Ergreifung eines Sklaven und die Gewährleistung seines Unterhalts durch den Eigentümer bis zu einer späteren Ableistung des Königsdienstes.

6 VAT 15494, Fund-Nr. T 169 d, gesiegelt ; Verpflichtungsschein über die Ergreifung eines Sklaven und die Gewährleistung seines Unterhalts bis zur späteren Ableistung des Königsdienstes.

7 VAT 15425, Fund-Nr. T 169 g, gesiegelt ; Verpflichtungsschein über die Lieferung? von *sāgu*-Kleidungsstücken.

8 VAT 15493, Fund-Nr. T 169 p, ungesiegelt ; Brief des Königs an Aššur-iddin, betr. die Überstellung von zwei Personen.

9 VAT 15495, Fund-Nr. T 169 r, ungesiegelt ; Abgaben- oder Verpflegungsliste.

10 VAT 18139, Fund-Nr. T 232, ungesiegelt ; Fragment eines Briefes des Königs an Aššur-iddin, betr. Gerste für das ständige Opfer.

11 VAT 15541, Fund-Nr. 169 a?c?, ungesiegelt ; Fragment einer Liste mit Stückzahlen unbekannter Objekte.

12 VAT 19160 ; Fragment eines Verpflegungsprotokolls.

13 VAT 18146, Fund-Nr. T o. Nr. a ; Fragment einer größeren Tafel, betr., soweit erhalten, Opferzurüstungen (vgl. ähnlich MARV 3,16) für Ṣarpānītu.

14 VAT 15433, Fund-Nr. T 169, ungesiegelt ; fragmentarisches Verzeichnis von Objekten (etwa *šāḫu* ein Trink- oder Kochgefäß, s. CAD Š$_{I}$ $105^{b}$f.), die jeweils Hofbeamten zugeordnet sind.

15 VAT 15542, Fund-Nr. T 169 c? ; Fragment eines Briefes der Ša-Umītu-nēnu an Sîn?-bēl-ketti.

16 VAT 15442, Fund-Nr. T 169, gesiegelt ; Personenliste ; die PN sind mit Filiation und Herkunftsort bzw. Berufsbezeichnung versehen und nach Status und Unterstellung gruppiert. Wenigstens eine Person steht in einer Beziehung zu der „(Holz)tafel des Lullāju“ (23f.).

17 VAT 15543, Fund-Nr. T 169 ; Brief des Mušallim?-... an einen höhergestellten königlichen Beamten, Gerste betreffend.

18 VAT 20240+20324, gesiegelt ; Protokoll über die Verpflegung von fünf Personen im „Arbeitshaus“ (? *bīt nupāri*?). Beauftragter (*qēpu*) ist Aššur-rēša-iši.

19 VAT 15548, Fund-Nr. T 169 ; Fragment eines Verpflichtungsscheins.

20 VAT 18147, Fund-Nr. T 51 e, Assur Foto-Nr. S. 6846 u. S. 6955, ungesiegelt ; Personenliste, nennt Zahlen (Stärke von Personengruppen?), die einzelnen Personen zugeordnet sind.

21 VAT 18199, soweit erhalten, ungesiegelt ; kleines Urkundenfragment.

22 VAT 18168, soweit erhalten, ungesiegelt ; Fragment einer Namensliste, betrifft offenbar umgesiedelte Personen hurritischer Herkunft.

23 VAT 18192; Fragment eines Verpflegungsprotokolls.

24 VAT 15502, Fund-Nr. T 236, ungesiegelt; Fragment eines Briefes.

25 VAT 15498, Fund-Nr. T 169 c?, ungesiegelt; Notiz über die Übergabe von Ziegeln.

26 VAT 20164, soweit erhalten, ungesiegelt; Fragment eines Verpflegunsprotokolls. Als Ursprung der Gerste wird der „Ernteertrag der Zehnerschaft des Libūr-zānin-Aššur" genannt. Vgl. dazu die Tabelle MARV 4,173 Vs. 3 XVI, aus der die Flächen im Raum KTN zu ersehen sind, die u. a. dieser „Zehnerschaft" zur Bearbeitung zugeteilt waren.

27 VAT 18058, gesiegelt; Verpflegungsprotokoll über die Ausgabe von Gerste für zehn Tage an Mannschaften von fünf „(Holz)tafeln". Aus der Gerstenmenge (Z. 1) sind 744 verpflegte Personen zu ermitteln. Während von dieser Anzahl 119, 176 und 147, d. h. 442 Mann auf die drei „(Holz)tafeln" des Königs, des Lullāju und des Sîn-ašarēd (Z. 10-12) entfallen, dürften sich die restlichen Personen zu 111+x und zu 100+y auf die Tafeln des Šamaš-aḫa-iddina und des Adad-šamšī (Z. 13f.) verteilt haben. Z. 18 nennt wahrscheinlich die Summe von 744 Personen „entweder früherer oder späterer" (Z. 19) (Holz)-tafeln. Daraus folgt, daß die Mannschaften der vorliegenden Urkunde anscheinend nach Personenlisten unterschiedlicher Aktualität zusammengestellt worden sind. Die folgenden Zeilen (20-27) führen die von den Mannschaften absolvierten Einsätze auf, darunter einen Zug nach Suḫi, und vermerken als letzte und gegenwärtige Aufgabe die Errichtung der Zikkurrat und des Palastes in KTN. Vgl. dazu das Hüllenbruchstück Nr. 73 (VAT 20080), dessen Zugehörigkeit aber nicht gesichert ist, ebenso Nr. 68 (VAT 18201).

28 VAT 18183, ungesiegelt; Familienverzeichnis unter Nennung der PN, der Verwandtschaftsverhältnisse und der Altersklasse bzw. des Status als Arbeitskraft sowie der Herkunftsorte.

29 VAT 20323, soweit erhalten, ungesiegelt; Hüllenbruchstück zu MARV 4,86 (Verpflegungsprotokoll), dupliziert z. T. die dortigen Zeilen 12′-14′.

30 VAT 18068, gesiegelt; stark beschädigtes Verpflegungsprotokoll über die Ausgabe von Gerste für zehn Tage. Die Lieferung schließt an diejenige an, die von MARV 4,27 protokolliert wird. Betroffen sind 192 Personen, die sehr wahrscheinlich ebenso nach fünf „(Holz)tafeln" aufgeführt sind (Z. 10-14). Der Abschnitt Z. 15′-25′ gibt ähnlich wie Nr. 27:20-27, jedoch z. T. abweichend, die Stationen des Einsatzes der Mannschaften wieder. Als letzte wird auch hier die Errichtung von Zikkurrat und Palast in KTN genannt. - Das zugehörige Hüllenbruchstück Nr. 144 (VAT 18008) dupliziert z. T. etwa die Z. 19′-24′. – Z. 29′f. scheint noch nicht die Datierung zu enthalten, die vermutlich auf dem völlig zerstörten l. Rd. untergebracht war.

31 VAT 18094, gesiegelt; Protokoll über die Verpflegung von 210 Frauen mit Gerste aus der Stadt Tille an fünf Tagen. Die Summe der Personen setzt sich aus sieben Untergruppen zusammen, von denen fünf abermals nach „(Holz)-tafeln" bestimmt sein könnten.

32 VAT 18149, Fund-Nr. T 189, Assur Foto-Nr. S. 6955, gesiegelt; Urkunde über die Verzollung (*miksu*) von 1 *emāru* Knoblauch?.

33 VAT 18105, gesiegelt; Protokoll über eine vom König verfügte Zuwendung von Gerste an 508 Personen unterschiedlicher Herkunft und unterschiedlichen administrativen Status', die im Palast von KTN arbeiten. Die Wendung *ša tarṣi perri* (Z. 22 u. 24) weist auf den zeitlichen Aspekt von *perru* hin, etwa im Sinne eines Turnus und der zeitlich begrenzten Ableistung eines Dienstes.

34 VAT 18100, gesiegelt; Protokoll über eine vom König verfügte Zuwendung von Gerste an 60 Bootsbauer. Die zu versorgende Gruppe setzt sich neben 21 nicht mehr bestimmbaren Personen aus 9 „Haus"-Zimmerleuten, 28 „Axt"-Zimmerleuten, einem Dolmetscher? und einem *šalimpāju*, etwa „Techniker, Ingenieur", zusammen. Vgl. dazu Vf., AoF 12 (1985) 362-364 u. K. Deller, AfO 34 (1987) 60f. – Als Zweckbestimmung der Schiffe wird der Getreidetransport aus Babylonien genannt.

35 VAT 18102, ungesiegelt; Quittung über den Empfang von 190 *šaššūgu*-Bäumen mit Nennung des Ursprungs der Bäume, die aus der Stadt Rēš-nēberi „in Flößen" bzw. „als Flöße hinabgeglitten sind" (6f.: *i+na a-ma-a-te us-qa-al-pí-ú-⌈ni⌉*). Der vom Vf., BMCG 124, irrtümlich auch unter Aššur-šumu-lēšir verbuchte Eponym ist mit Sicherheit Aššur-mušēzib zu lesen. Als möglicherweise zum Fund-komplex Assur 13058 gehörig wäre die Tafel wahrscheinlich aus den KTN-Texten auszuschließen, was auch der vergleichsweise untypische Inhalt unterstützen könnte.

36 VAT 20079, soweit erhalten, ungesiegelt; Fragment eines Verpflegungsprotokolls, joint

ohne direkten Anschluß Nr. 80 (VAT 20129), wobei Vs. 1-3 u. Rs. 4´-12´ ergänzt werden.

37 VAT 20319, soweit erhalten, ungesiegelt; Fragment eines Verpflichtungsscheins, betr. Pferde, Rinder und Kleinvieh.

38 VAT 20114, soweit erhalten, ungesiegelt; Fragment eines Verpflegungsprotokolls?.

39 VAT 18069, gesiegelt; fragmentarisches Verpflegungsprotokoll. Der Text verzeichnet die Verteilung von Gerste, die aus der Stadt Tille nach Assur gebracht worden ist, unter 519 Personen als Verpflegung für fünf Tage. Von diesen Personen kommen 445 aus Siedlungen vom Fuß des Berges ... (Z. 8). Nach MARV 2,6 VI 83´´ wäre an eine Ergänzung ... ša GÌR $^{KU}$[$^{R}$*Ka-ši-ja-ri* zu denken, aber auch andere Lösungen sind nicht auszuschließen. Weitere 74 Personen könnten in Ekallāte versammelt worden sein. Ohne daß der Text die Angaben über den Einsatz der Mannschaften erhalten hat, läßt er erkennen, daß sie letztlich für Arbeiten in KTN zusammengefaßt wurden.

40 VAT 18179, gesiegelt; Urkunde über die Verpflegung von Kassiten mit Brot. Der Text weist mehrere Besonderheiten auf. Die Funktionsbezeichnung *mušākilu ša sikilti* (Z. 4) läßt sich durch eine Übersetzung ihrer Bestandteile noch nicht befriedigend erklären. Von Urad-Aššur (Z. 3) wird jedenfalls das Brot zur Verfügung gestellt, das an einer Kultstätte (Z. 6 etwa: *ina a*[*kī*]*te*? *ša Bēl-šarru*) verteilt wird. Der Beauftragte ist Aššur-tišamme, der Sohn des Šamaš-aḫa-iddina, von dem bekannt ist, daß er laut dem Erlaß Nr. 151 durch Tukultī-Ninurta I. entschuldet wurde. Z. 15f. nennt das Rollsiegel des Ministers Aššur-iddin.

41 VAT 18095, gesiegelt; fragmentarisches Verpflegungsprotokoll. Ungewöhnlich, falls richtig ergänzt, wäre ein *sūtu*-Maß des Flusses (Z. 1f.), sofern es nicht aus der Praxis des Schiffstransports von Getreide herrührt. – Möglicherweise haben Hurriter (Z. 6) Bauarbeiten verrichtet (Z. 12: *ir*?-*ṣ*]*i*?-*pu-ú-*[*ni*(?). – Z. 3 u. 27´ bestätigen die Nähe der Eponymate des Libūr-zānin-Aššur und des Aššur-nādin-apli (vgl. schon W. Röllig bei Vf., BMCG 42).

42 VAT 18099, gesiegelt; fragmentarisches Verpflegungsprotokoll. Der Erhaltungszustand der Urkunde gestattet keine Rekonstruktion der ursprünglich aus Šimu stammenden Gerstenmenge, die für 12 Tage, vom 24. Ṣippu bis zum 5. Qarratu, auf Geheiß des Königs an möglicherweise 45 Personen gegeben wurden. Diese (ÉRIN$^{MEŠ}$ *ḫu-ra-da-te*, KAŠ$_{4}$$^{MEŠ}$ *ša* KÁ.GAL *ta-bi-ra*, *a-lu-zi-né*, $^{LÚ}$BAN$^{MEŠ}$) werden als EN$^{MEŠ}$ *perri* bezeichnet und befinden sich in der Verfügung des Abu-ṭāb. Eine Ergänzung von Z. 14 zu Kār-Tukultī-Ninurta ist nicht sicher, wenn auch anzunehmen.

43 VAT 18104, gesiegelt; Quittung über den Empfang von Gerste durch einen Beauftragten zur Verpflegung von 100 Personen an fünf Tagen. Wegen des zu vermutenden Herkunftsortes der Gerste (Šimu) und der Ausgabe des Getreides durch Aššur-tappūti und Da"ānī-bēl-ekur dürfte dieser Text dem vorigen zeitlich nahe stehen.

44 VAT 19579, Fund-Nr. T 314, Assur Foto-Nr. S. 7024; gesiegelt; Verpflegungsprotokoll über Gerste für 75 umgesiedelte und in KTN vor den König gebrachte(?) Personen.

45 VAT 18092, gesiegelt; fragmentarisches Protokoll über eine vom König verfügte Zuwendung von Gerste aus der Stadt Tille.

46 VAT 20236, gesiegelt; fragmentarische Urkunde (Protokoll?/ Quittung?) über die Verwendung von Gerste des Palastes.

47 VAT 18153, ungesiegelt; fragmentarisches Verpflegungsprotokoll. Als Empfänger der Gerste erscheinen namentlich genannte Einzelpersonen und nach Funktion oder geographischer Herkunft gekennzeichnete Personengruppen. Bestimmte Gerstenmengen (Z. 23´) können als „zum Mahlen" gegeben bezeichnet sein.

48 VAT 18178, gesiegelt; Fragment eines Protokolls über eine vom König verfügte Zuwendung?.

49 VAT 19580, Fund-Nr. T 380 a, Assur Foto-Nr. S. 7024, ungesiegelt; Fragment eines Briefes des Adad-le'i an Taḫulu.

50 VAT 18172, gesiegelt; Fragment einer Urkunde, betr. anscheinend Häute bzw. Ledergegenstände (*ari'āte* „Schilde").

51 VAT 20155 gesiegelt; fragmentarisches Verpflegungsprotokoll, betr. die Ausgabe von *abuḫru* an Deportierte aus dem Land Buššе. Ein Ilī?-tūra-uṣur als Vater eines „Beauftragten" ist anderweitig noch nicht belegt und könnte auf ein anderes administratives Milieu bzw. einen anderen Zeitabschnitt in KTN hindeuten.

52 VAT 20253, soweit erhalten, ungesiegelt; Fragment einer Verwaltungsurkunde (Verpflegungsprotokoll?).

53 VAT 20153, gesiegelt; fragmentarisches Verpflegungsprotokoll, betrifft u.a. die Versorgung von 12 *šalimpājū*, die Zeichnungen anfertigen (Vs. 4; vgl. MARV 2,17 :82f. u. s. o. zu Nr. 34).

54 VAT 20225, soweit erhalten, ungesiegelt; Fragment eines Verwaltungsurkunde (Verpflegungsprotokoll?). Z. 6′ ist vielleicht zu *ša* ... *e-ṣu-u*]*r-ta e-ṣ*[*u-ru*(*-ú*)*-ni* zu ergänzen (vgl. Nr. 53 u. MARV 2,17 :83 u. s. o. zu Nr. 34).

55 VAT 15544, Fund-Nr. T 169, soweit erhalten, ungesiegelt; Fragment eines Verpflegungsprotokolls.

56 VAT 18186, ungesiegelt; Fragment eines kultischen Textes.

57 VAT 18103, gesiegelt; Protokoll über die Ausgabe von Futter für Pferde und Maultiere für 18 Tage. Der Tierbestand wird im ersten Abschnitt mit 15 (10 1/2 + 4 1/2) Pferde- und 6 Maultiergespannen angegeben. Im zweiten Abschnitt ist die Anzahl der Pferdegespanne auf 17 1/2 erhöht, da 2 1/2 Gespanne zurückgekehrt sind. Dagegen ist ein Maultier verendet, so daß nur noch mit 5 1/2 Maultiergespannen gerechnet wird. Im dritten Abschnitt werden 19 1/2 Gespanne erwähnt, da abermals zwei Gespanne zurückgekehrt sind. Gemeint sind in diesem Fall die Pferde, während die Maultiere nicht genannt, in der Rechnung aber berücksichtigt werden. – Der erste und der zweite Abschnitt bieten die Grundlage für zwei Gleichungen mit zwei Unbekannten, die sich mit 5 *qû* Gerste als Tagesration eines Pferdes und mit 3 *qû* Gerste als die eines Maultieres ermitteln lassen. Diese Werte genügen allen im Text erhaltenen Zahlenangaben.

58 VAT 18073, gesiegelt; Protokoll über die vom König verfügte Ausgabe von Futter für Pferde und Maultiere.

59 VAT 18076, gesiegelt; Protokoll über die vom König verfügte Ausgabe von Gerste für vier Tage an Opfersängerinnen und Sängerinnen des Hauses der Prostituierten, die in KTN gearbeitet und vor dem König gesungen haben.

60 VAT 20110, gesiegelt; Verpflegungsprotokoll, betr. die Ausgabe von Gerste für Pferde und Uqumanäer.

61 VAT 20310, ungesiegelt; Fragment einer Tabelle, vermutlich mit Eintragungen über Getreidelieferungen durch Personen bzw. Verwaltungseinheiten. Die ersten der erhaltenen Zeilen (Vs.? 1′-7′) nennen Provinzen bzw. Städte, wie sie in verwandter Reihenfolge in den Opfertabellen des 12./11. Jahrhunderts aus der Verwaltung des Aššur-Tempels belegt sind (vgl. bisher MARV 2,21 :13, 14, 17, 26, 25, 27 u. 28). Dabei sichern PN wie Libūr-zānin-Aššur (Vs.? 8′) und Aššur-tappūti (Vs.? 10′) die Datierung in die Tukultī-Ninurta-Zeit (vgl. auch Nr. 127). – Vs.? 11′ (ebenso in Nr. 131 XI 18) lies KUR als *ram*$_x$ im PN Narām-Aššur-libūr und vgl. die Belege für den PN im Index s. v. Zu Vs.? 18′ *bīt Gelzu* vgl. Nr. 131 XI 19 *Gelzu ša* URU*Šimi* u. s. ebd.

62 VAT 18151, Fund-Nr. T 51 d, ungesiegelt; fragmentarische Personenliste, soweit erhalten, mit Angaben zu Beruf bzw. Funktion.

63 VAT 18174, soweit erhalten, ungesiegelt; Fragment einer Personenliste?.

64 VAT 18176, soweit erhalten, ungesiegelt, Fragment einer Verwaltungsurkunde?.

65 VAT 18190+19203, ungesiegelt; Protokoll über die Lieferung von Rindern und Kleinvieh aus dem Land Katmuḫu. Der Text führt zahlreiche Einzelposten auf, bei denen das Vieh jeweils nach seiner Herkunft unterschieden wird bzw. in einzelnen Fällen anscheinend auch nach seinem Verbleib gekennzeichnet ist. – In Bēr-išmanni (IV 5) kann in Hinsicht auf das II 11′ und III 1′ u. 3′ genannte Land Katmuḫu der in Nr. 119 :2 bezeugte Statthalter dieser Provinz erblickt werden, der offenbar 18 Rinder 'ausgesucht' (IV 3-6) hat.

66 VAT 18185, soweit erhalten, ungesiegelt, Fragment eines Verpflichtungsscheins??.

67 VAT 18173, ungesiegelt, Fragment einer Personenliste.

68 VAT 18201, soweit erhalten, ungesiegelt; Hüllenfragment; vgl. die Innentafel Nr. 27, zu der es möglicherweise gehört. Z. 6′ ([*se-qur-ra-t*]*a* ⸢*ù*⸣ É.GAL[*-la*) nimmt jedenfalls auf den Zikkurrat- und Palastbau in KTN Bezug).

69 VAT 18160, soweit erhalten, ungesiegelt; Fragment eines Erlasses?.

70 VAT 20322, gesiegelt; Fragment eines Verpflegungsprotokolls?.

71 VAT 20158, gesiegelt; Fragment vom unteren Rd. des Verpflegungsprotokolls Nr. 113 (VAT 16451), s. dort.

72 VAT 15435, Fund-Nr. T 169, ungesiegelt; Aufstellung über Mannschaften in der Zuständigkeit

namentlich genannter Personen, anscheinend mit Angaben über die Verpflegung.

73 VAT 20080, soweit erhalten ungesiegelt; Hüllenfragment eines Verpflegungsprotokolls; vgl. ähnlich Nr. 27 : 26-29 u. Nr. 30 :24´-27´.

74 VAT 18006, soweit erhalten, ungesiegelt; detailliertes Verpflegungsprotokoll.

75 VAT 18182, soweit erhalten, ungesiegelt; Fragment eines Verpflichtungsscheins, der vorrangig mit der Versorgung von Kassiten – des öfteren handelt es sich um Sänger – in KTN befaßt ist.

76 VAT 20314, soweit erhalten, ungesiegelt; Fragment einer Verwaltungsurkunde.

77 VAT 18155, ungesiegelt; Fragment einer kleinen Urkunde mit der Aufzählung von Gemüse- und Gewürzpflanzen sowie Zerealien.

78 VAT 18005, ungesiegelt; Urkunde über das Wägen und den Empfang von Edelmetallgegenständen für den Palast. Z. 9 u. 23´ erwähnen auch den Aššur-Tempel. - Der nach dieser Urkunde im Eponymat des Abī-ilī als *abarakku* bezeugte Da"ānī-bēl-ekur führt anscheinend Aufsicht darüber, daß Gegenstände ersetzt bzw. repariert werden (27´: *tušallum* < *šutallum*; 43´: *tušallumūni* < *šutallumūni*) und daß vor allem Silber (27´f.: KÙ.BABBAR *ṣar-pu*) mittels des Gegenstandes $^{GIŠ}$*mas/ṣ/zginak(k)u* und der (Gewichts)steine (NA$_4^{MEŠ}$) gewogen wird. Der Abschnitt 31´-40´ scheint den Vorgang zusammenzufassen, indem er 36 Metallbänder (*muserrū/miserrū*) sowie 18? assyrische Rosetten (*ajjārū*) mit zwei Türen aus *musukkannu*-Holz aufführt und wiederholt, daß das Silber auf die genannte Weise gewogen worden sei. Es scheint unausweichlich, $^{GIŠ}$*mas/ṣ/zginak(k)u* als ein Wort bzw. das mA Wort für „Waage" zu deuten, für das seiner Form nach ein sumerischer Ursprung nicht auszuschließen wäre.

79 VAT 20124, gesiegelt; Fragment eines Verpflegungsprotokolls. Gerste ist auf Geheiß des Königs für einen bestimmten Zeitraum gegeben worden.

80 VAT 20129, soweit erhalten, ungesiegelt; Fragment eines Verpflegungsprotokolls, gehört ohne unmittelbaren Anschluß zu Nr. 36 (s. auch dort), dessen Zeilen Vs. 1-3 u. Rs. 4´-12´ es ergänzt. Der Text betrifft anscheinend in KTN und bis zum Erreichen einer Stadt an zwei Tagen verzehrte Gerste.

81 VAT 18098, gesiegelt; Quittung über den Empfang von Gerste zur Verpflegung von 150 Personen. Während in Z. 1 die Gerstenmenge 6 *emāru* 5 *sūtu* zu lesen ist, wäre bei einem offenkundig definierten Zeitraum (Z. 6f.) von eventuell fünf Tagen eine Emendation in 7 *emāru* 5 *sūtu* angezeigt.

82 VAT 18101, soweit erhalten, ungesiegelt; fragmentarisches Verpflegungsprotokoll, das „Häuser" und Personengruppen aufführt, darunter Gefangene. Z. 19´ nennt anscheinend ein *sūtu*-Maß des *iškaru*, etwa des „Arbeitspensums", das auf *mirqu*-Mehl angewendet wird.

83 VAT 20083, gesiegelt; Fragment eines Verpflegungsprotokolls.

84 VAT 15496, Fund-Nr. T 169 u, soweit erhalten, ungesiegelt; Fragment eines Verzeichnisses von Personen aus KTN und Funktionären.

85 VAT 15547, Fund-Nr. T 169, soweit erhalten, ungesiegelt; Fragment einer Urkunde (Verpflichtungsschein?).

86 VAT 20091, gesiegelt; Innentafel zum Hüllenfragment Nr. 29, Verpflegungsprotokoll.

87 VAT 20743, soweit erhalten, ungesiegelt; Verwaltungsurkunde (Verpflegungsprotokoll?), nennt Z. 4´ ÉRIN$^{MEŠ}$ *ṣa-bu-t[u-te*?, „gefangene? Mannschaften" (vgl. MARV 1,30).

88 VAT 15434, Fund-Nr. T 169, ungesiegelt; Fragment einer Tabelle, betr. wahrscheinlich Arbeitskräfte. Rs. 3´ nennt 700 *šiluḫlu*.

89 VAT 18142+18150+18161+18165, ungesiegelt; Familienverzeichnis/Musterungsprotokoll desselben Formulars wie MARV 2,6; nennt PN, Verwandtschaftsverhältnis, Beruf bzw. Status als Arbeitskraft oder Altersklasse und persönliches Eigentum (darunter s. II 51´´ den ersten Kontextbeleg für das Kleidungsstück *sunāb/pu*, vgl. AHw 1058$^{b}$ u. CAD S 383$^{b}$f.) der Familieneinheit. Zu den hurritischen PN des Textes vgl. Vf., SMEA 22 (1980) 123-125, u. Vf. u. M. Salvini, SMEA 24 (1984) 33-56. Am Ende der VI. Kol. erscheinen die Personen nach ihrem Status bzw. nach ihrer Altersklasse addiert.

90 VAT 15438, Fund-Nr. T 169, ungesiegelt; Fragment einer Verwaltungsurkunde.

91 VAT 20237, ungesiegelt; fragmentarische Personenliste, betr. Mannschaften im Dienste des Königs.

92 VAT 18191, ungesiegelt; Fragment eines Verpflegungsprotokolls$^{?}$.

93 VAT 18175, ungesiegelt; Fragment einer Verwaltungsurkunde.

94 VAT 18197, ungesiegelt; Fragment einer Verwaltungsurkunde.

95 VAT 18158, Fund-Nr. T 232 XI(?), ungesiegelt; zweispaltiger Text über die Lieferung von Opferschafen für Götter des Pantheons von Assur.

96 VAT 18189, ungesiegelt; Familienverzeichnis/Musterungsprotokoll, nennt PN, Verwandtschaftverhältnis, Beruf bzw. Status als Arbeitskraft oder Altersklasse und geographische Herkunft.

97 VAT 18093, ungesiegelt; Fragment von der linken oberen Tafelecke eines Familienverzeichnisses/Musterungsprotokolls (vgl. MARV 2,6 u. Nr. 89). Die Zeilenanfänge der Rs. (letzte Kol.) referieren die Vorgeschichte der Familien, ihre Umsiedlung nach KTN, ihre Kontrolle anhand der im Tafelhaus abgelegten Tafel und letztlich ihren Einsatz auf Geheiß der Königs.

98 VAT 18154, Fund-Nr. T 232 IX(?), ungesiegelt; Protokoll über die Lieferung und Speicherung von Gerste in KTN.

99 VAT 18194, ungesiegelt; Fragment eines Familienverzeichnisses/Musterungsprotokolls (vgl. MARV 2,6 u. Nr. 89).

100 VAT 18195, soweit erhalten, ungesiegelt; fragmentarisches Protokoll über die Verpflegung von Mannschaften des Arbeitshauses (bzw. der Arbeitshäuser?). Z. 11f. erwähnt wahrscheinlich den Einsatz der Arbeitskräfte beim Bau der Zikkurrat und des Palastes in KTN (vgl. Nr. 27, 30 u. 38).

101 VAT 15546, Fund-Nr. T 169 v, ungesiegelt; fragmentarisches Personenverzeichnis.

102 VAT 20312+20318, ungesiegelt; Namensverzeichnisse verschiedener Personengruppen unterschiedlicher geographischer Herkunft; einzelne PN sind u. a. mit den Vermerken „verstorben" (I 2-4 u. ö.: ÚŠ), „lebend" (I 5: TI) und „verloren gegangen/geflohen" (II 10: ḪA<.A>) versehen. Bei drei verstorbenen Katmuḫäern handelte es sich um Blinde (II 4-6). Nicht auszuschließen ist, daß in II 2 $^{\text{I}}$ḪUR-⌈*ni*?⌉-x[ der PN des Königs von Bušše (II 3) vorliegt. Den Fall eines geflohenen Straftäters scheint III 5´-10´ zu behandeln; von kriegsgefangenen Kassiten spricht IV 6´.

103 VAT 18159, gesiegelt; fragmentarische Personenliste mit Filiationen und anderen Kennzeichnungen sowie Zuordnung je Abschnitt (Rs. 9´ u. ö.: *ina muḫḫi* PN). In der Angabe 49 ÉR[IN$^{\text{MEŠ}}$ (Rs. 29´) dürfte die Gesamtzahl der auf der Tafel verzeichneten Personen vorliegen, deren Beziehung zu KTN möglicherweise in Rs. 30´ ausgedrückt war.

104 VAT 18180, gesiegelt; Urkunde über den Empfang von Gegenständen durch einen Lederarbeiter.

105 VAT 20275, gesiegelt; Protokoll über eine vom König verfügte Gerstenlieferung an den Palast. – Bei der Tafel findet sich die Angabe „ohne Nr. nz", die auf der Lesung von Resten der Fundnummer auf dem Ton beruht. Diese Spuren können auch als „T 314" interpretiert werden.

106 VAT 18097, gesiegelt; Verpflichtungsschein über die Ausgabe von Saatgut und die Abführung des Ernteertrages. Zu dieser Urkunde vgl. Vf., Zu den Grundeigentumsverhältnissen in mittelassyrischer Zeit, in: Jahrbuch für Wirtschaftsgeschichte, Sonderband 1987, Berlin 1988, 83 mit Anm. 31.

107 VAT 14430, Fund-Nr. T 51, Assur Foto-Nr. S. 6846 u. S. 6955, ungesiegelt; Personenliste; bei den an den Zeilenanfängen genannten Zahlen handelt es sich sehr wahrscheinlich um Gruppen von Arbeitskräften, die namentlich genannten Personen oder (Herkunfts$^{?}$)orten zugeordnet sind; aber auch Stückzahlen von zu liefernden oder gelieferten Produkten wären nicht auszuschließen. Die Rs. nennt PN, z. T. mit Berufsbezeichnungen.

108 VAT 20146, gesiegelt; Verpflichtungsschein, betr. bisher nicht verrichtete Gartenarbeiten in KTN und die künftige Bewässerung und Bearbeitung eines Gartens in KTN.

109 VAT 20123, soweit erhalten, ungesiegelt; Verpflegungsprotokoll.

110 VAT 15436, gesiegelt; Verpflichtungsschein, betr. Benutzung von Hacken ($^{\text{GIŠ}}$MAR).

111 VAT 15540, Fund-Nr. T 169 f$^{?}$, gesiegelt; Verpflichtungsschein, betr. Bronzeäxte.

112 VAT 18181, ungesiegelt; Verpflichtungsschein.

113 VAT 16451, gesiegelt; Verpflegungsprotokoll; das mittlere Fragment wurde in der Kopie von F. Köcher bereits publiziert von E. Weidner, Die Inschriften Tukulti-Ninurtas I. und seiner Nachfolger, Graz 1959 (AfO, Beiheft 12), Tf. XI.

– Nr. 71 (VAT 20158) ergänzt die rechte untere Tafelecke und damit teilweise die Zeilen 5-12. – Der Text spricht von Arbeiten am Bauteil *sippu* (Z. 13) in KTN und erwähnt den Appell der Bauleute an den König: „Unsere Frauen hungern", der zur Ausgabe der Gerste „auf Geheiß des Königs" „als Gnadengeschenk" geführt hat. Die 28 Eselslasten Gerste (Z. 1) verteilen sich bei je 4 *sūtu* für zwei Monate auf 65 Arbeiter bzw. auf deren Frauen(?).

114 VAT 18106, gesiegelt; Verpflichtungsschein über die Verarbeitung von Gold des Königs zur Reparatur von Türen. Mit $\text{NA}_4^{\text{MEŠ}}$ *ša* ⌜*tàk-ka*⌝-*si* (15´) ist *takkassu* nun mA als „Gewichtsstein" belegt, der hiernach eine Norm für KTN vertritt.

115 VAT 20313, soweit erhalten, ungesiegelt; Fragment einer Sammeltafel mit 14 Erlassen für KTN; vgl. dazu zuletzt Vf., Beiträge zur mittelassyrischen Chronologie und Geschichte, Berlin 1991, 57f., u. AoF 27 (2000), 259. Mit dem Erlaß I 9-19 dürfte Tukultī-Ninurta beabsichtigt haben, KTN in den Kreis der Städte bzw, Provinzzentren aufzunehmen, die für die Lieferung des *ginā'u*-Opfers an den Aššur-Tempel zuständig waren. Z. 12 *šakin māti ša* KTN wiese vermutlich auf die Verantwortlichkeit der staatlichen Verwaltung für die Opferlieferung hin.

116 VAT 20233, soweit erhalten, ungesiegelt; Eponym: Ilī-padâ; Erlaß für Aššur-iddin, den Sohn des Urad-ilāni; den letzten Zeilen zufolge scheint Aššur-iddin mit Sanktionen bedroht zu werden.

117 VAT 15531, Fund-Nr. T 169 w, ungesiegelt; Notiz über Personen- bzw. Stückzahlen, die jeweils einem PN zugeordnet sind.

118 VAT 20206, soweit erhalten, ungesiegelt; Protokoll über eine vom König verfügte (Gerste$^?$-)lieferung.

119 VAT 18096, o. Nr. PK 4, gesiegelt; offenbar von Bēr-išmanni, dem Sohn des Bēr-bēl-līte und Statthalter von Katmuḫu, beim König erwirkte Regelung bezüglich der in diese Provinz übertretenden Bauarbeiter. Es werden mehrere Städte aufgezählt, die wohl eine Randlage zu Katmuḫu aufweisen und für eine weit nach Süden und nach Osten - auch über den Tigris hinweg – ausgedehnte Provinz K. sprechen könnten.

120 VAT 18145, o. Nr. c, ungesiegelt; Fragment eines Rechtstextes; in der 2. Person stilisiert (s. Z. 4´-6´). Die erhaltenen Wörter (6´: *paṣānu* D „verschleiern"; 7´: *biblu* „Gabe"; 8´: *aḫāzu* „heiraten", mit femininem Personalsuffix) scheinen sich auf Belange der Eheschließung zu beziehen, ohne daß ein näherer Zusammenhang ableitbar wäre.

121 VAT 20131, gesiegelt; Fragment eines Verpflegungsprotokolls. Unter Hinweis auf (nicht$^?$) hungernde weibliche$^?$ Personen sind Tagesrationen für vermutlich drei Monate vorgesehen.

122 VAT 20084, gesiegelt; Fragment eines Verpflegungsprotokolls$^?$ mit der Umrechnung einer Gerstenmenge aus dem kleinen *sūtu*-Maß in das *sūtu*-Maß des *ḫiburnu*. Vgl. ähnlich Nr. 31, woraus sich jedoch keine Parallelen zu Z. 6f. zu ergeben scheinen.

123 VAT 20229, ungesiegelt; Fragment einer Tabelle, nennt die Personalstärke umgesiedelter Hurriter (Rs. 5´: $\text{ÉRIN}^{\text{MEŠ}}$ *Šu-ub-ri-ú na-ás-*⌜*ḫu*⌝-[*te*), die nach ihrem Status als Arbeitskraft bzw. als Altersklasse gezählt worden sind; vgl. Nr. 125. Die $\text{EN}^{\text{MEŠ}}$ *si-ik-la-te* (Rs. 7´) weisen offenbar auf eine Kategorie von Personen hin, mit der auch *mušākili*$^?$ *ša sikilte* in Nr. 40:4 in Beziehung stehen könnte.

124 VAT 18143, soweit erhalten, ungesiegelt; Fragment eines Verpflegungsprotokolls$^?$.

125 VAT 20630, ungesiegelt; Tabelle, nennt die Personalstärke von Gruppen, die in den Überschriften der Rubriken nach ihrem Status als Arbeitskraft bzw. als Altersklasse gekennzeichnet sind (Sp. 1-6 Z. 1´: *itinnu*$^?$, *ša ušpi*, *ša kukulli*, *tarī'u*, *pirsu*, *ša irti*); vgl. Nr. 123.

126 VAT 19161, soweit erhalten, ungesiegelt; Fragment einer wahrscheinlich einkolumnigen Inventartafel; inhaltlich z.T. verwandt mit VAT 16462 (s. F. Köcher, Ein Inventartext aus Kār-Tukulti-Ninurta, in: AfO 18 [1957/1958], 300-313 u. Tf. XVII-XX).

127 VAT 18144, ungesiegelt; Abgabenliste, die in verschiedenen Abschnitten Gerstenmengen teils mit Personen-, teils mit Ortsnamen verbindet, folglich anscheinend Elemente der Provinzeinteilung bzw. Verwaltungsstruktur des mA Reiches reflektiert und als ein Vorläufer von Tabellen des 12./11. Jahrhunderts (vgl. MARV 2,21) anzusehen ist. Einen relativ hohen Anteil an den Abgaben könnten bewirtschaftete Flächen in der Umgebung von KTN bzw. Assur erbracht haben. Der vorliegende Text läßt nicht erkennen, daß die Gerste für den Konsum im Kult bestimmt ist.

128 VAT 19581, Fund-Nr. T 363, ungesiegelt; Notiz über Mehl$^?$.

129 VAT 20128, soweit erhalten, ungesiegelt; Fragment eines Verpflegungsprotokolls.

130 VAT 18138, ungesiegelt; Tabelle; die Spaltenüberschriften sind nicht erhalten; vermerkt anscheinend zunächst, daß bei mehreren Personen die Daten noch fehlen (1′-11′) und verbindet im weiteren Anbauflächen (12′-14′) bzw. Gerstenmengen und möglicherweise Mengen eines weiteren landwirtschaftlichen Produkts oder Beträge, die einen Anteil an den erstgenannten Gerstenmengen ausdrücken, mit Personen.

131 VAT 19163, ungesiegelt; Tabelle mit elf Spalten; führt in zehn Spalten anscheinend gezählte Nutztiere bzw. in Hohlmaßen gemessene landwirtschaftliche Produkte auf und setzt diese in Spalte XI zu Personen und Personengruppen (DUMU$^{\text{MEŠ}}$ PN) in Beziehung. Die Unterschrift der Tabelle spricht offenbar von „Fehlbeträgen" (*muṭṭā'ū*) und in KTN nicht „zugerüsteten" kultischen Versorgungsleistungen: Z. 47′ am Anfang etwa zu ergänzen als *ša ... sa-at-tu*]*-uk-ki ina* KTN *lā irkusūni*?- Zu XI 18 $^{\text{I}}$*Na-ram*$_{\text{x}}$*-Aš-šur-li-bur* s. schon zu Nr. 61. Der PN $^{\text{I}}$*Ge-el-zu* (*ša* $^{\text{URU}}$*Šimi*) in XI 19 (vgl. auch Nr. 61 Vs.$^{?}$ 18′) erweckt starke Zweifel, ob die angenommene Berufsbezeichnung $^{\text{LÚ}}$*ge-el-zu-lim-ma* in KAV 107:5 so zu lesen und zu *gelduḫlu* (AHw 284$^{\text{b}}$) zu stellen sei.

132 VAT 14431, Fund-Nr. T 51 a, Assur Foto-Nr. S. 6846, ungesiegelt; Personenliste, nennt Z. 1-18 in Verbindung mit Personen- und Ortsnamen Zahlen, die möglicherweise die Stärke in KTN tätiger Gruppen von Arbeitskräften bezeichnen. Vgl. Nr. 20 u. Nr. 107.

133 VAT 18141, ungesiegelt; Fragment einer Tabelle; nennt Personen- bzw. Stückzahlen.

134 VAT 20315, ungesiegelt; Fragment einer Tabelle, nennt Personen und Orte, denen wahrscheinlich landwirtschaftliche Produkte zugeordnet waren. Vgl. Nr. 127. Wenn es sich bei Bērišmanni um den Statthalter von Katmuḫu (vgl. Nr. 119) handelt, könnte sein PN unter den geographischen Namen diese Provinz vertreten.

135 VAT 20243, soweit erhalten, ungesiegelt; Verpflichtungsschein, betr. die Verpflegung von Mannschaften des „Arbeitshauses" (*bīt nupāri*).

136 VAT 20122, soweit erhalten, ungesiegelt; Fragment eines Verpflegungsprotokolls; hat Bier und Brot zum Gegenstand.

137 VAT 20151, ungesiegelt; Brief, im Auftrag des Königs durch Šulmānu-... an Aššur-... und Šamaš-... gesandt, betr. u. a. 80 Rinder und eine tägliche Versorgung mit Gerste.

138 VAT 18060, ungesiegelt; Protokoll über die Ausgabe von roter Wolle für mehrere kultisch bedeutsame Objekte (u. a. für die Waffen der Könige Erīšum, Aššur-nādin-aḫḫē, Šulmānu-ašarēd und Tukultī-Ninurta). Vgl. den Duplikattext Nr. 140.

139 VAT 15499, Fund-Nr. T 169 l, ungesiegelt; Tabelle über empfangene$^{?}$ gezählte Objekte, auf PN in der rechten Spalte bezogen.

140 VAT 18090, ungesiegelt; Fragment eines Duplikattextes zu Nr. 138; weicht möglicherweise in Z. 10-12 ab, wo sehr wahrscheinlich Ninurta-apil-ekur genannt wird. Unsicher bleibt, ob dieser *terminus post quem* auch für Nr. 138 gilt, wenngleich dort die Waffe des Tukultī-Ninurta in der Reihe der Waffen nicht mehr lebender Herrscher erscheint.

141 VAT 18198, soweit erhalten, ungesiegelt; Fragment eines Inventartextes?

142 VAT 18200, soweit erhalten, ungesiegelt; Fragment einer Verwaltungsurkunde.

143 VAT 18067, unbeschrieben; Fragment eines Verpflegungsprotokolls$^{?}$, nennt u. a. die Herkunft von Gerste$^{?}$ (Rs. 1′-5′) und die PN mehrerer königlicher Beamter.

144 VAT 18008, gesiegelt; Fragment der Hülle des Verpflegungsprotokolls Nr. 30 (VAT 18068), dupliziert z. T. etwa die Z. 19′-24′. Die Innenseite der Hülle trägt Abdrücke der Z. 1-5 der Innentafel

145 VAT 18108, Fragment der Tafelhülle von MARV 2,17 (VAT 18007), enthält Teile der Zeilen u. Rd. 39-45.

146 VAT 18091, ungesiegelt; Verzeichnis von Gefäßen mit verschiedenen Ölen unterschiedlicher Bestimmung. Als Besitzerin eines Gefäßes (*quppu*) wird Uballiṭutu, die Tochter des Ilī-padâ genannt. Z. 12′-16′/17′ nimmt in unbekanntem Kontext Bezug auf einen 'Tag', an dem der König einen Feldzug unternommen und weitere Handlungen vollzogen habe. S. zu derartigen 'Zeitpunkten' Vf., in: H. Klengel (Hrsg.), Gesellschaft und Kultur im alten Vorderasien, Berlin 1982, 41-46; vgl ähnlich die Zusammenstellung bei A. Harrak, JAOS 109 (1989) 205-209.

147 VAT 18196, soweit erhalten, ungesiegelt; Verwaltungsurkunde, nennt wahrscheinlich Gerstenmengen.

148 VAT 18140, Fund-Nr. T 232, ungesiegelt; Fragment einer Urkunde, u. a. über die Einsetzung eines Beauftragten bzw. mehrerer Beauftragter wohl für die Geiseln des Landes Uqumani. Es bietet sich an, für die Stadt B/Puṣ/zalli? eine Lage im Land Uqumani? bzw. in dessen Nähe anzunehmen.

149 VAT 18156, soweit erhalten, ungesiegelt; Fragment einer Verwaltungsurkunde, nennt u. a. gewogene Objekte, die zum Palast gebracht wurden.

150 VAT 18164; wahrscheinlich Fragment einer großen Tafel; nennt Erbeutetes (*ḫubtu*, laut Z. 1 Kleinvieh?) aus dem Land Katmuḫu.

151 VAT 20328, ungesiegelt; Eponym: Ilī-padâ, Sohn des Aššur-iddin, Enkel des Qibi-Aššur; zur Filiation vgl. jetzt E. Cancik-Kirschbaum, AoF 26 (1999) 215-222. Erlaß des Tukultī-Ninurta I. Zum Text allgemein und zu Z. 62-67 s. Vf., AoF 24 (1997) 105-108. - Der Erlaß verfügt die Entschuldung des Aššur-tišamme, des Sohnes des Šamaš-aḫa-iddina, und damit auch des Aššur-nādin-apli, des Sohnes des Aššur-tišamme, indem die Gläubiger des Aššur-tišamme und seines Vaters aufgefordert werden, sich zwecks Entschädigung beim Palast einzufinden. Der Text schreibt die Modalitäten der Entschuldung vor und beinhaltet Sanktionen für den Fall einer Mißachtung des Erlasses. – Der Wechsel der Schreibungen des PN Šamaš-aḫa-iddina zeigt hier definitiv die mögliche Lesung von -A-PAP als -aḫa-iddina (s. O. Pedersén, Archives and Libraries in the City of Assur, Bd. I, Uppsala 1985, 107f. Anm. 5).

152 VAT 18107 k; Fragment der Tafelhülle von MARV 2,17 (VAT 18007), enthält Teile der Zeilen (Vs.) 1-3 und (o. Rd.) 100-103.

153 VAT 15497, Fund-Nr. T 169 g?l; Fragment eines Briefes des Aššur-iddin, vermutlich des *sukkallu* A., an Ilī-padâ. Vom Datum sind nur noch Spuren sichtbar.

154 VAT 18167; Fragment eines Personen- bzw. Familienverzeichnisses.

155 VAT 18007 b+18007 c+18007 d+18109; gejointe Fragmente der Tafelhülle von MARV 2,17 (VAT 18007), enthalten Teile der Zeilen Rs. 77-96.

156 VAT 18007 e; Fragment der Innentafel von MARV 2, 17 (VAT 19007), enthält die Zeilenanfänge von Vs. 13-19.

157 VAT 18007 g; Fragment der Tafelhülle von MARV 2,17 (VAT 18007), enthält Teile der Zeilen l. Rd.108-112.

158 VAT 18007 h; Fragment der Tafelhülle von MARV 2,17 (VAT 18007), enthält Teile der Zeilen Vs. 24-27.

159 VAT 18007 i; Fragment der Tafelhülle von MARV 2,17 (VAT 18007), enthält die Zeilenanfänge von Vs. 17-25 und Spuren der Zeilen l. Rd. 104-108.

160 VAT 18007 k + 18007 l; gejointe Fragmente der Tafelhülle von MARV 2,17 (VAT 18007), enthalten Teile der Zeilen Rs. 47-72.

161 VAT 18007 m; Fragment der Tafelhülle von MARV 2, 17 (VAT 18007), enthält Teile der Zeilen o. Rd. 97-101.

162 VAT 18109 b; Fragment der Tafelhülle von MARV 2, 17 (VAT 18007), enthält Teile der Zeilen Vs. 19-25.

163 VAT 18107?; Fragment der Tafelhülle eines Verpflegungsprotokolls, vielleicht einer „Sammeltafel" ähnlich MARV 2,17 (VAT 18007), an deren Tafelhülle es sich nicht anschließen läßt.

164 VAT 18007 n; Fragment der Tafelhülle von MARV 2,17 (VAT 18007), enthält Teile der Zeilen (u. Rd.) 39-45.

165 VAT 18009 a, Spuren einer Siegelung; Hüllenfragment von der linken unteren Ecke einer Urkunde.

166 VAT 18109 d; flaches Bruchstück von der Oberfläche einer vermutlich mittelgroßen Tafel; nach der kleinen, sorgfältigen Schrift wohl kein Brief.

167 VAT 18109 c; Fragment der Innentafel von MARV 2,17 (VAT 18007), ergänzt das Ende der Zeile Vs. 15 und die Zeilenenden Rs. 83-89.

168 VAT 18109 e; Fragment der Tafelhülle von MARV 2,17 (VAT 18007), enthält Teile der Zeilen Rs. 48-52.

169 VAT 18109 g+h; Fragment von der Rs. einer Personenliste.

170 VAT 18109 i; Fragment vom r. Rd. der Tafelhülle von MARV 2,17 (VAT 18007). Es trägt die jeweils letzten Zeichen der Z. 1-4, wahrscheinlich der Z. 88 sowie der Z. 98 (auf der Kopie senkrecht geschrieben, d. h. vom oberen Rand her auf den rechten Seitenrand fortgesetzt). Auf der Innenseite der Hülle sind die Zeilenanfänge vom linken Rand der Innentafel abgedrückt, woraus hervorgeht, daß die Hülle im

Verhältnis zur Innentafel in entgegengesetzter Richtung beschrieben wurde. – Die Zuordnung des Fragments verdanke ich Frau Claudia Fischer M. A., die die Übereinstimmung der Siegelabrollung mit derjenigen der Innentafel feststellte.

171 VAT 18007 f; Fragment der Innentafel von MARV 2,17 (VAT 18007), ergänzt die Zeilenanfänge von Rs. 74-80.

172 VAT 18088, gesiegelt; Eponym: Abī-ilī; Tafelhülle zu MARV [1,]12 (VAT 18012); ausführlicherer Wortlaut als auf der Innentafel; erwähnt über diese hinaus in Z. 3′-5′, daß der Beauftragte das Getreide auf Schiffen von Ninive her „hinabgleiten ließ".

173 VAT 21325, ungesiegelt; Eponym: Šulmānu-šuma?-[uṣur(?)]; Tabellentafel im Querformat; nennt in 14 Rubriken unter den Ortsangaben der Überschriften in *ikû* gemessene Flächen, die sowohl unter jeder Rubrik (in Z. 17) als auch gegen Ende jeder Zeile (in der 15. Rubrik) addiert worden sind. In einer 16. Rubrik erscheinen je Zeile ein bis zwei PN bzw. *ešerti* PN („Zehnergruppe des PN") und in Z. 15 der König (*šarru*), denen die Flächen in den verschiedenen Ortslagen zugeordnet sind. In den meisten PN sind hohe königliche Verwaltungsbeamte zu erkennen. Nach der Aussage der unvollständigen erklärenden Unterschrift handelt es sich um eine Aufstellung bestellter Flächen im Bereich (und in der weiteren Umgebung?) von Kār-Tukultī-Ninurta.

# Indizes

## Geographische Namen

$^{d}$N. 57 :21 ; $^{URU}$Kar-$^{IGIŠ}$T.-⸢ti⸣-[$^{d}$N.] 58 :6 ; $^{URU}$Kar-$^{IGIŠ}$T.-ti-$^{d}$N. 59 :16 ; $^{URU}$Kar-$^{IGIŠ}$T.-⸢ti⸣-$^{d}$NI[N.UR]TA 60 :14 ; $^{URU}$Kar-$^{IGIŠ}$T.-t]i-$^{d}$⸢NIN⸣.URTA 68 :5′ ; $^{URU}$Kar!-$^{GIŠ}$T.-t[i-$^{d}$N.] 74 :50 ; $^{URU}$Kar(-)$^{IGIŠ}$T.-t]i-$^{d}$NIN.[URTA 76 :4′ ; $^{URU}$Kar-$^{IGIŠ}$T.-ti-$^{d}$NIN.U[RTA] 78 :38′ ; $^{URU}$Kar-⸢GISKIM-MAŠ 81 :3 ; $^{UR}$]$^{⸢U}$Kar-$^{IGIŠ}$T.⸣[-ti-$^{d}$N. 86+29 :1′ ; $^{UR}$]$^{U}$Kar-$^{IGIŠ}$⸢T.⸣[-ti-$^{d}$N. 91 :21′′ ; $^{URU}$Kar-$^{IGI[Š}$T.-ti-$^{d}$N.] 97 Rs. 3′ ; $^{URU}$Kar-$^{IGIŠ}$T.-ti-$^{d}$N. 98 :10′ ; $^{U]RU?}$Kar?-$^{⸢I?⸣GIŠ}$T.-⸢ti⸣-[$^{d}$N. 100 :12 ; $^{URU}$Kar-<I>$^{⸢GIŠ}$T.-ti-$^{d}$N.⸣ 105 :3 ; $^{URU}$Kar-$^{I}$⸢GISKIM-MAŠ 106 :8 ; $^{URU}$Kar-$^{IGIŠ}$⸢T.⸣[-ti]-⸢$^{d}$⸣NIN.⸢URTA⸣ 108 :11′/11′a ; $^{URU}$Kar-$^{IGIŠ}$⸢T.-t⸣[i-$^{d}$N.] 108 :19′ ; $^{URU}$K]ar-$^{IGIŠ}$T.-ti-$^{d}$NIN.U[RTA] 113+71 :14 ; $^{URU}$Kar-$^{IGIŠ}$T.-ti-$^{d}$N. 114 :16 ; $^{URU}$Kar-$^{IGIŠ}$⸢TU⸣[KUL-ti-$^{d}$N. 115 I 10 ; $^{URU}$⸢Kar⸣-$^{IGIŠ}$T.-ti[-$^{d}$N. 115 I 12 ; $^{URU}$Kar?(-)$^{IGIŠ}$T.-]⸢ti⸣-$^{d}$N. 115 I 18 ; $^{URU}$Kar-$^{IGIŠ}$T.-ti-$^{d}$N. 115 IV 5′ ; $^{URU}$Kar-$^{I}$[$^{GIŠ}$T.-ti-$^{d}$N. 118 :3′ ; $^{URU}$⸢Kar⸣-$^{IGIŠ}$T.-ti-$^{d}$N. 129 :113′′ ; $^{URU}$Kar-⸢GISKIM-MAŠ 131 :47′ ; $^{UR}$]$^{⸢U}$Kar-$^{IGIŠ}$⸣[T.-ti-$^{d}$N. 136 Vs.? 2′ ; $^{URU}$[K]ar-$^{IGIŠ}$⸢T.⸣-ti-⸢$^{d}$⸣[N.] 137 :10 ; $^{URU}$Kar-$^{IGIŠ}$T.-ti-$^{d}$[N.] 138 :15 ; $^{URU}$Kar-$^{IGIŠ}$T.-ti-$^{d}$N. 138 :26 ; $^{URU}$Kar-$^{GIŠ}$T.-⸢ti?⸣-[MAŠ?] 140 :25 ; $^{URU}$Kar-$^{IGIŠ}$T.-ti-N. 143 Rs. 10′ ; $^{URU}$Kar-$^{IGIŠ}$T.-ti-$^{d}$N. 143 Rs. 11′ ; $^{URU}$K[ar-$^{IGIŠ}$TUKUL-ti-$^{d}$N.(?) 144 :4′ ; $^{URU}$Kar-$^{IGIŠ}$T.]-⸢ti-$^{d}$N.⸣ 155 :8′/ MARV 2,17 H. 84 ; $^{URU}$Kar-$^{IGIŠ}$TUK]UL-ti-$^{d}$N. 155 :9′/MARV 2,17 H. 85 ; $^{URU}$Kar-$^{IGIŠ}$T.-ti-$^{d}$N. 155 :13′/MARV 2,17 H.89 ; ⸢$^{URU}$Kar-$^{IGIŠ}$T.-ti⸣[-$^{d}$N. 161 :1′/MARV 2,17 H. 84 ; $^{URU}$Kar-$^{IGIŠ}$T.-ti-$^{d}$NI]N.URTA 167 :5′/MARV 2,17 :87 ; (⸢A.GÀR⸣) $^{URU}$⸢Kar⸣-TUKUL-MAŠ 173 XI 1/1a/1b ; $^{URU}$Kar-$^{IGI]Š}$T.-ti-$^{d}$N. 173 XI 18.

**$^{URU}$Kār-Tukultī-Ninurtajû? :** $^{URU}$Kar-$^{GIŠ}$T.-t[i-$^{d}$N.-ju-ú(?)] 84 :8′.

**Kaššī'u :** Kaš-ši-ú 1 :11 ; Kaš?!-ši?!-ú?! 1 :32 ; Kaš-ši-ú 2 Rs. 6′′ ; ([ÉRIN?$^{M}$]$^{EŠ}$) Kaš-š[i-]e 40 :7 ; (za-ma-⸢ru) K⸣[aš?-ši-ú(?)] 74 :15 ; Kaš-ši-⸢ú!?⸣ 74 :37 ; Kaš-ši-⸢ú⸣ 74 :39 ; (⸢ka⸣-lu-ú) ⸢Kaš⸣-ši-⸢ú⸣ 74 :41 ; (za-ma-ru) Kaš-ši-ú 74 :42 ; (ÉRIN]$^{MEŠ}$) Kaš-ši-⸢e⸣ 76 :3′ ; (ÉRIN$^{MEŠ}$) Kaš-ši-ú 102 IV 6′.

**$^{KUR}$Katmuḫajû :** $^{KUR}$Kat-mu-ḫa-ju-ú (ḫu-u[b-tu?) 102 II 7.

**$^{KUR}$Katmuḫi :** $^{KUR}$Kat-mu-ḫi 2 Rs. 2′ ; $^{KUR}$Ka]t?-mu-ḫi 65 II 11′ ; ⸢$^{KUR}$Kat-mu-ḫi⸣ 65 III 1′ ; $^{KUR}$Kat-mu-ḫi 65 III 3′ ; $^{KUR}$Kat-mu-ḫi 119 :4 ; $^{KUR}$Kat-mu-ḫi 119 :24 ; $^{KUR}$⸢Kat-mu-ḫi⸣ 119 :28 ; ⸢$^{URU?}$⸣[Kat?]-⸢mu?-ḫu!?⸣ 127 :36 ; Kat-mu-ḫ[i? 150 :2′.

**$^{URU}$KI-ID? :** $^{URU}$KI-⸢ID?⸣ 143 Rs. 4′.

**$^{URU}$KI?.KAL?-bītāte :** $^{URU}$KI?.KAL?-É$^{MEŠ}$ 127 :60′.

**$^{URU}$Kilani :** $^{URU}$⸢Ki-la⸣[-ni] 65 I 17′ ; $^{URU}$Ki-la-ni 65 III 9.

**$^{URU}$Kilinajû? :** $^{URU}$⸢Ki?⸣-li-na-ju-ú 2 Vs. 6.

**$^{URU}$Kilizajû :** $^{URU}$Ki-li-za-⸢je-e?⸣ 33 :13.

**$^{URU}$Kilizu :** $^{URU}$Ki-li-zi 5 :7 ; $^{URU}$Ki-li-zu 127 :13.

**$^{URU}$Kudinu?... :** $^{URU}$Ku-di-nu?-x? 127 :61′.

**$^{URU}$Kulišḫinaš :** ⸢$^{URU}$Ku?-liš?-ḫi?-na⸣-áš 127 :16 ; $^{UR}$]$^{U}$Ku-liš-ḫi-[na-áš 137 :8′.

**$^{URU}$Kuppiša :** $^{URU}$Ku-pi-ša 107 :10.

**$^{URU}$Kurda? :** ⸢$^{URU}$Kur?-da?⸣ 16 :9 ; ⸢$^{URU}$KI.MIN⸣ (= $^{URU}$Kurda?) 16 :10 ; (i+na ḫal-⸢ṣí) $^{URU}$Kur-da⸣ 119 :8.

**$^{URU}$Libbi?-... :** $^{URU}$ŠÀ?-x[ ] 16 :21.

**$^{URU}$Libbi-āli :** $^{URU}$ŠÀ-URU 2 Rs. 3′ ; $^{UR}$]$^{U}$⸢Lìb-bi⸣-URU 27 :16 ; $^{UR}$]$^{U}$Lìb-bi-U[RU 30 :15′ ; $^{URU?}$[Lìb-bi-URU(?) 42 :14 ; $^{URU}$Lìb-be-U[RU 43 :11 ; $^{URU}$Lìb-b]i-URU 95 I′ 17′ ; $^{URU}$Lìb-bi-URU 115 I 11 ; $^{URU}$Lìb-bi-URU 115 I 14 ; $^{URU}$Lìb-bi-⸢URU⸣ 115 I 16 ; $^{U}$[$^{RU}$Lì]b-bi-⸢URU⸣ 127 :17 ; $^{U}$]$^{RU}$Lìb-bi-URU 134 :4′ ; $^{URU}$Lì]b-bi-URU 138 :11 ; $^{URU}$Lìb-bi-URU 138 :25 ; $^{U}$]⸢$^{RU}$ŠÀ-URU⸣ 140 :24 ; ⸢$^{URU}$ŠÀ-URU⸣ 167 :4′/MARV 2,17 :86 ; $^{URU}$ŠÀ-⸢URU⸣ 172 :12′.

**Lullû :** Lu-lu-ú 47 :8′ ; Lu-lu-e 47 :26′.

**$^{URU}$Meškilu :** $^{URU}$Mi-eš-[ki-lu] 65 I 18′ ; $^{URU}$Mi-eš-ki-lu 65 III 10′.

**$^{KUR}$Muzrīju? :** $^{KUR}$Mu?-u]z?-ri-JA 47 :28′ ; $^{KUR}$⸢Mu-uz-ri⸣[-JA] 172 :10′.

**$^{KUR}$Nairi :** ⸢$^{KUR}$Na-i⸣[-ri 115 I 1 ; ⸢$^{KUR}$Na-i⸣-ri 115 I 5.

**$^{URU}$Nēmad-Ištar :** $^{U}$]$^{RU}$Né-m[ad-$^{d}$Iš$_8$-tár] 30 :21′ ; [$^{URU}$Né-mad-$^{d}$I]š$_8$-tár 68 :4′ ; $^{URU}$Né]-mad-$^{d}$Iš$_8$-tár 127 :19 ; $^{URU}$]Né-mad-[$^{d}$Iš$_8$-tár 134 :7′ ; $^{URU}$Né-mad-$^{d}$Iš$_8$-tár 144 :5′.

**$^{URU}$Nilipaḫru :** ⸢$^{URU}$Ni!-li!⸣-pa-aḫ-⸢ru⸣ 156 :6′/ MARV 2,17 :17 ; ⸢$^{URU}$Ni⸣[i-li-paḫ-ru 159 :2′/ MARV 2,17 H. 18.

**$^{URU}$Nimra? :** $^{URU}$Nim?-ra? 16 :18.

**$^{URU}$Ninua :** ⸢$^{URU}$⸣Ni-nu-⸢a⸣ 16 :8 ; ⸢$^{URU}$Ni-nu-a⸣ 61 :3′ ; $^{URU}$Ni-nu-a x? 127 :40 ; $^{URU}$⸢Ni-nu⸣-[a 148 Rs. 1′.

**$^{URU}$Nittakku :** $^{URU}$Ni-it-[ták-ku] 65 I 19′ ; $^{URU}$Ni-it-ták-ku 65 III 11′.

**$^{KUR}$Qumanajû :** $^{KUR}$Qu-[ma-na-JA] 172 :9′.

**$^{KUR}$Qumma...? :** $^{KUR?}$Qu?-um?-m⸣[a?- 35 :17.

**pāḫutu AN.TA :** ⸢pa-ḫu-t⸣[u AN.TA 61 :1′ ; pa-ḫu-tu AN.[TA] 127 :33.

**pāḫutu KI.TA :** pa-ḫ[u-tu KI.TA 62 :2′.

**$^{KUR}$Purulumzajû :** (⸢LUGAL?⸣) $^{KUR}$Pu-ru-lum-za-je-e 146 :11′.

**$^{URU}$Rēš-nēberi :** $^{URU?}$]⸢SAG?⸣-né-be-ri 23 :5′ ; $^{URU-}$SAG-né-be[-ri] 35 :5.

**$^{URU}$Sa... :** $^{URU}$Sa?-x[ 16 :30.

**$^{KUR}$Suḫi :** ⸢$^{KUR!}$Su-ḫi⸣ 26 :22 ; ⸢$^{KUR}$Su-ḫi⸣ 30 :20′.

**$^{URU}$Susua :** $^{URU}$Su-su-a 107 :12.

**($^{KUR}$)Sutī'u :** Su-ti-e la-x-x-je-e 32 :6 ; ⸢$^{KUR?}$Su?-ti-

*e?/ú?*⌉ 32 :35 ; $^{KUR?}$*Su?-t[i?-*]x 65 I 4´ ; ⌈$^{KUR?}$*Su?-ti?-ú*⌉ 65 I 8´.

**$^{URU}$Ša?-...a :** $^{URU}$⌈*Ša?-*$^{d?}$⌉[ ]-*a* 127 :55´.

**$^{URU}$Ša-A...? :** $^{URU}$*Ša?-*$^{I}$*A*-x[ 39 :12.

**$^{URU}$Ša-akīte :** $^{URU}$*Ša-a-ki-te* 107 :13 ; $^{URU}$*Ša-a-ki-te* 132 :11.

**$^{URU}$Šaba?...qâ... :** $^{URU}$*Ša-b[a?-* ]x-*qa?-a*-x 16 :20.

**$^{URU}$Ša-balṭiš-libbi-Aššur :** $^{URU}$*Ša*-TI-*iš*-ŠÀ-$^{d?}$[ ? ] 132 :11 (s. auch unter $^{URU}$Balṭiš-libbi-Aššur).

**$^{URU}$Ša-buqlāju? :** ⌈$^{URU}$⌉*Ša*-⌈MUN⌉[U$_4$?-*(a-)JA*-78 :46´ ; $^{URU}$*Ša*-MUNU$_4$?-*je*[-*e*] 155 :16´/MARV 2,17 :92.

**$^{URU}$Ša-buṭnišu? :** $^{URU}$*Ša-bu-UD-ni-šu* 32 :12.

**$^{URU}$Ša-ilī-ittija :** $^{URU}$*Ša*-DINGIR-KI-*ja* 127 :63´ ; $^{URU}$]*Ša*-DINGIR-⌈KI⌉[-*ja* 164 :2´/MARV 2,17 H. 40 ; ⌈$^{URU}$*Ša?*⌉-DINGIR-KI-*ja* 173 VII 1/1a/1b.

**$^{URU}$Ša-ilī-ittijû :** $^{URU}$⌈*Ša*⌉-DINGIR-*ti-ju*-⌈*ú*⌉ 2 Vs. 7 ; $^{URU}$*Š*]*a*-DINGIR-*ti-ju-ú* 20 :6 ; $^{URU}$*Ša*-DINGIR-*ti-ju-ú* 107 :7 ; $^{URU}$*Ša*-DINGIR-*ti-ju-ú* 132 :9.

**$^{URU}$Ša?-Kidin?-... :** $^{URU}$*Ša!?*-ŠÚ?-x[ 16 :4.

**$^{URU}$Ša-kisurri :** ⌈$^{URU?}$⌉[x *Ša-k*]*i-su-ri* 127 :55´ ; ⌈$^{URU}$*Ša*⌉-*ki-su-ri* 173 VIII 1/1a/1b.

**$^{URU}$Ša-kuppiša :** $^{URU}$*Ša-ku-pi*-⌈*ša*⌉ 2 Vs. 10 ; $^{URU}$*Ša*-⌈*ku*⌉-*pi*-⌈*ša*⌉ 132 :8.

**$^{URU}$Ša-Kurbiajû :** $^{URU}$*Ša-kur-bi*-⌈*a-ju-ú*⌉ 2 Vs. 9 ; *Ša-Kur-bi-a*-⌈*ju*⌉-*ú* 107 :9 ; $^{URU}$⌈*Ša*⌉-*Kur-bi-a-ju-ú* 132 :7.

**$^{URU}$Šamanu...? :** $^{URU}$*Ša-ma-nu*(-) [102 III 8´.

**$^{URU}$Ša-Samajû? :** $^{URU}$*Ša-Sa-ma-j[a?* 60 :20.

**$^{URU}$Ša-Silā :** ⌈$^{URU}$*Ša*⌉-*Si-la-a* 173 IX 1/1a/1b.

**$^{URU}$Ša-Silajû? :** $^{URU}$*Ša-si*-⌈*la?*⌉-*ju-ú* 107 :6 ; $^{URU}$*Ša-Si-la?-ju-ú* 132 :6.

**$^{URU}$Ša-Sîn-rabi :** $^{URU}$⌈*Ša*-$^{Id}$⌉XXX-GAL 27 :3 ; $^{URU}$*Ša*-$^{Id}$XXX-GAL 30 :3 ; ]x(-)$^{I?d}$XXX-GAL 50 Rs.? 4´ ; $^{URU?}$]*Ša*-$^{Id}$XXX-GAL 143 Rs. 12´.

**$^{URU}$Ša-ṣilli :** $^{URU}$*Ša-ṣi-il-li* 61 :6´ ; ⌈$^{URU}$*Ša-ṣi?-li?*⌉ 127 :43.

**$^{URU}$Ša-tilli...? :** $^{URU}$*Ša-ti-li*-x 132 :12.

**Šelennāju :** *Š*]*e-le-na-JA* (*ša ḫal-ṣí* $^{URU}$É-x[) 28 Vs. 15´.

**$^{URU}$Šibanibe :** (*ḫal*-⌈*ṣí*⌉) $^{URU}$*Ši!-ba!*-⌈*ni*⌉-[*be*] 119 :12.

**$^{URU}$Šimu :** $^{URU}$*Ši-m*[*e?*] 42 :2 ; ⌈$^{URU}$*Ši*⌉[*i?-m*]*e?* 43 :2 ; (⌈*ḫal-ṣí*) $^{URU}$⌉*Ši*-⌈*mi*⌉ 119 :10 ; $^{URU}$*Ši-me* 127 :15 ; $^{UR}$]$^{U}$*Ši-i-*[*mu?* 134 :6´.

**Šubrī'u :** ⌈*Šu-ub*⌉-*ri-ú* 1 :8 ; $^{KUR}$*Šu-ub-r*[*i-ú*] 1 :19 ; KI!?.MIN!? (= *Šubrī$_4$u*) 1 :20 ; (ÉRIN$^{MEŠ}$) *Šub-r*[*i?-e*(?)] 41 :6 ; (ÉRIN$^{MEŠ}$) *Šu-ub-ri-ú* 123 Rs. 5´.

**$^{URU}$Šudu :** ⌈$^{URU}$*Šu-du*⌉ 127 :38 ; $^{URU}$⌈*Šu!?-di*⌉ 160 :21´/MARV 2,17 H. 67.

**$^{URU}$Šuḫutipu :** $^{URU}$*Šu-ḫu*[*-ti-pu*] 65 I 15´ ; $^{URU}$*Šu-ḫu-ti-pu* 65 III 7´.

**$^{URU}$Šumēla :** $^{URU}$*Šu-me-la* 61 :7´ ; $^{UR}$]⌈$^{U}$*Šu-me-la*⌉ 127 :44.

**$^{URU}$Šururia :** ⌈$^{URU}$*Šu-ru-r*⌉[*i-a*] 65 I 16´ ; $^{URU}$*Šu-ru-ri-a* 65 III 8´.

**Tabira :** KÁ.GAL *Ta-bi-ra* 33 :10 ; KÁ.⌈GAL! *Ta!-bi!*⌉-*ra* 42 :8 ; KÁ.GAL *Ta-bi-ra* 160 :7´/MARV 2,17 H. 53.

**$^{URU}$Taidu :** ⌈$^{URU}$*Ta-i-du*⌉ 127 :37.

**$^{URU}$TeḪARḫanibe :** $^{URU}$*Te-ḪAR-ḫa-*[*ni-be*] 65 I 20´ ; $^{URU}$*Te-ḪAR-ḫa-ni-be* 65 III 12´.

**$^{URU}$Tille :** $^{URU}$*Ti-li* 31 :5 ; ⌈$^{URU}$*Ti-li*⌉ 33 :2 ; $^{URU}$⌈*Ti*⌉-*li* 34 :3 ; $^{URU}$⌈*Ti-li*⌉ 36+80 Vs. 2 ; $^{URU}$*Ti-li* 39 :6 ; $^{URU}$*Ti-li* 44 :3 ; $^{URU}$*T*[*i-li*] 46 :7 ; $^{URU}$⌈*Ti-li*⌉ 59 :6 ; $^{URU}$*Ti-li* 113+71 :3 ; $^{URU}$*T*[*i-li* 122 :6 ; $^{URU}$*Ti-*[*li* 159 :5´/MARV 2,17 H. 21.

**$^{URU?}$Tillu? ša ...(?) :** $^{URU?}$*Ti-lu? ša* x x 16 :25.

**$^{KUR}$Uqumanajû :** $^{KUR}$]⌈*Ú*⌉-*qu-ma-na-je-e* 47 :27´ ; $^{KUR}$*Ú-qu-ma-na-je*-⌈*e?*⌉ 60 :7 ; $^{KUR}$*Ú-qu-m*[*a-na-ju-ú* 74 :44.

**$^{KUR}$Uraššе :** (URU$^{DIDLI}$ *ša* GÌR) $^{KUR}$*Ú*[*-ra-áš-še* 160 :22´/MARV 2,17 H. 68.

**$^{URU}$Zaduše? :** $^{URU}$*Za?-du-ŠE?* 28 Rs. 20´.

**$^{URU}$Zu...zu :** $^{URU}$*Zu*-[ ]x-*zu* 164 :6´/MARV 2,17 H. 44.

Unvollständig erhaltene geographische Namen

**...appari :** x *ap-pa-ri* 173 II 1f.

**...aššuḫulajû? :** ]-*áš?-šu?-ḫu-la-je-e* 51 :23.

**...IDjû :** ]x x[ ]x-⌈ID?⌉-*ju-ú* 96 :22´ ; ]x-⌈ID?⌉-*ju-ú* 96 :26´.

**$^{URU}$...-ilīja-abāš :** [A?.G]ÀR $^{URU}$[ ]x-DINGIR-*ja*-⌈*ba-áš*⌉ 173 I 1/1a/1b.

**...-ilījû :** ]x-DINGIR-*je-e* 170 Rs.? 1´.

**...jû :** ]x x x-⌈*ju?*⌉-*ú* 96 :25´.

**$^{URU}$...ma...ar :** $^{URU}$x-*ma*-x-*ar* 173 III 1/1a/1b.

**...majû :** x[ ]x-⌈*ma-je-e*⌉ 148 Vs. 4.

**...pirat :** x[ ]x-x-⌈*pi-rat*⌉ 173 IV 1/1a/1b.

**$^{URU}$...silâ? :** $^{URU}$x-*si-la?-a?* 173 IX 1/1a/1b.

**... tâmtu ṣeḫertu :** x? A.AB.BA TUR-*tu* 173 VI 1f.

**$^{URU}$...tara? :** $^{URU}$x-*ta?-ra* 16 :19.

⌈$^{URU?}$⌉x[ 11 Vs.? 5´ ; $^{UR}$[$^{U?}$ 11 Rs.? 5´ ; $^{URU}$⌈KI.MIN⌉ (= $^{URU}$⌈*Ḫu?*⌉-x-x) 16 :6 ; $^{URU}$[ ] 16 :15 ; $^{URU}$x[ ]x x 16 :16 ; [$^{URU?}$ ]x 16 :17 ; ⌈$^{URU}$⌉x x[ 28 Rs.? 7´ ; $^{URU}$[ 38 Vs. 4´ ; $^{KU}$[$^{R}$ 39 :8 (*ḫal-ṣa-né ša* GÌR $^{KU}$[$^{R}$) ; $^{URU?}$[ ]x(-)*e-ti* x[ ] 45 :14´ ; ⌈$^{URU}$⌉[ 47 :3´ ; ⌈$^{URU}$⌉x[ 47 :9´ ; ⌈$^{URU!?}$⌉x[ 62 :22 ; ⌈$^{URU?}$⌉x[ 62 :31 ; $^{UR}$[$^{U?}$ 80 :5´ ; ⌈$^{KUR?}$⌉x[ 102 II 11 ; $^{URU?}$x x x 102 IV 15 ; $^{URU}$x[ 110 :8 ; [$^{URU}$ ]x x x 127 :18 ; ⌈KUR?⌉ $^{URU?}$x-x[ ] 127 :34 ; ⌈$^{URU}$⌉x[ ]x x[ ? ] 127 :35 ; ⌈$^{URU}$⌉x-x-x-x 127 :57´ ; $^{URU}$x[ 144 :4´ ; ⌈$^{URU?}$⌉x[ 163 :1´.

## Götternamen

**Anu :** (⸢*a-na* $^{d}$) *A*$^{?}$⸣[-*nim*$^{?}$] (⸢*ù* $^{d?}$⸣[) 95 Vs. I´ 4´.
**Aššur :** (]x *pa-ni* É) $^{d}$*A-šur* 78 :23´; (⸢*a*$^{?}$-*na*$^{?}$⸣) $^{d}$*A-šur* (*ù*$^{?}$ $^{d?}$[) 95 I´ 3´; (] *a-na pa-ni*) $^{d}$*A-šur* [ 95 I´ 18´; (*a-na* É) $^{d}$*A-š*[*ur* 115 I 11 ; (*ša*) ⸢$^{d}$⸣*A-šur* 119 : 29 (s. auch im Verzeichnis der geographischen Namen unter Aššur).
**Bēl-šarru :** (⸢*i+na*⸣ *a*-[*ki*$^{?}$-]-*te ša*) ⸢$^{d}$EN⸣-LUGAL 40 :6.
**Bēr :** (*a-na* ⸢$^{d}$⸣[ ]x[ ] ⸢*ù*⸣) $^{d}$*Be-er* 95 I´ 7´.
**Ištar :** (*a-na*) $^{d}$⸢*Iš*$_{8}$-*tár Áš-šu*⸣-*ri*-⸢*te*⸣ 95 I´ 9´; (*ù*) $^{d}$⸢*Iš*$_{8}$-*tár ša* AN-*e*⸣ 95 I´ 10´; $^{d}$INANNA$^{MEŠ}$ 95 I´ 12´.
**Ninurta :** (*a-na* $^{d}$⸢ENŠ⸣[ADA$^{?}$] ⸢*ù*) $^{d}$NIN.URTA⸣ 95 I´ 8´.
**Nusku :** (*a-na*) $^{d}$⸢ENŠ⸣[ADA$^{?}$] (⸢*ù* $^{d}$NIN.URTA⸣) 95 I´ 8´.
**Ṣarpanītu :** (]x *pa-ni*) $^{d}$*Ṣar-pa-ni*-⸢*te*⸣ [ 13 :11´.

| | |
|---|---|
| ⸢$^{d?}$⸣[ | 95 I´ 4´ (⸢*a-na* $^{d}$*A*$^{?}$⸣[-*nim*$^{?}$]⸢*ù* $^{d?}$⸣[ |
| ⸢$^{d?}$⸣[ | 95 I´ 6´ (⸢*a-na* $^{d?}$⸣[ ]⸢*ù* $^{d?}$⸣x x) |
| ⸢$^{d?}$⸣x x | 95 I´ 6´ (⸢*a-na* $^{d?}$⸣[ ]⸢*ù* $^{d?}$⸣x x) |
| ⸢$^{d}$⸣[ ]x[ ] | 95 I´ 7´ (... ⸢*ù*⸣ $^{d}$*Be-er*) |

## Personennamen

(Abkürzungen : Br. = Bruder ; Ehefr. = Ehefrau ; Ehem. = Ehemann ; Eigent. = Eigentümer ; Gv. = Großvater ; S. = Sohn ; Schwiegerv. = Schwiegervater ; Skl. = Sklave ; T. = Tochter ; V.=Vater).

### A

**A...$^{?}$ :** $^{I}$*A*(?)[- 18 :6 ; $^{I}$⸢*A*$^{?}$⸣-x[ ]x 132 :27.
**A...-Kušuḫ$^{?}$ :** $^{I}$*A*[- -*k*]⸢*u*$^{?}$-*šu*⸣-*uḫ* 89 II 46´´ (Br. d. Atal-beru [s. dort], *itinnu*).
**A...ri :** $^{I}$*A*-x-x-*ri* 103 Rs. 15´($^{LÚ??}$...).
**Aba-lā-īde :** *A*$^{!}$-*ba-la-i-de* 131 XI 9 (V. d. Šamaš-nādin-šumāte).
**Abattu :** $^{I}$*A-bat-tu* 18 :14 (*līmu*) ; $^{I}$*A-bat-te* 47 :26´; *A-bat-te* 47 :35´´; $^{I}$⸢*A*⸣-*bat-t*[*u*] 57 :28 (*līmu*) ; $^{I}$*A-bat*-⸢*tu*⸣ 60 :23 (*līmu*) ; $^{I}$*A-bat-tu* 106 :21 (*līmu*) ; $^{I}$*A-bat-te* 115 Rs. IV 4´ (*līmu*) ; $^{I}$*A-bat-tu* 172 :18´ (*līmu*).
**Abī-ilī :** $^{I}$*A-bi*-DINGIR 31 :26 (S. d. Katiri, *līmu*) ; [$^{I}$]⸢*A*⸣-*bi*-DINGIR 32 :17 (*līmu*) ; ⸢$^{I}$*A-bi*⸣-DINGIR 34 :24 (*līmu*) ; $^{I}$*A-bi*-[DI]NGIR 36+80 Rs. 12´ (*līmu*) ; ⸢$^{I}$⸣*A-bi*-⸢DINGIR⸣ 43 :16 (*līmu*) ; *A*-[*bi*-DINGIR(?) 44 :18 (V. d. Aššur-kettī-īde) ; $^{I}$*A-bi*-DINGIR 71+113 :23 (S. d. Katiri, *līmu*) ; ; $^{I}$*A*]-*bi*-DINGIR 79 Rs. 7´ (*līmu*) ; $^{I}$*A-bi*-DINGIR 114 :30´ (*līmu*) ; $^{I}$*A-b*[*i*]-⸢DINGIR⸣ 121 :20 (*līmu*).
**Abuška$^{?}$ :** ⸢$^{I}$*A*⸣-*bu-uš*$^{?}$-*ka* 89 II 40´´ (S. d. ...di [s. dort], *pirsu*).
**Abu-ṭāb :** *A-bu*-DÙG.GA 16 :19 (V. d. Marduk-kēna$^{?}$-išamme) ; $^{I}$*A-bu*-⸢DÙG.GA⸣ 42 :7, ⸢$^{I}$*A-bu*⸣-DÙG.GA 42 :12 ; $^{I}$*A*-⸢*bu*⸣-D[ÙG.GA(?)] 102 III 5´ ( Eigent. d. Šamaš-namir)
**Adad-... :** $^{I}$X-[ 47 :14´; $^{I}$X-[ ? ] MAŠ-x[ 65 I 6´; ⸢$^{I}$X⸣-x-x-x 103 Vs. 20 ; $^{I?}$X-x[ 165 :2´.
**Adad-...-ekalli$^{?}$ :** X-x-É$^{?}$.G[AL$^{?}$ 102 Rs. 3´ (V. d. Kidin-Gula).
**Adad-aḫa-iddina :** (⸢DUMU⸣[$^{MEŠ}$) $^{d?}$]⸢IŠKUR$^{?}$-ŠEŠ-SUM-*na*⸣ 131 XI 30.
**Adad-bēl-gabbe :** $^{I}$X-EN-*gab-be* 32 :9 (S. d. Aššur-rēmī-...$^{?}$, *mākisu*) ; [X$^{?}$-EN-*ga*]*b*$^{?!}$-*be* 33 :5 (V. d. Aššur-apla-iddina) ; X$^{?}$]-EN-gab-be 44 :7 (V. d. Aššur-apla-iddina) ; $^{d}$IŠKUR-EN-*gab-be* 59 :11 (V. d. Aššur-apla-iddina) ; $^{d}$IŠ]KUR-⸢EN⸣-*gab-be* 71+113 :7 (V. d. Aššur-apla-iddina) ; $^{d}$IŠKUR-EN]-*gab-be* 121 :6 (V. d. Aššur-apla-iddina) ; ]$^{d}$IŠKUR-EN-*gab-be* 129 :2´ (*qēpu*).

**Adad-dīnāšu?** : $^{I}$X-*di*$^{?}$-*i*$^{?}$-*na*$^{?}$-*a*$^{?}$-*šu*$^{?}$ 99 :34´ (S. d. Sigi, Br. d. Šamaš-dēnī-dīn).

**Adad-gabbu(-)...** : ⸢$^{Id}$⸣IŠKUR-*gab-bu*(-)x[ 62 :10.

**Adad-ketta-lēšir** : $^{I}$X-*ke-ta-le-šìr* 173 XVI 14.

**Adad-le'i?** : $^{Id}$IŠKUR-⸢*le*$^{?}$⸣-*e* 49 :3.

**Adad-mudammeq?** : X-⸢*mu*-SIG$_{5}$$^{?}$⸣ 114 :22´ (V. d. Ubru).

**Adad-multēpiš** : $^{d}$⸢IŠKUR-*mul*⸣-*te-p*[*iš*], 100 :5 (V. d. ...).

**Adad-murabbi** : X-⸢*mu-ra-bi*⸣ 78 :45´ (V. d. Aplīja) ; X-⸢*mu*⸣-GAL$^{?}$ 114 :6 (V. d. Aplīja).

**Adad-mušabši** : $^{I}$X-*mu-šab-ši* 1 :8 (*Šubrī'u*).

**Adad-mušammeḫ** : X-*mu-šam-me-eḫ* 16 :7 (V. d. Ištu-ili-ašāmšu) ; $^{I}$X-*mu-šá-me-eḫ* 102 III 2´.

**Adad-nādin-...** : $^{d}$IŠKUR-SUM-[ 122 :5 (V. d. ...-Sîn).

**Adad-nāṣir** : $^{I}$X-PAP 65 IV 7.

**Adad-nīrārī** : $^{d}$IŠKUR-ÉRI]N.TÁḪ 151 :3 (V. d. Šulmānu-ašarēd, Gv. d. Tukultī-Ninurta, *uklu*).

**Adad-rē'ûni** : X-*re-ú-n*[*i* 102 IV 3´(V. d. Kidin-Gula).

**Adad-rība-taṣar?** : ⸢$^{I}$⸣$^{d}$IŠKUR-*ri-ba-ta-ṣa*-⸢*ar*$^{?}$⸣ 10 : 1 (Skl. d. Ṭāb-milki-abi u. d. Ištar-ēreš).

**Adad-rīm-māti** : $^{I}$X-*ri-im*-KUR 127 :4.

**Adad-ša...?** : $^{I}$X-⸢*šá*$^{?}$⸣-[ 130 :29´.

**Adad-šadûni** : X-KUR-*ni*, 31 :4 (V. d. Kidin-Sîn) ; $^{d}$IM-KUR-*n*[*i* 122 :5 (V. d. Kidin-Sîn).

**Adad-šallimšunu** : $^{Id}$IŠKUR-*šal-lim-šu-nu* 49 :5 ; $^{I}$X-*šal-lim-šu-nu* 49 :6.

**Adad-šamšī** : $^{I}$X-*šam*]-*ši* 164 :7´/MARV 2,17 H. 45.

**Adad-šar-ilāni** : X-LUGAL-DINGIR$^{MEŠ}$-*ni* 114 : 21´ (V. d. Adad-šumu-lēšir).

**Adad-šimanni** : $^{I}$X-*ši-ma-ni* 1 :28 (*aluzinnu*).

**Adad-šumu-lēšir** : $^{d}$IŠKUR-MU-*le-š*[*ìr*] 35 :4 (V. d. Adad-uma"i) ; $^{I}$⸢X-MU⸣-*le-šìr* 114 :20´ (S. d. Adad-šar-ilāni).

**Adad-tēja** : (⸢DUMU⸣$^{MEŠ}$) X-*te-ja* 131 XI 13 (S. d. Ṣillīja).

**Adad-uma"i** : $^{Id}$IŠKUR-*ú-m*[*a-i*] 35 :3 (S. d. Adad-šumu-lēšir) ; $^{Id}$IŠKUR-*ú-ma-i* 35 :8 ; $^{Id}$IŠKUR-*ú-ma*-⸢*i*⸣ 115 Rs. IV 2´ (*līmu*) ; $^{I}$X-*ú*-[*ma-i*] 115 Rs. IV 2´ (*līmu*).

**Adad-ušabši** : $^{I}$X-*ú-šab-ši* 1 :19 (*Šubrī'u*) ; ⸢$^{I}$⸣X-*ú-šab-ši* 1 :21 (*sirašû*).

**Adad-zēra-iqīša** : $^{I}$X-NUMUN-NÍG.BA 128 :7.

**Adaḫuzini** : $^{I}$*A-da-ḫu-zi-ni* 102 II 4 (IGI.NU.[GÁL).

**$^{MÍ}$Adal-kalli?** : $^{MÍ}$*A-da*$^{?}$-*al*$^{?}$-*kal*$^{?}$-*li* 89 II 43´´ (Ehefr.. d. Atal-beru [s. dort], *ša šipri*).

**Admati-ilī** : $^{I}$*Ad-mat*-DINGIR 91 :16´´ (S. d. $^{MÍ}$[, $^{LÚ}$SA *ša* [).

**$^{MÍ?}$AḪšušazan** : ⸢$^{MÍ?}$⸣*AḪ-šu-ša-za-an* 112 I 6 (T. d. ...).

**Agi-Teššub** : $^{I}$*A-gi-te-šu-ub* 89 V 44´ (*ša irti*).

**$^{MÍ}$Aḫat-uqrat** : $^{MÍ}$*A-ḫa-at-uq-rat* 96 :14´ (Ehefr. d. Sîn-uballiṭ [s. dort]).

**Aḫu-ṭāb** : [$^{I}$*A*-]⸢*ḫu*⸣-DÙG.GA 16 :4 (S. d. ......ja) ; $^{I}$*A-ḫu*-DÙG.GA 102 II 9 (*ša šipri*).

**Aja-ibāš-ili** : ⸢*Ja-i*⸣-*ba*-⸢*áš*-DINGIR⸣ 103 Rs. 16´ (V. d. ...šakatê?).

**Akap-Kušuḫ** : ⸢$^{I}$⸣*A-káp-ku-šu-uḫ* 89 II 39´´ (S. d. ...di [s. dort], *pirsu*?).

**Akap-še...** : ⸢*A-káp-še*⸣[- 89 V 19´ (Ehem. d. $^{MÍ}$...jû u. d. $^{MÍ}$...jû).

**$^{MÍ}$Akap-tādi** : $^{MÍ}$*A*-⸢*káp-ta*⸣-*a-di* 89 IV 28´ (T. d. Nigi-amte$^{?}$ [s. dort], *pirsu*).

**$^{MÍ}$Al...** : ⸢$^{MÍ}$*Al*⸣-x-x 89 II 26´´ (*ša šipri*).

**$^{MÍ}$Alla?...** : ⸢$^{MÍ}$*Al*-⸢*la*$^{?}$⸣-[ 89 II 12´ (T. d. Meriḫ... [s. dort], *ša šipri*)

**$^{MÍ}$Allai-šuru...** : $^{MÍ}$*Al-la-i-šu-ru*-x 89 IV 17´ (Ehefr.. d. ..., *almattu*, *ša šipri*)

**Am......?** : $^{I}$*Am*$^{?}$-[ 131 XI 5 ; (⸢DUMU⸣$^{MEŠ}$) ⸢*Am*$^{?}$⸣-x-x[ 131 XI 22.

**Ambu?** : $^{I}$*A-am*$^{?}$-*bu* 23 Rs.$^{?}$ 4´.

**Amurru-...** : (DU[MU$^{ME}$]⸢$^{Š}$) $^{d}$⸣MAR.T[U- 131 XI 43´.

**Amurru-bēl-kēnāte** : $^{Id}$MAR.TU-EN-⸢*ke-na-te*⸣ 130 :5´.

**Amurru-šuma-ēriš** : [$^{Id}$MA]R.TU-MU-KAM 84 :12´ (*rab* ...).

**Amurru-šuma-iddina** : $^{Id}$MAR.TU-MU-SUM-[*na* 62 :7.

**An...še?** : $^{I}$AN-x$^{?}$-⸢*še*$^{?}$⸣ 89 IV 30´ (Br. d. Nigi-amte$^{?}$ [s. dort], *itinnu*).

**Ana-šumīja-...?** : $^{I}$*A-na*$^{?}$-MU$^{?}$-*ja*-X$^{?}$ 1 :20 (KI$^{!?}$. MIN$^{!?}$ = *Šubrī'u*) ; ⸢$^{I}$*A-na*⸣-MU-⸢*ja*-DÙG$^{!?}$⸣ 127 :57´ ; [$^{I?}$]⸢*A*$^{?}$⸣-*na*-MU-*ja*-⸢DÙG$^{!?}$⸣ 127 : 61´.

**Ankuna?** : $^{I}$AN-KU-NA 1 :3 (*atkuppu* ; oder lies $^{I}$DINGIR-SUM$^{!}$-*na*?).

**Aplīja** : $^{I}$IBILA-*ja* 78 :45´ (S. d. Adad-murabbi) ; $^{I}$IBILA-*ja* 114 :3´ ; $^{I}$IBILA-*ja* 114 :6´ (S. d. Adad-murabbi) ; (É) $^{I}$⸢IBILA$^{!?}$⸣-[ 130 :8´.

**$^{MÍ}$Appiša-maṣi?** : $^{MÍ}$*Ap*-⸢*pi*⸣-*ša-ma-ṣi*$^{?}$ 128 :8.

**Aramsaḫ-......** : $^{I}$*A-ra*-⸢*am*⸣-*s*[*aḫ*$^{?}$- 89 III 26´ (*itinnu*).

**$^{MÍ}$Aramsaḫ-umzi** : $^{MÍ}$*A*-⸢*ra-am-saḫ-um-zi*⸣ 89 III 13´ (F. d. ...ame [s. dort], *ša šipri*) ; ⸢$^{MÍ}$*A-ra*⸣-[*a*]*m-za-aḫ-um-zi* 102 III 47´´ (T. der ...).

**$^{MÍ}$Aramzajû** : ⸢$^{MÍ}$*A-ra-am-za-ju*⸣-*ú* 89 III 46´´ (M. d. Eḫlip-mereḫ...?, *šēbtu*).

**Ardāja** : *Ar-da-a* 74 :41 (V. d. Uballiṭ$^{?}$-...).

**Arik-dēn-Aššur** : $^{I}$GÍD-DI-*Aš-šur* 173 XVI 6.

**Arikilba?** : ⸢$^{I?}$*A*$^{?}$-*ri*$^{?}$-*kíl*$^{?}$⸣-*ba* 131 XI 23 (S. d. Mīnu?/Mišenu?).

**Arip-... :** ᴵ*A-ri-ip-*[ 154 II´ 2´.
**Arra... :** *Ar-ra-*[ 102 IV 2´ (V. d. Gula-ēriš).
**Asīru :** ᴵ*A-*⌜*si-ri*⌝ 130 :23´.
**ᴹᴵAsu...? :** ⌜ᴹᴵ*A*?-*su*?⌝-[ 89 II 11´ (T. d. Meriḫ... [s. dort], *tarītu*).
**Ašar-Adad :** ᴵ*A-šar*-X 130 :20´.
**Ašarēdu :** SAG-*di* 32 :5 (V. d. Šamaš-kettī-īde).
**Ašqudu :** ᴵ*Áš-qu-du* 62 :5 (*paḫḫāru*?).
**Aššur-... :** ᴵ⌜ᵈ*A*?-*šur*?⌝-[ 9 :6´ (⌜ᵈ*A-š*⌝[*ur-* 35 :2 (V. d. Urad-Kūbe?) ; ᵈ*A-š*[*ur-* 46 :13´ (V. d. ...) ; ᴵᵈ*A-šur*-x-x-x[ 58 :14 ; ⌜ᴵᵈ*A*?-*šur*?⌝-[ ]x x x x 100 :3 ; ᵈ*A-*⌜*šur*⌝-[ 103 Rs. 26´ (V. d. Mannu-bal-ili) ; ᴵ*Aš-šur*-x[ 117 :1 ; ᴵᵈ⌜*A-š*⌝[*ur*-137 :1.
**Aššur-aḫa-iddina :** ᴵᵈ*A-šur*-ŠEŠ-SUM-⌜*na*⌝ 123 Rs. 9´.
**Aššur-ālik-pāni :** ᴵᵈ*A-šur-a-lik-pa-ni* 1 :24.
**Aššur-apla-...? :** ᴵ*Aš-*⌜*šur*-IBILA⌝-x 173 XVI 112.
**Aššur?-apla-i... :** *A-šu*]*r*?-IBILA-*i-di*?/*qí*?-*ma*? 44 :12.
**Aššur-apla-iddina :** [ᴵᵈ*A*]-*šur*-IBILA-SUM-*na* 16 :21 (S. d. Aššur-mušēzib) ; ᴵᵈ*A-šur*-IBILA-SUM-*na* 33 :5 (S. d. Adad-bēl-gabbe?, *qēpu*) ; ⌜ᴵ⌝ᵈ*A-šur*-I[BIL]A-SU[M-*na*] 34 :7 ; ᴵᵈ*A-šur*-I]BILA-SUM-*n*[*a*] 36 Vs. 5 ; ᴵᵈ*A-šur*-IBILA-SUM-*na* 37 Rs. 3´ ; ⌜ᴵᵈ⌝*A-šur*-IBILA-SUM-⌜*na*⌝ 44 :6 (S. d. Adad-bēl-gabbe, *qēpu*) ; ᴵᵈ⌜*A-šur*-IBILA-SUM-*na*⌝ 59 :10 (S. d. Adad-bēl-gabbe, *qēpu*) ; ᴵᵈ*A-šur*-IBILA-SU]M-*na* 71+113 :6 (S. d. Adad-bēl-gabbe, *qēpu*) ; [ᴵᵈ*A-*]*šur*-IBILA-SUM[-*na*] 113 Vs. 6 (S. d. Adad-bēl-gabbe) ; ᴵᵈ*A-šur-*]IBILA-SUM-*na* 121 :5 (S. d. Adad-bēl-gabbe, *qēpu*).
**Aššur?-aplu/a-... :** ᴵ⌜ᵈ*A*?-*šur*?⌝-[IBI]LA-[ 141 :6´.
**Aššur-ašarēd :** ᴵ⌜ᵈ⌝[*A-š*]*ur*-SAG 8 :8 ; ⌜ᴵᵈ⌝[*A-šu*]⌜*r*-SAG⌝ 8 :10 ; ᴵᵈ*A-šur*-SAG 8 :13 ; ⌜ᴵᵈ*A*⌝-*šur*-SAG 8 :25.
**Aššur-bēl-ilāni :** ⌜ᵈ*A-šur*-EN-DINGIR^MEŠ^-*ni*⌝ 33 :29 (V. d. Sîn-ašarēd, *qēpu*) ; ⌜ᵈ⌝*A-šur*-⌜EN⌝-DINGIR^MEŠ^-*ni* 121 :16 (V. d. Sîn-ašarēd).
**Aššur-bēl-usāte :** [ᴵᵈ]⌜*A-šur*-EN-*u-*⌜*sa*⌝-*a-*⌜*te*⌝ 16 :10 (Br. d. Burruqu [s. dort]).
**Aššur-dammeq :** ᴵᵈ*A-*⌜*šur-dam-me-eq*⌝ 31 :19 (S. d. Šimājû) ; ᴵᵈ*A-šur-dam-me-eq* 31 :23 (S. d. Šimājû, *ṭupšarru*, *qēpu*) ; ᵈ]⌜*A*⌝-*šur-dam-me-eq* 37 Rs. 4´.
**Aššur-dēna-... :** ᴵᵈ*A-šur-de-na*-x[ 97 Rs. 5´.
**Aššur-dēnī-dīn :** [ᴵ]⌜ᵈ⌝*A-šur-de-ni-di-*⌜*in*⌝ 112 :9´ ; ᴵ*Aš-šur-de-*⌜*ni-di-i*⌝[*n*] 139 :12.
**Aššur-iddin :** ᴵᵈ*A-šur-i-din* 8 :1 ; ⌜ᴵᵈ*A-šur-i-din*⌝ 9 :1 ; ᴵ⌜ᵈ*A-šur-i-din*⌝ 27 :4 (S. d. Urad-ilāni) ; ⌜ᴵᵈ*A*⌝-*šur-i-din* 30 :4 (S. d. Urad-ilāni) ; ⌜ᴵᵈ*A-šur-i-din*⌝ 30 :28´ (S. d. Urad-ilāni) ; ᴵ⌜ᵈ*A-šur*⌝-*i-din* 40 :15 (*sukkallu*) ; ᴵᵈ*A-šur-i-din* 44 :9 (*qēpu*?) ; ᴵᵈ*A-šur-*⌜*i*⌝-*din* 45 :18´´ (S. d. Urad-ilāni, *qēpu*) ; ᴵᵈ*A-šur-i*]-*din* 52 Vs.? 2´ (S. d. Urad-ilāni(?)) ; ⌜ᴵᵈ*A-šur*⌝-*i-din* 78 :25´ (S. d. Urad-ilāni) ; ᴵᵈ*A-šur-i-din* 79 Rs. 4´ (S. d. Urad-ilāni?, *qēpu*) ; ᴵᵈ*A-šur-i-*⌜*din*⌝ 82 :12´ (S. d. ...) ; ᴵᵈ*A-*[*šur-i-din* 84 :3´ (S. d. Urad-ilāni) ; ᴵᵈ*A-šur-i-d*[*in*] 110 :4 (S. d. Urad-ilāni) ; ᴵ*Aš-šur-i-d*[*in*] 116 :4 (S. d. Urad-ilāni) ; ᴵᵈ*A-šur-i-din* 116 :29´´ ; ᴵ⌜ᵈ*A-šur-i-din*⌝ 127 :58´ ; ᴵᵈ*A-*⌜*šur*⌝-*i-din* 130 :16´ (S.? d. ...) ; ⌜ᴵᵈ*A-šur-i-din*⌝ 135 :3´ ; ᵈ*A-šur-i-din* 151 :5 (V. d. Ilī-padâ) ; ᵈ*A-šur-i-*[*din*] 151 :26 (V. d. Ilī-padâ) ; ᵈ⌜*A*⌝-*šur-i-*⌜*din*⌝ 151 :75 ( (S. d. Qibi-Aššur, V. d. [Ilī-padâ]) ; ⌜ᴵᵈ⌝*A-šur-*⌜*i*⌝-[*din*] 153 :1 ; ᴵ⌜ᵈ*A-šur*⌝-*i-din* 173 XVI 8.
**Aššurīju? :** ⌜ᵈ*A-šur-JA*⌝ 67 :5´ (S. d. ...-iqbe?) ; ᵈ*A-šur-JA* 67 :7´ (S. d. ...).
**Aššur-ik?... :** ᴵᵈ⌜*A-šur*⌝-*ik*?-x[ 47 :29´.
**Aššur-kāšid :** ᵈ*A-šur*-KUR-*i*[*d* 16 :31 (S. d. ...) ; ᴵᵈ*A-š*]*ur*-KUR-*id* 84 :9´ (*rab alpē*).
**Aššur-ketta-lēšir :** [ᴵᵈ*A-š*]⌜*ur-ke*⌝-*ta-*⌜*le-šìr*⌝ 16 :3 (S. d. Mannu-bal-Aššur) ; ᴵᵈ*A-š*]*ur*(?)-*ke-ta-*⌜*le-šìr*⌝ 41 :9 (*qēpu*).
**Aššur-kettī-... :** ⌜ᴵᵈ*A-šur*⌝-*ke-ti*-[ 65 Vs. I 12´.
**Aššur-kettī-īde :** ᴵᵈ*A-šur-*⌜*ke-ti*⌝-*de* 44 :18 (S. d. Abī-ilī?).
**Aššur-le'i :** ᴵ*Aš-šur-le-e* 16 :11 ; ᴵᵈ*A-šur-le-e* 33 :8 ; ᴵ]ᵈ*A-šur-le-e* 33 :18 ; ᴵᵈ⌜*A-šur-le-e*⌝ 33 :22 ; ᴵᵈ⌜*A-šur-le-e*⌝ 33 :25.
**Aššur-malāḫ :** ᴵᵈ*A-šu*]*r-ma-la-aḫ* 98 :3´.
**Aššur?-mudammeq :** [ᴵᵈ]⌜*A*?-*šur*?-*mu*-$SIG_5$⌝ 91 :2´.
**Aššur-mušabši :** ᴵᵈ*A-šur-mu-ša*]*b-ši* 2 Vs. 13 ; [ᴵᵈ*A-š*]*ur-mu-šab-ši* 16 :20 (S. d. Aššur-šuma-iddina) ; ᴵᵈ*A-šur-mu-šab-ši* 20 :4 ; ᴵᵈ*A-šur-mu-šab-ši* 20 :15 ; ᴵᵈ*A-šur-mu-šab-ši* 107 :4 ; ᴵᵈ*A-šur-mu-šab-ši* 132 :3.
**Aššur-mušallim :** ᴵ[*Aš-š*]*ur-mu-šal-*⌜*lim*⌝ 14 :10´ ; ⌜ᵈ⌝*A-šur-mu-šal-lim* 16 :5 (V. d. ...-lēšir).
**Aššur-mušēzib :** ᵈ*A-šur-mu*-KAR 16 :21 (V. d. Aššur-apla-iddina) ; ᴵᵈ*A-šur-mu-*⌜KAR⌝ 35 :22 (*līmu*) ; ᴵᵈ*A-šur-mu*-KAR 57 :20 ; ᴵᵈ*A-šur-mu*-KAR 132 :22 ; ᴵ]⌜ᵈ*A-šur-mu*-KAR⌝ 172 H. 1´ (*ša rēš šarri*, *qēpu*).
**Aššur-nādin-...? :** ⌜ᴵᵈ*A-šur*⌝-SUM-x[ 45 :5.
**Aššur-nādin-aḫḫē :** ᴵ⌜ᵈ⌝[*A-š*]*ur*[-SUM]-*a-ḫe* 138 :4 ; ⌜ᴵᵈ*A-šur*⌝-SUM-*a-ḫe* 140 :5.
**Aššur-nādin-apli :** ᴵᵈ*A-*⌜*šur*-SUM-IBILA⌝ 41 :27´´ (*līmu*) ; [ᴵᵈ*A-šu*]⌜*r*-SUM-I[BIL]A 151 :44 (S. d. Aššur-tišamme, E. d. Šamaš-aḫa-iddina) ; ᴵᵈ*A-šur*-SUM-IBILA 151 :59 (S. d. Aššur-tišamme) ; ᴵᵈ*A-šur*-S[UM-IBI]LA 151 :65 (S. d. Aššur-tišamme) ; ᴵ]⌜ᵈ*A*⌝-*šur*-SUM-IBILA 151 :73 (S. d. Aššur-tišamme).
**Aššur-nādin-šumāte :** ᵈ*A-šur-*⌜SUM?!-M[U?!MEŠ] 33 :3 (V. d. Ina-Aššur-šumī-aṣbat) ; ᵈ⌜*A-šur*-SUM-MU^M⌝[^EŠ 39 :11 (V. d. Ina-Aššur-šumī-aṣbat) ; ⌜ᵈ*A-šur*-SUM-M⌝[U^MEŠ^] 109 :5´ (V. d. Ina-Aššur-šumī-aṣbat) ; ᵈ*A-šur*-S]⌜UM-MU^MEŠ^⌝ 71+113 :21 (V. d.

Ina-Aššur-šumī-aṣbat).
**Aššur-qarrād :** $^{Id}$⸢*A-šur*-UR.SA⸣[G 61 :17´ ; $^{Id}$*A-šur*-UR.SAG 62 :9 ; $^{Id}$*A-šur*-UR.SAG 127 :28.
**Aššur-rēmī-...? :** $^{d}$*A-*⸢*šur*?*-ri*?⸣*-me*[ ? ] 32 :11 (V. d. Adad-bēl-gabbe).
**Aššur-rēša-īši :** $^{d}$*Aš-*⸢*šur*⸣-SAG-*i-*⸢*ši*⸣ 14 :8´ ; [$^{Id}$*A-šu*]*r*-SAG-*i-ši* 18 :11 (*qēpu*) ; ⸢$^{Id}$*A-šur*-SAG-*i-ši* 47 :4´ ; $^{Id}$*A-šur*-S[AG]-⸢*i*⸣*-ši* 172 H. 16´ (*qēpu*).
**Aššur-šamê :** $^{I}$]⸢$^{d}$*A-šur*⸣*-ša-me* 2 Vs. 11 ; ⸢$^{Id}$*A*⸣*-šur-ša-me* 20 :5 ; $^{I}$⸢$^{d}$*A*⸣*-šur-*⸢*ša*⸣*-me* 20 :18 ; $^{I}$⸢$^{d}$*A-šur-ša*⸣*-me* 107 :5 ; $^{Id}$*A-šur-ša-me* 132 :5.
**Aššur-šuma/u-... :** (oder lies Aššur-mu...?) ⸢$^{I}$⸣$^{d}$⸢*A-šur*⸣-MU-x[ 45 :4 ; $^{I}$⸢$^{d}$*A-šur*-MU⸣-[ 105 :8 (*ša rēš šarri, qēpu*) .
**Aššur-šuma-iddina :** $^{d}$*A-šur*-MU-SUM-*na* 16 :20 (V. d. Aššur-mušabši).
**Aššur-šumī-aṣbat :** ⸢$^{Id}$⸣A-šur-MU-*aṣ-bat* 46 :8.
**Aššur-šumu-lēšir :** $^{Id}$*A-šur*-MU-*le-*[*šir*] 35 :22 ; $^{I}$]⸢$^{d}$*A*⸣*-šur-*⸢MU-*le-šir*⸣ 48 Rs. 4´ ; $^{I}$]⸢$^{d}$⸣*A-šur*-MU-*le-šir* 160 :6´/MARV 2,17 H. 52.
**Aššur-tappūti :** $^{Id}$*A-šur-tap-pu-ti* 42 :4 (*qēpu*) ; $^{Id}$*A-šur-tap-pu-ti* 43 :4 (*qēpu*) ; $^{Id}$*A-šur-tap-pu-ti* 61 :10´ ; $^{d}$]*A-šur-tap-pu-ti* 87 :5´ ; $^{I}$⸢$^{d}$*A-šur-tap-pu-ti*⸣ 127 :23 ; $^{Id}$[*A-š*]*ur-tap-pu-ti* 127 :65´ ; $^{I}$⸢$^{d}$*A*⸣-[*šu*]*r-tap-pu-ti* 173 XVI 9.
**Aššur-tišamme :** $^{I}$]⸢$^{d}$⸣*A-šur-ti*[*-ša*]*m-me* 40 :8 (S. d. Šamaš-aḫa-iddina, *qēpu*) ; $^{Id}$*A-šur-ti-š*]*am-me* 151 :8 (S. d. Šamaš-aḫa-iddina) ; $^{Id}$*A-šur-ti-š*[*am-me*] 151 :27 (S. d. Šamaš-aḫa-iddina) ; $^{Id}$*A-šur-ti-*⸢*šam*⸣*-me* 151 :31 (S. d. Šamaš-aḫa-iddina) ; ⸢$^{Id}$*A*⸣*-šur-ti-šam-me* 151 :36 (S. d. Šamaš-aḫa-iddina) ; ⸢$^{I}$⸣$^{d}$*A-šur-*⸢*ti-šam*⸣*-me* 151 :43 (S. d. Šamaš-aḫa-iddina, V. d. Aššur-nādin-apli) ; $^{Id}$*A-šur-ti-šam-me* 151 :53 (S. d. Šamaš-aḫa-iddina), $^{d}$*A-šur-ti-šam-me* 151 :59 (V. d. Aššur-nādin-apli) ; ⸢$^{Id}$⸣*A-šur-ti-šam-me* 151 :62 (S. d. Šamaš-aḫa-iddina) ; [$^{I}$]⸢$^{d}$⸣*A-šur-ti-šam-me* 151 :63 ; $^{Id}$*A-šur-ti-*⸢*š*⸣[*a*]⸢*m*⸣*-me* 151 :68 (S. d. Šamaš-aḫa-iddina).
**Aššur-tukultī :** $^{Id}$*A-šur*-$^{GIŠ}$TUKUL-*ti* 143 Vs. 7´.
**$^{MÍ}$Aštunkanza? :** $^{MÍ}$*Áš-tu-*⸢*un*?⸣*-ka*?*-an-za* 89 II 4´ (*ša šipri*).
**Atal-beru :** $^{I}$⸢*A-tal*⸣*-be-ru* 89 II 42´´ (S. d. ...gil?..., Ehem. d. $^{MÍ}$Adal-kalli?, V. d. Kibi-beru, Br. d. A...-Kušuḫ? u. d. Bu...?, *itinnu*?).
**Atḫī-nadā :** *At-ḫi-na-da* 131 XI 11 (V. d. Ubru).
**$^{MÍ}$Azamu? :** ⸢$^{MÍ}$*A-za-mu*?⸣ 89 IV 15´ (*almattu, ša šipri*).

## B

**Bēl-... :** $^{Id}$EN-x[ 169 Rs. 3´.
**Bēlu-... :** $^{I}$EN-x-x 86+29 :11´.
**Bēl-ašarēd :** $^{I?}$EN-SAG 101 Vs. 4 ; $^{I}$EN-SAG 143 Rs. 7´.
**Bēl-lēṭer :** $^{I}$EN-*le-ṭer*$_5$ 40 :12 ; ⸢$^{I?}$⸣[E]⸢N?-*le-ṭer*⸣ 173 XVI 12.
**Bēl-libūr :** ⸢$^{I}$EN-*li-bur*⸣ 78 :6 ; $^{I}$⸢EN-*li*⸣*-bur* 78 :37´ (*zāriqu*?)
**Bēl?-nādin?-... :** ⸢EN?(-)*na*?*-din*?⸣(-)x) 46 :16´.
**Bēr-... :** $^{Id}$*Be-e*[*r-* 137 :32 (*līmu*).
**Bēr-bēl-līte :** $^{d}$*Be-er*-EN-*li-i-te* 119 :3 (V. d. Bēr-išmânni).
**Bēr-ilī :** $^{I}$⸢$^{d}$*Be*⸣*-er*-DINGIR 131 XI 12 (*ša rēš šarri*).
**Bēr-išmânni :** $^{Id}$*Be-er-*⸢*iš*?⸣*-ma-ni* 65 Rs. IV 5 ; $^{Id}$*Be-er-iš*![-*ma-ni*] 114 Rs. IV 6´ (*līmu*) ; $^{Id}$*Be-er-iš-ma-ni* 119 :1 ; $^{Id}$*Be-er-iš-ma-ni* 119 :2 (S. d. Bēr-bēl-līte, *bēl pāḫete ša* $^{KUR}$*Katmuḫi*) ; [$^{I}$]⸢$^{d}$*Be*⸣*-er-*⸢*iš*⸣*-ma-ni* 119 :31 ; $^{Id}$*Be-er-*⸢*iš-ma-ni*⸣ 127 :10 ; ⸢$^{I}$⸣$^{d}$*Be-er-iš-ma-*⸢*ni*⸣ 134 :2´.
**Bēr-mušabši :** $^{Id}$*Be-er-mu-šab-ši* 25 :3 ; $^{Id}$*Be-er-mu-ša*[*b-ši*] 90 Vs. 4´.
**Bēr-na...? :** $^{Id}$*Be-*⸢*er-na*!?⸣[- 131 XI 44´.
**Bēr-nādin-apli :** $^{Id}$*Be-*⸢*er*⸣-SUM-IBILA 53 :16 ; $^{Id}$*Be-er-na-din*-[IBILA] 45 :21´´ ([*līmu*]).
**Bēr-šallim...? :** $^{Id}$*Be-er-šal*?*-lim*[- 48 Rs. 3´.
**Bu...? :** ⸢$^{I}$*Bu*?-x-x-x 89 II 49´´ (Ehem. d. $^{MÍ}$...šalli, Br. d. Atal-beru [s. dort]).
**B/Pu...la :** *Bu-*[ ]x-*la* 102 Vs. I 1 (V. d. Uddala).
**B/Puḫunu :** $^{I}$*Bu-ḫu-*⸢*nu*⸣ 127 :8 ; $^{I}$*Bu-ḫu-nu* 131 XI 17.
**B/Purri-mašḫu :** $^{I}$*Bur-ri-ma-áš-ḫu* 89 :38.
**Burruqu :** $^{I}$*Bur-ru-qi* 1 :1 ; *Bur-ru-qi* 16 :9 (V. d. Ikkāru) ; $^{I}$*Bur-*⸢*ru*?*-qi*?⸣ 111 :4 (*ṭupšarru*) ; $^{I}$⸢*Bur*⸣*-ru*!*-qu* 132 :26.

## D

**Da''ānī-bēl-ekur :** $^{I}$[DI].KU$_5$-[EN-É.KUR(?)] 14 :9´ ; $^{I}$DI.KU$_5$-EN-É.KU[R] 31 :6 ; $^{I}$DI.KU$_5$-EN-⸢É.KUR⸣ 33 :4 ; $^{I}$DI.KU$_5$-EN-É.KUR 34 :5 ; $^{I}$DI.KU$_5$-EN-É.KUR 36+80 Vs. 3 ; $^{I}$DI.KU$_5$-EN-É.KUR 42 :5 (*qēpu*) ; $^{I}$DI.KU$_5$-EN-$^{d}$É.[KUR] 43 :5 (*qēpu*) ; $^{I}$DI.KU$_5$-EN-É.KUR 44 :4 (*qēpu*) ; $^{I}$DI.KU$_5$-]EN-É.KUR 59 :8 (*qēpu*) ; $^{I}$]DI.KU$_5$-EN-É?.KUR⸣ 71+113 :4 ; $^{I}$DI.]⸢KU$_5$⸣-EN-*e-k*[*ur*] 71+113 :12 ; $^{I}$DI.KU$_5$-EN-É.KUR 78 :26´ (*abarakku*) ; $^{I}$DI.KU$_5$-EN-É.KUR 78 :39´ (*abarakku*) ; $^{I}$]⸢DI⸣.KU$_5$-EN-É.KUR 79 Vs. 3 ; ⸢$^{I}$DI⸣.<KU$_5$>-EN-É.KUR 81 :12 ; ⸢$^{I}$DI⸣.KU$_5$-EN-É.KUR 81 :14 ; $^{I}$DI.KU$_5$-EN[-É.KUR] 109 :7´ ; $^{I}$D]I.KU$_5$-EN-É.KUR 121 :3 ; $^{I}$]⸢DI.KU$_5$-EN?!-[É.KUR 122 :7 ; $^{I}$DI.KU$_5$-EN-⸢É.KUR⸣ 127 :9 ; ⸢$^{I}$⸣DI.KU$_5$-EN-⸢É.KUR⸣ 127 :69´ ; $^{I}$⸢DI⸣.KU$_5$-EN-É.KUR 173 XVI 13.

**Dannu-emūq?-Aššur :** $^{I}$*Dan-nu*-Á-$^{d}$*A-šur* 20 :2 ; $^{I}$*Dan-nu*-Á-$^{d}$*A*-⸢*šur*⸣ 107 :1 ; $^{I}$*Dan-nu*-Á-$^{d}$*A-šur* 132 :2 ; *Dan-nu*-Á-$^{d}$[*A-šur*] 132 :16.
**Dannūtu :** $^{I}$⸢*Da*⸣*-an-nu-ta* 8 :7 ; $^{I}$*Da-an-nu-ta* 8 :16 , $^{I}$⸢*Da*⸣*-an-nu-ta* 8 :24.
**Dugul-pān(ī)-...? :** (DUMU) *Du-gul*-⸢*pa-ni*⸣[(-) 91 :3´.

E

**Ea?-šarru-ašarēd :** $^{Id}$*É*<*-a*>$^{?}$-LUGAL-⸢SAG?⸣ 1 :10 (*parkullu*).
**Eḫli-beru :**⸢$^{I}$*Eḫ*⸣*-li-be-ru* 89 II 28´´ (*itinnu*, S. d. ...).
**Eḫlip-mereḫ... :** ⸢$^{I}$*Eḫ-lip*⸣*-me-re*-⸢*eḫ*⸣[- 89 III 45´ (S. d. $^{MÍ}$Aramzajû?).
**Eḫlite? :** ⸢*Eḫ*?⸣*-li-te* 96 :17´ (V. d. Kissi? [s. dort]).
**Eḫli-Teššub :** ⸢*Eḫ*⸣*-li-te-šub* 67 :6´ (S. d. ...) ; $^{I}$*Eḫ*-⸢*li-te-šu-u*⸣[*b* 89 IV 20´.
**Ellakku :** $^{I}$*El-lak-ku* 102 I 3 (S. d. $^{d}$...).
**$^{MÍ}$Ella-šari :** [$^{M}$]$^{Í}$*E-la-ša-a*-⸢*ri*⸣ 89 V 46´ (M. d. $^{MÍ}$Nigingu, *almattu*, *ša šipri*).
**Ellil-nādin-apli :** $^{Id}$EN.LÍL-*na-din*-⸢IBILA⸣ 108 :14´ (*līmu*).
**$^{MÍ}$Epirat-bēlti :** ⸢$^{MÍ}$*E-pi*?*-rat*⸣-EN-⸢*ti*⸣ 76 :27.
**Erīb-... :** $^{I}$SU-⸢$^{d}$⸣[ 105 :13 (*līmu*) ; $^{I}$SU-⸢$^{d}$⸣[ ]x (Rasur)? x 107 :19.
**Erīb-...?-Aššur :** $^{I}$SU-x?(Rasur)?$^{d}$⸢*A*⸣*-šur* 132 :20.
**Erīb-Sîn :** $^{I}$SU-$^{d}$XXX 61 :9´; $^{I}$SU-$^{d}$XXX?⸣ 74 :49 (*bēl*? *pāḫete*) ; $^{I}$SU-$^{d}$⸢XXX⸣ 127 :22.
**$^{MÍ}$Eriltu :** $^{MÍ}$*E-ri-il-tu* 96 :16´ (T. d. Sîn-uballiṭ [s. dort], NIN?.⸢DINGIR?⸣).
**Ērišu :** ⸢$^{I}$*E-ri*⸣*-še* 138 :2 ; ⸢$^{I}$*E*⸣*-ri-še* 140 :3.
**Eru :** *E*-⸢*ru*⸣ 16 :16 (V. d. ...ri).
**Etel-... :** $^{I?}$*E-tel*-x-x-x-x[ 82 :11´.
**Etel-bēl-... :** $^{I}$*E-tel*-EN-x-x[ 65 I 10´.
**Etel-pî-Aššur :** ⸢$^{I}$⸣*E-tel-pi*-⸢*i*-$^{d}$*A-šur*⸣ 40 :18 (S. d. Kurbānu, *līmu*) ; $^{I}$*E-tel-pi-i*-$^{d}$*A-š*[*ur* 114 Rs. IV 4´ (*līmu*).

G

**Gabbe-ša-Šamaš :** $^{I}$*Gab-be-ša*-$^{d}$UTU 61 :12´; $^{I}$*Gab-be*-⸢*ša*?⸣[-$^{d}$UTU(?)]127 :32.
**Gelzu :** $^{I}$*Ge-el-zu* 61 :18 ; $^{I}$*Ge-el-zu* 127 :26 ; $^{I}$*Ge-el-zu* 131 XI 19 (*ša* $^{URU}$*Šimi*).
**Gi...? :** $^{I}$⸢*Gi*?⸣-x[ 9 :7´.
**Gula-ēriš :** $^{Id}$*Gu-la*-KAM 102 IV 1´ (S. d. Arra[).

Ḫ

**Ḫa... :** ⸢$^{I}$*Ḫa*⸣-x[ ]x-x-x-x 132 :28.
**Ḫabūr-di :** *Ḫa-bur-di* 101 I 13 (verstorben ; Ehem. d. $^{MÍ}$Ḫebat-taramni, V. d. Eḫli-Ḫabūr u. d. ...te) ; 101 IV 16´ (*ša šipri*).
**Ḫaburra... :** $^{I}$*Ḫa-bur*-⸢*ra*⸣-x 72 :1.
**Ḫaburrāru :** (DUMU$^{MEŠ}$) *Ḫa-bur-ra-ri* 131 XI 14.
**Ḫalin...? :** ⸢*Ḫa*?*-li*⸣*-in*[- 28 Vs.? 10´ (V. d. ...iḫini [s. dort].
**Ḫata... :** $^{I}$*Ḫa-ta*-x 25 :1.
**Ḫattajû :** $^{I}$*Ḫa-at-ta*-⸢*ju-ú*⸣ 72 :9.
**Ḫau...e? :** $^{I}$*Ḫa-ú*-x-⸢*e*?⸣ 89 II 5´ (*tarī'u*).
**Ḫazip-aramza :** $^{I}$*Ḫa-zi-ip-a-ra-am-za* 89 III 48´´ (S. der ...).
**Ḫi... :** *Ḫi*-x-x-x 102 I 4 (V. d. Tuanani).
**$^{MÍ}$Ḫiḫu?... :** ⸢$^{I}$*Ḫi*?*-ḫu*-x-x[ 89 IV 21´ (T. d. Nigi?-Teššub?, *tarītu*).
**Ḫīqu :** *Ḫi-qu* 148 Vs. 1 (V. d. *ša rēš šarri*(?) ...).
**Ḫubritu :** $^{I}$*Ḫu-ub-ri*-⸢*tu*⸣ 89 V 34´ (*almattu*, *ša šipri*).
**$^{MÍ}$Ḫunni? :** [$^{M}$]⸢$^{Í}$*Ḫu*?*-un*?⸣*-ni* 89 III 15´ (T. d. ...ame? [s. dort], *talmettu*).
**ḪURni...? :** $^{I}$ḪUR-⸢*ni*?⸣-x[ 102 II 2 (*šar* $^{KUR}$*Bušše*?).
**Ḫuru :** $^{I}$*Ḫu-ú-ru* 102 I 5 (S. d. Pit...).
**Ḫuzalu :** $^{I}$*Ḫu*-⸢*za-a-lu*⸣ 103 Vs. 21.

I

**I... :** *I*-x[)131 XI 42´.
**$^{MÍ}$I...te :** $^{MÍ}$*I*-x[ ]x-*te* 89 IV 8´.
**Ib...? :** ⸢*Ib*?⸣[- 148 Vs. 6 (V. d. ...-aḫameš?-Aššur).
**Ibašši-ilī :** ⸢Ì.GÁL⸣-DINGIR 5 :6 (V. d. Mudammeq-Nusku) ; Ì.GÁL-DINGIR 6 :9 (V. d. Mudammeq-Nusku) ; Ì.GÁL-DINGIR 57 :25 (V. d. Mudammeq-Nusku).
**Iddin-Marduk :** $^{I}$SUM-$^{d}$AMAR.⸢UTU⸣ 20 :3 ; $^{I}$SUM-$^{d}$AMAR.UTU 20 :17 ; ⸢*I-din*!?-$^{d}$AMAR.UTU⸣ 103 Vs. 10 ; *I-din*-$^{d}$AMAR.UTU 103 Rs. 21´ (V. d. ...din-Marduk) ; $^{I}$SUM-$^{d}$AMAR.UTU 107 :3 ; $^{I}$SUM-$^{d}$AMAR.UTU 132 :4 ; SUM-$^{d}$A[MAR.UT]U 132 :18.
**Idû :** ⸢*I-du*⸣*-ú* 5 :1 (V. d. Urdu) ; *I*-⸢*du-ú*⸣ 5 :3 (V. d. Urdu).
**Ikkāru :** [$^{I}$*I*]*k-ka-ru* 16 :9 (S. d. Burruqu).
**Iksija...za? :** $^{I}$⸢*Ik-si*?*-ja*⸣-x-*za*? 102 II 1 (S. d. ...).
**Ilī?-...-ina-...? :** DINGIR-x?-⸢*i+na*⸣-x[ 60 :1.
**Ilī-abī :** $^{I}$DINGIR-⸢*a*⸣*-bi* 46 :1.
**Ili-abi-lā-ilī :** $^{I}$⸢DINGIR!?*-a*!?*-bi*?⸣*-la*-DINGIR 74 :43.
**Ilī-kī-abīja :** ⸢$^{I}$DINGIR?*-ki*⸣*-ja-bi-ja* 3 :16(?) (*šalimpajû*).

**Ilī-padâ :** $^{I}$DINGIR-*pa-da* 6 :24 (*līmu*) ; $^{I}$DINGIR-*p*[*a-*]⸢*da*⸣ 116 :2 (*līmu*) ; DINGIR-*pa-da* 146 :10´ (V. d. $^{\text{MÍ}}$Uballiṭutu) ; $^{I}$DING]IR-*i-pa-da* 151 :5 (S. d. Aššur-iddin, *līmu*) ; $^{I}$DINGIR-*i-*⸢*pa*⸣*-da* 151 :26 (S. d. Aššur-iddin, *līmu*) ; $^{I}$DINGIR-*i-pa-da* 151 :35 (*līmu*) ; $^{I}$DINGIR-*pa-d*[*a-ma*] 153 :3.
**Ilī-tenajû? :** ⸢DINGIR$^{?}$*-te*$^{?}$⸣*-na-a-JA* 16 :23 (V. d. ...-iqīša$^{?}$) ; $^{I}$DINGIR-*te-na-ju*$^{!}$-⸢*ú*⸣ 20 :14.
**Ilī-tūra-uṣur :** DINGIR-*túr*-PAP 51 :26 (*qēpu*$^{?}$).
**Iluja...? :** *I-lu-ja*[(-) 131 XI 8 (V. d. Pa'ite$^{?}$).
**Ilulini? :** $^{I}$*I-lu-li*$^{?}$*-ni* 131 XI 22 (S. d. Rizi$^{?}$-uri).
**Imāru :** $^{I}$*I-ma-*⸢*ru*⸣ 117 :3.
**In...? :** $^{I}$*In*$^{?}$-[ 130 :14´.
**Ina-Aššur-šumī-aṣbat :** $^{I}$*I+na-*$^{d}$*A-šur*-MU-*aṣ-bat* 33 :3 (S. d. Aššur-nādin-šumāte) ; $^{I}$⸢*I+na*⸣-$^{d}$*A-šur-*⸢MU⸣[*-aṣ-bat*] 39 :10 (S. d. Aššur-nādin-šumāte) ; ⸢$^{I}$*I+na*⸣-$^{d}$*A-šur-šu*$^{!?}$*-me-*⸢*aṣ*$^{?}$⸣[*-ba*]*t*$^{?}$ 41 :4 (*qēpu*) ; $^{I}$*I+na-*$^{d}$[*A-šur*-M]U$^{?}$-[*aṣ-bat*(?)] 109 :4´ (S. d. Aššur-nādin-šumāte) ; $^{I}$*I+na-*$^{d}$*A-š*[*ur*-MU-*aṣ-bat*] 71+113 :20 (S. d. Aššur-nādin-šumāte, *qēpu*$^{?}$).
**Innamar-... :** $^{I}$⸢*In*⸣*-na-mar-*[ 130 :24´.
**Innamer :** $^{I}$*In-na-me-er* 106 :1 ; $^{I}$*In-na-me-er* 106 :9.
**Iqīš-Marduk :** ⸢$^{I}$NÍG.BA-$^{d}$AMAR.UTU⸣ 103 Vs. 19.
**Iqzu :** *I*]*q*$^{?}$*-zu* 63 :5´ (S. d. ...).
**Irḫuni :** *Ir-ḫu-*⸢*ni*⸢ 99 I´ 1´ (V. d. ...).
**Išbarru...qi? :** $^{I}$*Iš*$^{?}$*-bar*$^{?}$*-ru-x-qi* 132 :13 (*mār šipri*?).
**Iškun-apla-Aššur :** [$^{I}$*I*]*š-kun*-IBILA-$^{d}$*A-šur* 65 Rs. III 16´.
**Ištar-... :** $^{\text{Id}}$⸢*Iš*$_{8}$*-tár*⸣-x[ 130 :3´ ; $^{\text{Id}}$*Iš*$_{8}$*-tár-*[ ] 153 :4 ; $^{\text{Id}}$*Iš*$_{8}$*-tár*-x[ 166 :2´.
**Ištar?-dūri? :** (⸢ÉRIN$^{\text{MEŠ}}$ x$^{?}$) $^{I}$*Iš*$^{?}$⸣*-tar-*⸢*du*$^{?}$⸣*-ri* 173 XVI 11.
**Ištar-ēriš :** $^{\text{Id}}$*Iš*$_{8}$*-tár*-KAM 6 :3 (S. d. Šamaš-mušabši, Br. d. Ṭāb-milki-abi) ; $^{I}$]$^{d}$*Iš*$_{8}$*-tár*-KAM 6 :17.
**Ištar-šuma/u-...? :** $^{I}$⸢$^{d}$*Iš*$_{8}$*-tár*-MU⸣-[ 130 :2´.
**Ištar-šumu-lēšir :** $^{\text{Id}}$⸢*Iš*$_{8}$*-tár*-MU-*le*⸣*-šìr* 173 XVI 10.
**Ištar-tuballissu :** [$^{\text{Id}}$*Iš*$_{8}$*-t*]*ár*(?)*-tu-bal-li-su* 96 :4´ (*pirsu*).
**Ištu-ili-ašāmšu :** [$^{I}$*I*]*š-tu*-DINGIR-*a-*[*šàm*]*-šu* 16 :7 (S. d. Adad-mušammeḫ).

## J

**Jāku-pelât :** $^{\text{MÍ}}$*Ja-a-ka-pe-la-at* 96 :11´ (Schwiegert.$^{?}$ d. Puḫi$^{?}$ [s. dort], *talmettu*).

## K

**Kab/p?... :** $^{I}$*Kab/p*$^{?}$-[ 169 Rs. 4´.
**Kabbulu :** *Ka-*⸢*bu*$^{?}$*-li*$^{?}$⸣ 89 I 2´ (V. eines *itinnu*).
**Kabbutu :** $^{I}$*Ka-bu-tu* 130 :6´.
**Kadi...? :** ⸢$^{I}$*Ka*$^{!?}$*-di*$^{!?}$⸣(-)x 111 :1 ; $^{I}$⸢*Ka*$^{?}$*-di*$^{?}$⸣-[ 111 :6.
**Kalbu :** $^{I}$*Kal-bu* 1 :1 (S. d. Martukku$^{?}$).
**$^{\text{MÍ}}$Kallai-ašše? :** ⸢$^{\text{MÍ}}$⸣*Kal-*⸢*la*$^{?}$-i$^{?}$*-áš*$^{?}$*-še* 89 II 27´´ (*pirsu*).
**$^{\text{MÍ}}$Kallai-meni? :** ⸢$^{\text{MÍ}}$*Kal*$^{?}$*-la*$^{?}$⸣*-i*$^{?}$-⸢*me*$^{?}$*-ni*⸣ 89 II 34´´ (*pirsu*).
**Kaṣru :** $^{I}$*Kàṣ-ru* 131 XI 20 (S. d. Šamaš-aḫa-ēriš).
**Kaššu :** $^{I}$*Kaš-šu* 25 :2.
**Kaštiliašu :** [$^{I}$*Kaš-t*]*il-a-šu* 148 Rs. 5´ (*līmu*).
**Katiri :** *Ka-ti-ri* 31 :26 (V. d. Abī-ilī) ; *Ka-t*[*i-ri*] 71+113 :23 (V. d. Abī-ilī).
**Ki... :** $^{I}$*Ki*-x[ 154 II´ 3´.
**$^{\text{MÍ}}$Ki...an...umzi :** $^{\text{MÍ}}$⸢*Ki*⸣-x-⸢*an*$^{?}$⸣-x$^{?}$-⸢*um*$^{?}$*-zi*⸣ 89 II 6´ (*ša irti*).
**Kibi-beru :** $^{I}$*Ki-bi-be-ru* 89 II 44´´ (S. d. Atal-beru [s. dort], *ša* ...).
**Kibi-šarri :** ⸢$^{I}$*Ki*⸣*-bi-šar-ri* 89 V 43´ (*pirsu*).
**$^{\text{MÍ}}$Kiddi? :** ⸢$^{\text{MÍ}}$*Ki*$^{?}$*-id-di*⸣ 89 II 25´´ (*ša šipri*).
**Kidin-... :** $^{I}$ŠÚ-$^{d}$x[ 6 :6 ; ⸢$^{I}$*Ki*⸣*-din-*$^{d}$x-x-x[ 62 :1 ; $^{I}$*Ki-din-*[ ]x-x-x 100 :6 (S. d. Šamaš-..., *rab bīt nupāri/rāte*).
**Kidin-Adad :** $^{I}$*Ki-din-*$^{d}$IŠKUR 109 :13´ ; $^{I}$*Ki-*⸢*din*$^{?}$⸣-$^{d}$IŠKUR 127 :41.
**Kidin-Aššur :** $^{I}$*Ki-din-*$^{d}$⸢*A*$^{?}$*-šur*$^{!?}$⸣ 143 Rs. 3´.
**Kidin-Gula :** $^{I}$*Ki-din-*$^{d}$*Gu-la* 102 IV 3´ (S. d. Adad-...-ekalli$^{?}$).
**Kidin-ilāni :** [$^{I}$*K*]⸢*i*$^{?}$*-din*$^{?}$⸣-DINGIR$^{\text{MEŠ}}$*-ni* 1 :12 (ḪAB.ḪAB).
**Kidin-Marduk :** ŠÚ-$^{d}$AMAR.UTU 102 III 8´ (V. d. Šamaš-šuma-ēriš) ; ŠÚ-$^{d}$A[MAR.UTU$^{?}$ 102 III 9´ (V. d. Šamaš-šuma-ēriš) ; $^{I}$*Ki-din-*$^{d}$⸢AMAR$^{!?}$.UTU$^{!?}$⸣ 143 Rs. 3´.
**Kidin-Nabû :** *Ki-din-*[$^{d}$*Na-bi-um*] 97 Rs. 8´ (V. d. Šamaš-šalām-eriš).
**Kidin-Sibitti :** $^{I}$ŠÚ-$^{d}$IMIN.BI 96 :15´ (S. d. Sîn-uballiṭ [s. dort], *talmēdu*).
**Kidin-Sîn :** ⸢$^{I}$⸣*Ki-din-*$^{d}$XXX 31 :4 (S. d. Adad-šadûni, *ummān šarri*) ; $^{I}$*Ki-din*]-$^{d}$XXX 122 :5 (S. d. Adad-šadûni).
**Kidin-Šerū'a :** ŠÚ-$^{d}$*Še-ru-a* 16 :2 (V. d. ..., *ušandû*).
**Kidin-Šumalija :** $^{I}$*Ki-din-*$^{d}$*Šu-ma-li-ja* 1 :23.
**Kidin?-Tašmētu :** ⸢ŠÚ$^{?}$-$^{d}$*Taš*⸣*-me-te* 24 :26 (V. d. ...-lēšir).
**Kilizāju :** *Ki-li-za-JA* 16 :6 (V. d. ...ba...).
**Kirri(ma) :** ⸢$^{I}$⸣*Ki-ir-ri-ma*$^{?}$ 89 I 46´´.
**Kissi? :** $^{I}$⸢*Ki*$^{?}$⸣*-is*$^{?}$*-si*$^{?}$⸣ 96 :17´ (S. d. Eḫlite$^{?}$, Ehem. d. $^{\text{MÍ}}$Usu...tu$^{?}$, *itinnu*).

**Kišuli**$^{?}$ : ⸢*Ki-i-šu-li*$^{?}$⸣ 89 II 35´´ (V. d. ...di [s. dort]).
**Kulilītu**$^{??}$ : ⸢*Ku*$^{?}$*-li*$^{?}$*-li*$^{?}$*-tu*$^{?}$⸣ 96 :27´.
**Kulukka**$^{?}$ : $^{I}$*Ku-lu-uk*$^{?}$⸣*-ka* 89 IV 23´ (Br. d. Nigi$^{?}$-Teššub?, *itinnu*).
**Kurbānu** : *Kur-ba-*⸢*ni*⸣ 40 :19 (V. d. Etel-pî-Aššur).
**Kurtakmi...(?)** : $^{I}$KUR-TAK$^{?}$-MI(-)x[ 74 :28.
**Kurû** : $^{I}$*Ku-re-e* 103 Rs. 19´ (S. d. Mušēzib-Aššur, $^{LÚ}$...).

## L

**Lā-libbi** : ⸢$^{I}$⸣*La-a-lìb-bi* 96 :10´ (S. d. Puḫi$^{?}$ [s. dort], *ša irti*).
$^{MÍ}$**Laše...**$^{?}$ : ⸢$^{MÍ?}$*La*$^{?}$*-še*$^{?}$⸣-x[ 154 II´ 1´.
**Lā-talappat** : $^{I}$*La-ta-la-pa-*⸢*at*⸣ 62 :4 (*zakkû*$^{?}$).
**Lā-tamakki**$^{?}$ : ⸢$^{I}$*La-a*$^{?}$⸣*-ta-ma-ki*) 96 :5´ ; $^{I}$⸢*La*$^{?}$*-ta*$^{?}$⸣*-ma-*⸢*ki*⸣ 62 :11 (Ehem. d. $^{MÍ}$......elliti).
**Lēširu**$^{?}$ : [$^{I}$*L*]⸢*e*$^{?}$⸣*-ši-ru* 65 Rs. III 17´.
**Li...** : ⸢$^{I}$*Li*$^{?}$⸣-x[ 117 :2.
**Libūr-Bēl** : $^{I}$*Li-bur*-[EN$^{?}$] 127 :1 ; $^{I}$*Li-bur*-EN 131 XI 16.
**Libūr-zānin-Aššur** : $^{I}$*Li-*⸢*bur-za-nin-*$^{d}$*A-šur*⸣ 26 :5´ ; [$^{I}$*L*]*i-bur-za-*⸢*nin*⸣-$^{d}$*A-*[*šur*] 41 :3 (*līmu*) ; $^{I}$*Li-bur-za-nin-*$^{d}$*A-šur* 61 :8´ ; $^{I}$*Li-*[*bur-za-nin-*$^{d}$*A-šur* 61 :21´ ; $^{I}$*Li-bur-*⸢*za-nin-*$^{d}$*A-šur*⸣ 127 :21 ; ⸢$^{I}$*Li*⸣*-bur-za-nin-*$^{d}$*A-šur* 127 :45 ; $^{I}$*Li-bu*]*r-za-*⸢*nin-*$^{d}$*A-šur*⸣ 143 Vs. 4´ ; $^{I}$⸢*Li-bur-za-nin-*$^{d}$*A-šur*⸣ 143 Rs. 9´ ; $^{I}$⸢*Li*⸣*-bur-za-nin-*$^{d}$*A-šur* 173 XVI 3.
**Likūn-apil-Aššur** : $^{I}$*Li-ku-u*[*n*-IBI]LA-*Aš-šur* 173 XVI 4.
**Lullāju** : $^{I}$*Lu-la-a-JA* 16 :24 ; $^{I}$*Lu-la-*⸢*je*⸣ 27 :11 ; $^{I}$*Lu-la-a-ju-*⸢*ú*⸣ 117 :4.

## M

**Ma**$^{?}$**...** : ⸢$^{I}$⸣*Ma*-x-x[ 62 :13 ; $^{I}$Ma-x-x-x[ 130 :19´.
**Man...**$^{?}$ : $^{I}$MAN-x[ 65 Rs. IV 2.
**Mannu-bal-Aššur** : *Ma-nu-*⸢*bal*⸣*-Aš-šur* 16 :3 (V. d. Aššur-ketta-lēšir).
**Mannu-bal-ili** : $^{I}$*Ma-nu-bal*-DINGIR 103 Rs. 26´ (S. d. Aššur-...).
**Mannu-bal-ilīšu** : *Ma*$^{?}$*-nu-bal*-DINGIR-*šu* 1 :34.
**Mannu-kī-...** : $^{I}$*Ma-nu-ki-i*-x[ 65 Vs. I 5´.
**Mannu-šānin-Adad** : ⸢*Ma-nu-šá-nin*⸣-$^{d}$⸢IŠKUR⸣ 103 Rs. 20´ (V. d. ...-Adad).
$^{MÍ}$**Mār**$^{?}$**...** : ⸢$^{MÍ}$DUMU$^{??}$⸣-x-x[ 89 IV 6´ (*almattu*, *ša šipri*).
**Marduk-...** : $^{Id}$AMAR.UTU-x-x[ 102 IV 9´.
**Marduk-kēna**$^{?}$**-išamme** : [$^{Id}$]AMAR.UTU-*ke*$^{?}$*-na-i-šam-me* 24 :19 (S. d. Abu-ṭāb).
**Marduk-nāṣir** : $^{d}$AMAR.UTU-⸢PAP⸣ 67 :4´ ; $^{Id}$AMAR.UTU-PAP 53 Rs. 7´ (S. d. ..., *qēpu*?).
**Marduk-rabi** : (DUMU$^{MEŠ}$) $^{d}$AMAR.UTU-GAL 131 XI 15.
**Marduk**$^{?}$**-šimânni** : $^{Id}$AMAR.]UTU-*ši-ma-ni* 84 :5´.
**Marduk**$^{?}$**-šuma-ēriš** : $^{Id}$AMAR.U]TU$^{?}$-MU-KAM 84 :6´ ;
**Marduk-tabni-bulliṭ** : $^{Id}$AMAR.UTU-*tab-ni-bu-li-iṭ* 74 :19.
**Martukku**$^{?}$ : *Mar-tu-ki*$^{?}$(-)x 1 :2 (V. d. Kalbu) ; $^{I}$*Mar*$^{?}$-⸢*tu*$^{?}$⸣(-)[ ? ] 47 :32´´ ; $^{I}$*Mar-tu-ku*$^{?}$ 132 :25.
**Masagu** : $^{I}$*Ma-*⸢*sa-g*⸣[*i* 36+80 Rs. 3´ ; $^{I}$*Ma-sa-gi* 36+80 Rs. 8´ (s. auch im Verzeichnis der geograph. Namen unter **Āl-Masagi**?).
**Maṣi-ilī** : $^{I}$*Ma-ṣi*-DINGIR 104 :9 ; $^{I}$*Ma*$^{!?}$*-ṣi*$^{!?}$-DINGIR 53 Vs. 2 ; *Ma-*⸢*ṣi*-DINGIR/$^{d}$⸣x 103 Rs. 24´ (V. d. ...-aḫa-iddina) ; $^{I}$*Ma-ṣi*-DINGIR 128 :12.
**Me...**$^{?}$ : $^{I}$*Me*$^{?}$-x-x$^{?}$ 139 :6 (oder lies 1 *me*?.
**Memišeni** : $^{I}$*Me-*⸢*mi*⸣*-še-ni* 89 IV 32´ (Skl. d. An...še$^{?}$ [s. dort],*ša šipri*).
**Meriḫ...** : $^{I}$*Me-*⸢*ri-iḫ*⸣-x[ 89 II 8´ (S. d. Tagamu$^{?}$, Ehem. d. $^{MÍ}$Tu...e$^{?}$, V. d. $^{MÍ}$Asu$^{?}$... u. $^{MÍ}$Alla$^{?}$..., *itinnu*$^{?}$).
$^{MÍ}$**Meriḫ...** : $^{MÍ}$*Me-*⸢*ri-iḫ*⸣-[ 89 II 53´´.
**Milki**$^{?}$**-...-nāṣir**$^{?}$ : $^{Id?}$*Mil-*⸢*ki*$^{?}$-ID⸣-PAP 128 :6.
**Milki-Ea-rabi** : $^{I}$*Mil-ki-*$^{d}$*É-a*-GAL 65 Rs. III 5´ ; $^{I}$*Mil-ki-*$^{d}$*É-a*-GA[L] 101 Vs. 3 ; $^{I}$⸢*Mil-k*⸣[*i*-]⸢$^{d}$*É-a*-GAL⸣ 127 :66´ ; $^{I}$*Mil-ki-*$^{d}$*É*[*-a*-GAL ; 130 :12´ $^{I}$⸢*Mil-ki-*$^{d}$*É-a*⸣[-GAL 130 :26´.
**Mīnu**?/**Mišenu**$^{?}$ : ⸢*Mi-i*$^{?}$*/še*$^{?}$⸣*-nu* 131 XI 23 (V. d. Arikilba$^{?}$).
**Mudammeq-Aššur** : $^{I}$*Mu*-SIG$_5$-$^{d}$*A-š*[*ur*] 127 :2 ; $^{I}$*Mu*-SIG$_5$-$^{d}$*A-*⸢*šur*$^{!}$⸣ 132 :19.
**Mudammeq-Nusku** : $^{I}$⸢*Mu*⸣-SIG$_5$-⸢$^{d}$ENŠADA⸣ 5 :5 (S. d. Ibašši-ilī) ; $^{I}$*Mu*-SIG$_5$-$^{d}$EN⸢ŠADA⸣ 6 :8 (S. d. Ibašši-ilī) ; $^{I}$*Mu*-SIG$_5$-$^{d}$ENŠADA 57 :10 ; $^{I}$*Mu*-SI[G$_5$-$^{d}$ENŠADA 57 :25 (S. d. Ibašši-ilī, *ša muḫḫi*$^{?}$ *sīsê*?) ; $^{I}$*Mu*-SIG$_5$-$^{d}$EN[ŠADA 58 :13.
**Mul...**$^{?}$ : *Mu*[*l-/Nap-*[ 110 :1´ (V. d. ...).
**Munaḫḫiš-Adad** : $^{I}$*Mu-na-ḫi-iš*-X 114 :3´ ; $^{I}$*Mu-na-ḫi-iš-*$^{d}$⸢IŠKUR⸣ 114 :9´ (S. d. Mušēzib-Aššur).
**Munnabittu** : $^{I}$*Mu-na-bi-tu* 7 Vs. 3 (S. d. Nā'imti-ili).
**Mušabši-...** : $^{I}$*Mu-šab*[*-ši-* 137 :8.
**Mušabši-Adad** : $^{I}$*Mu-šab-ši*-X 132 :15.
**Mušabši-Aššur** : $^{I}$*Mu-šab-ši-*$^{d}$*A-šur* 34 :21 (*mār šarri, qēpu*) ; $^{I}$*Mu-*⸢*šab*⸣*-ši-Aš-šur* 173 XVI 5.
**Mušallim-...** : $^{I}$⸢*Mu-šal*$^{?}$*-lim*$^{?}$⸣-[ 17 :3 ; ⸢$^{I}$*Mu*⸣*-šal-lim-*⸢$^{d}$⸣[ 110 :17 (S. d. ...).
**Mušallim-Adad**$^{?}$ : [$^{I}$*Mu*$^{?}$]-⸢*šal*$^{?}$⸣*-lim*-X(?) 62 :17.
**Mušallim-Aššur** : [$^{I}$*M*]*u-šal-lim-*$^{d}$*A-š*[*ur*] 61 :15´ ; $^{I}$*Mu-šal-lim-*⸢$^{d?}$*A*$^{?}$[[*-šur*(?)] 127 :31.
**Mušallim-Marduk** : ⸢$^{I}$*Mu-šal-lim-*$^{d}$AMAR⸣.UTU

27 :5 (S. d. Nusku-rēmanni) ; [ᴵ]*Mu-šal[-lim-*]⸢ᵈ⸣[AMAR.UTU 30 :5 (S. d. Nusku-rēmanni, *ṭupšarru*) ; ᴵ*Mu-ša*]*l-lim*-ᵈAMAR.UTU 52 Vs.? 3′ (*qēpu*) ; ᴵ*Mu-š*]*al-lim*-ᵈAMAR.UTU 157 :3′/MARV 2,7 H. 110 (S. d. Nusku-rēmanni).

**Mušēzib-Adad :** *Mu*-⸢KAR⸣-X 16 :27 (V. d. ...-Aššur).

**Mušezib-Aššur :** *Mu*-KAR-ᵈ*A*-⸢*šur*⸣ 103 Rs. 19′ (V. d. Kurû) ; *Mu*-KAR-ᵈ*A-šur* 114 :10′ (V. d. Munaḫḫiš-Adad).

**Mušēzib-Marduk :** [ᴵ*Mu*-]⸢KAR-ᵈAMAR.UTU⸣ 103 Vs. 1.

**Mušezib-Nergal :** *Mu*-KAR-ᵈU.GUR 20 :14a.

**Mutakkil-Marduk :** ᴵ*Mu-ták-kìl*-ᵈ[AMAR].UTU 127 :7.

**ᴹᶠMutturi :** ⸢ᴹᶠ*Mu-ut-tu*⸣*-ri* 89 III 8′ ; Ehefr. d. UDka, M. d. ...... u. d. ᴹᶠUri-šalli?, *šēbtu, almattu*) ; [ᴹ]ᶠ*Mu-ut-tu-ri* 89 V 45′ (Schwiegerm.?? d. ...ša, d. Kibi-šarri u. d. Agi-Teššub, *šēbtu*).

## N

**Nabû-bēla-uṣur :** ᴵᵈAG-EN-PAP 92 Rs.? 4′ ; ᴵᵈ]*Na-bi-um*-EN-PAP 143 Rs. 6′ ; ᴵᵈ*Na*]*-bi-um*-EN-⸢PAP⸣ 143 Rs. 14′ ; ᴵᵈAG]-⸢EN-PAP⸣ 164 :5′/MARV 2,17 H. 43.

**Nabuzi? :** ᴵ*Na?-b/pu-zi* 20 :12.

**Naḫiš-šalmu :** ᴵ*Na-ḫíš-šal-m*[*u* 104 :4 (*aškāpu*).

**Nā'imti-ili :** *Na-im-ti*-DINGIR 7 :4 (V. d. Munnabittu).

**Nap... :** *Mu*[*l-/Nap*-[, 63 :1′ (V. d. ...).

**Narām-Aššur-libūr :** ᴵ*Na-ram*ₓ(KUR)-ᵈ*A-šur-li*-⸢*bur*⸣ 61 :11′ ; ᴵ⸢*Na-ra-am*-ᵈ*A-šur-li*⸣*-bur* 127 :24 ; ᴵ*Na-ram*ₓ(KUR)-*Aš-šur-li-bur* 131 XI 18.

**Nāṣiru? :** ⸢ᴵ*Na?*⸣*-ṣi?-ru* 107 :22 (*šangû*).

**Našipija/u? :** ᴵ*Na*-⸢*ši?*⸣*-pi-ja?*/SUM? 132 :21.

**Nergal-ašarēd :** ᴵᵈ⸢U.GUR⸣-SAG 74 :44.

**Nigi-amte? :** ᴵ⸢*Ni-gi-am-te?*⸣ 89 IV 25′ (S. d. ...arra, Ehem. d. ᴹᶠTādi? u. d. ᴹᶠSugi, V. d. ᴹᶠAkap-tādi, S. d. ᴹᶠUri-šalli?, Br. d. An...še u. d. ᴹᶠTa...ni?, [*itinnu*]).

**ᴹᶠNigingu :** ⸢ᴹᶠ⸣*Ni-gi-in*-⸢*gu*⸣ 89 V 47′ (T. d. Ella-šāri, *pirsu*).

**Nigi?-Teššub :** ⸢ᴵ*Ni?*⸣*-gi*-⸢*te-šu-ub*⸣ 89 IV 19′ (S. d. ...).

**Ninu'āju :** ᴵ*Ni-nu-a*-⸢*JA-e*⸣ 33 :30 (*līmu*) ; ᴵ*Ni*-⸢*nu*⸣-[*a-j*]*u-ú* 46 :22′ (*līmu*) ; ⸢ᴵ*Ni-nu*⸣*-a-JA* 78 :46′ ; ᴵ*Ni-nu-a-ju-ú* 119 :34 (*līmu*).

**Ninurta-ālik-pāni :** ᴵᵈNIN.UR[TA-*a-lik-pa-ni*(?)] 14 :11′ ; ᴵ⸢ᵈ⸣NIN.URTA-*a*-⸢*lik-pa-ni*⸣ 31 :7 ; ᴵᵈNIN. URTA-*a-lik-p*[*a-ni*] 39 :4 (*qēpu*) ; ᴵᵈ!NIN.URTA-*a*-⸢*lik*⸣*-pa-ni* 102 IV 4′.

**Ninurta-apil-ekur :** ᴵ]⸢ᵈ⸣NIN.URTA-IBILA-⸢É?. K⸣[UR] 140 :11.

**Ninurta-iddina :** ⸢ᴵᵈMAŠ⸣-SUM-*na* 103 Vs. 23.

**Ninurta-qarrād :** ᴵᵈNIN.⸢URTA⸣-UR.SAG 107 :17.

**Ninurta-šuma-ēriš :** MAŠ-⸢MU⸣-KAM 98 VI 32 (V. d. Aššur-bēl-išmânni).

**Nirišali :** ᴵ*Ni-ri-ša-li* 2 Vs. 3.

**Nūrīja :** ᴵNE-*ja* 1 :17 (*apī'u*).

**Nusku-iddin? :** ᴵᵈENŠADA-*i-*[*din?*] 8 :7 ; ᴵᵈENŠADA-⸢*i*⸣-[*din?*] 8 :17 ; ᴵ⸢ᵈENŠADA-*i-din?*⸣ 8 :24.

**Nusku-rēmanni :** ᵈENŠADA-*re-ma*-⸢*ni*⸣ 37 :5 (V. d. Mušallim-Marduk) ; ᵈENŠADA-*re*-[*ma-ni* 157 :3′/ MARV 2,17 H. 110 (V. d. Mušallim-Marduk) ; ᵈENŠA]DA-*re-ma-n*[*i* 160 :2′/MARV 2,17 H. 48 (V. d. [Mušallim-Marduk]).

## P

**Pa...dauzi? :** *Pa?*-x-⸢*da?*⸣*-ú-zi* 89 III 11′ (V. d. ...ame? [s. dort]).

**Pa'ite? :** ᴵ*Pa*-⸢*i?-te?*⸣ 131 XI 8 (S. d. Iluja...).

**Papsukalīja :** ᴵᵈPAP.SUKKAl-*j*[*a*] 72 :2 ; ᴵᵈPAP.SUKKAL-*ja* 72 :8.

**Pešḫuru :** ᴵ*Pe-eš-ḫu-ru* 102 Vs. I 2 (S. d. ...ša).

**ᴹᶠPirat-umzi :** ᴹᶠ[*Pi?-ra*]*t?-um-zi* 89 II 30′′ (*almattu, ša šipri*).

**Pirḫija :** *Pír-ḫi-ja* 16 :29 (V. d. ...-apla-iddina).

**Pirḫu-lēšir :** *Pi-ir-ḫu*-S[I.SÁ] 131 XI 7 (V. d. ...ja?).

**Pit... :** *Pi-it*-x-x-x 102 I 5 (V. d. Ḫuru).

**Pūḫa :** ᴵ*Pu-ú-ḫa* 90 Rs.? 3′.

**Puḫi :** [ᴵ]⸢*Pu?*⸣*-ḫi* 96 :8′ (S. d. Suta'i, Ehem. d. ᴹᶠŠīma-râmat, V. d. Lā-libbi, Schwiegerv.? d. ᴹᶠJāku-pelât, *itinnu*).

**Puḫi-meli :** *Pu-ḫi-me-li* 16 :13 (V. d. ...ḫû).

**Purame...? :** ⸢ᴵ*Pu-ra*⸣*-me*(-)x[ 105 Vs. 5′.

## Q

**Qabsu? :** ᴵ*Qa-ab-s*[*i?*] 60 :1 ; *Qa-ab-si* 60 :15 (S. d. Samēdu).

**Qarrād-Aššur :** ᴵUR.S[AG-ᵈ*A-šur*] 5 :28′ (*līmu*).

**Qibi-Adad :** ᴵ*Qí-bi*-ᵈ⸢IŠKUR⸣ 143 Vs. 6′ ; ᴵ⸢*Qí*⸣*-bi*-X 160 :20′/MARV 2,17 H. 66.

**Qibi-Aššur :** ᴵ*Qí-bi-Aš-šur* 131 XI 24 (Br. d. ...) ; ⸢*Qí*⸣*-bi*-ᵈ*A-šur* 151 :75 (V. d. Aššur-iddin, Gv. d. [Ilī-padâ]).

**Qibi?-Ellil :** ᴵ⸢*Qí?-bi?*⸣-ᵈEN.LÍL 103 Rs. 17′ (IGI.NU.GÁ[L?/⸢TUK?⸣).

## R

**$^{MÍ}$Ra... :** ⸢$^{MÍ}$⸣*Ra*-x[ 169 Rs. 1´.
**Rāši-ilī? :** $^{I}$*Ra-ši*-DINGIR/$^{d}$x[ 47 :10´.
**Rēmanni(-)... :** $^{I}$*Re-ma-ni*(-)[ 91 :4´.
**Rēš-...(?) :** $^{I}$SAG?.KAL$^{!?}$-x[ 130 :27´.
**Rēš-Adad :** $^{I}$SAG-X 130 :4´.
**Rēš-ilāni :** $^{I}$*Ri-iš*-DINGIR$^{MEŠ}$-*ni* 1 :5 (*sasinnu*?).
**$^{MÍ}$Ri... :** $^{MÍ}$*Ri-ḫ*[*a*?- 169 Rs. 2´.
**Riḫātuša :** $^{I}$*Ri-ḫa-tu-ša* 132 :24.
**Riḫītuša :** $^{MÍ}$⸢*Ri*⸣-*ḫi-tu-ša* 128 :9.
**Rizēni :** $^{I}$*Ri-ze-e*-⸢*ni*⸣ 65 Vs. I 21´ ; ⸢$^{I}$⸣*Ri-ze-e-ni* 65 Rs. III 13´.
**Rizi?-uri :** ⸢*Ri*?-*zi*?⸣-*ú-ri* 131 XI 22 (V. d. Ilulini?).

## S

**Sa?... :** $^{I?}$*Sa*?-x[ 26 :7´.
**Saggi'u? :** [$^{I}$*S*]*a*?-*gi-ú* 98 :4´.
**SAG.KAL-...(?) :** s. Rēš-...(?).
**Samēdu :** *Sa-me-di* 60 :16 (V. d. Qabsu?).
**Sāmu :** *Sa-a-me*, 16 :15 (V. d. ...tu).
**Sarniqu :** $^{I}$*Sa-ar-ni*-⸢*qu*⸣ 8 :28 (*līmu*) ; $^{I}$*Sa*-⸢*ar-ni-q*⸣[*u*] 9 l. Rd. 2 (*līmu*) ; $^{I}$*Sa-a*[*r-ni-qu*] 110 :20 (*līmu*).
**Sija? :** ⸢$^{I}$*Si*?⸣-*ja* 107 :23 (*alaḫḫinu*).
**Sīku :** $^{I}$*Si-ki*, 12 :5´ (V. d. ...).
**Sîn-... :** $^{Id}$XXX-x[ 3 :4´; $^{Id}$XXX-x[ 38 Rs. 6´; $^{Id}$⸢XXX?⸣-x-TI?[(-) ? ] 72 :3 (*ṭē'inu*).
**Sîn-...-ja :** $^{Id}$XXX-x-x?-*ja* 103 Rs. 23´ (S. d. Sîn-ippuḫa-namer).
**Sîn-anāku? :** $^{d}$XXX-*a-na-ku*? 16 :18 (V. d. Sîn-pilaḫ).
**Sîn-ašarēd :** ⸢$^{Id}$XXX⸣-[SAG 27 :12 ; ⸢$^{I}$⸣$^{d}$XXX-SAG 33 :29 (S. d. ..., *qēpu*).
**Sîn-bēl-ketti? :** ⸢$^{Id}$XXX?⸣-EN-⸢*ke*!?⸣-*tu* 15 :3.
**Sîn-gamil? :** $^{Id}$XXX-ŠU 25 :4.
**Sîn-gimlanni :** $^{Id}$XXX-ŠU-*a-ni*⸣ 27 :33 (*ṭupšarru*, *qēpu*) ; $^{Id}$XXX-ŠU-⸢*a*⸣[-*ni* 39 :5 ; $^{Id}$XXX-ŠU-*a-ni* 69 :7´ (*ṭupšarru*) ; $^{Id}$XXX-ŠU-⸢*a-ni*⸣ 102 IV 16´ (*ṭupšarru*).
**Sîn-ippuḫa-namer :** $^{d}$XXX-*ip-pu-ḫa-na-me*-⸢*er*⸣ 103 Rs. 23´ (V. d. Sîn-...ja, ⸢*ša*⸣ *me*-⸢*er*⸣[-).
**Sîn-mušabši :** $^{Id}$XXX-*mu*-⸢*šab-ši*⸣,1 :7 (*ṭupšarru*) ; $^{I}$⸢$^{d}$⸣XXX-*mu-šab-ši* 57 :16 ; $^{I}$⸢$^{d}$XXX⸣-*mu-šab-ši* 107 :24 (*asû*)
**Sîn-pilaḫ :** [$^{Id}$X]XX-*pí-láḫ* 16 :18 (S. d. Sîn-anāku?).
**Sîn-rabi :** $^{I?d}$XXX-GAL 50 Rs.? 4´; **Sîn-rabi** in $^{URU}$*Ša*-$^{Id}$XXX-GAL s. im Verzeichnis der geograph. Namen.
**Sîn-šeme :** $^{I}$⸢$^{d}$⸣XXX-*še-mi* 61 :13´ (*šakin māti*) ; $^{Id}$XXX-*še-mi* 127 :30 (*šakin māti*(?)) ; $^{d}$]XXX?-*še-mi* 143 Vs. 13´ (Í[L?] =*nāgiru*?).
**Sîn-šumu-lēšir :** $^{Id}$XXX]-⸢MU⸣-*le-šìr* 2 Vs. 12 ; $^{Id}$XXX-MU-*le-š*[*ìr*?] 20 :1 ; $^{Id}$XXX-MU-*le-šìr* 20 :16 ; ⸢$^{I}$⸣[$^{d}$]XXX-MU-*le-šìr* 65 III 15´ (*nāgiru*?) ; $^{Id}$XXX-MU-*le-šìr* 107 :2 ; $^{Id}$XXX-MU-*le-šìr* 132 :1 ; $^{I?d}$XXX-MU-*le*!-*š*[*ìr*?] 132 :17.
**Sîn-uballiṭ :** [$^{I}$]$^{d}$XXX-*ú*-TI.LA 1 :22 ; ⸢$^{Id}$⸣XXX-⸢*ú*⸣-TI.⸢LA⸣ 96 :13´ (S. d. ..., Ehem. d. $^{MÍ}$Aḫat-uqrat, V. d. Kidin-Sibitti u. d. $^{MÍ}$Eriltu, [*itinnu*?]).
**Sīqi-ilāni :** $^{I}$*Si-qi*-DINGIR$^{MEŠ}$-*ni* 1 :4 (*nukarippu*).
**Siria'e :** *Si-ri-a-e* 28 Vs.? 6´ (V. d. ...laḫri u. d. ...ekini?).
**Su...? :** $^{I}$*Su*?-x[ 65 IV 1 (oder lies Erīb-...?) ; $^{I?}$*Su*?-x[ 111 :7.
**$^{MÍ}$Sugi :** ⸢$^{MÍ}$⸣*Su-gi* 89 IV 27´ (Ehefr. d. Nigi-amte? [s. dort], *ša šipri*).
**Sun?... :** ⸢*Su*?-*un*?⸣[- 103 Rs. 13´ (V. d. ]...ana?).
**Suta'i :** *Su-ta*-⸢*i*⸣ 96 :8´ (V. d. Puḫi? [s. dort]).
**$^{MÍ}$Sutašše? :** ⸢$^{MÍ}$*Su*?-*ta*?-*aš*?-*še*⸣ 89 III 43´´ (*almattu*).

## Ṣ

**Ṣalmu(-)...? :** $^{I}$*Ṣa-al-mu*(-)x[ 130 :7´.
**Ṣilli-... :** $^{I}$*Ṣíl*-⸢*lí*⸣-⸢$^{d?}$⸣x-x-x 5 :2 (*urdu*) ; $^{I}$*Ṣíl-lí*-[ 103 Rs. 28´.
**Ṣilli-Digla :** *Ṣíl-lí*-$^{d}$IDIGNA 131 XI 28 (V. d. ...-qarrād).
**Ṣilli-Ḫaldê :** [$^{I}$*Ṣí*]*l-lí-Ḫal-di-e* 16 :14 (S. d. Urdu).
**Ṣilli-Ištar :** $^{I}$*Ṣíl-lí*-$^{d}$*Iš$_{8}$-tár* 131 XI 20 (S. d UDbu).
**Ṣillīja :** $^{I}$*Ṣíl-lí-ja* 62 :3 (MAŠ[-...) ; *Ṣíl-lí*-⸢*ja*⸣ 96 :6´ (V. d. ...ru [s. dort]) ; ⸢*Ṣíl-lí-ja*⸣ 131 XI 13 (V. d. Adad-tēja).
**Ṣilli-Kūbe :** $^{I}$*Ṣíl-lí-Ku-be* 139 :8 (S. d. Ururija?).
**Ṣilli-Marduk :** ⸢$^{I}$*Ṣíl-lí*-$^{d}$AMAR⸣.[UTU 130 :21´.
**Ṣilli-Sîn :** $^{I}$*Ṣíl-lí*-$^{d}$XXX 8 :6 ; $^{I}$*Ṣíl-lí*-$^{d}$XXX 8 :14 ; ⸢*Ṣíl*⸣-*lí*-$^{d}$XXX 92 Vs.? 5´ ; $^{I}$*Ṣíl-lí*-$^{d}$XXX 92 Rs.? 3´.

## Š

**$^{MÍ}$Ša?...ussi :** ⸢$^{MÍ}$*Ša*?-x?-*us-si*⸣ 89 II 32´´ (*talmettu*).
**Ša'e...? :** $^{I}$*Ša-e*?[- 150 :1´.
**Šamaš-... :** $^{Id}$UTU-[ 47 :13´; $^{d}$UTU-x-x-x 67 : 3´ (V. d. ...) ; $^{Id}$UTU-x[ 98 IV 4 ; $^{Id}$UTU-x-x[ 98 VI 7 (S. d. ...-Aššur) ; $^{d}$UTU-[ 112 Rs. III 7´; $^{Id}$UTU-x[ 123 Rs. 8´; ; $^{Id}$UTU-x[ 137 :2 ; $^{Id}$UTU-x[ 149 Rs.? 2´.
**Šamaš-aḫa-ēriš :** $^{d}$UTU-ŠEŠ-KAM 131 XI 20 (V. d. Kaṣru).
**Šamaš-aḫa-iddina :** ⸢$^{Id}$⸣[UTU-A-PAP] 27 :13 ; $^{d}$UTU-ŠE[Š-SU]⸢M-*na*⸣ 40 :9 (V. d. Aššur-tišamme) ; $^{d}$UTU-A-PAP 151 :8 (V. d. Aššur-

tišamme) ; $^{Id}$UTU-A-⌈PAP⌉ 151 :9 ; $^{d}$UTU-ŠEŠ-⌈SUM-*na*⌉ 151 :28 (V. d. Aššur-tišamme) ; $^{Id}$UTU-ŠE[Š-SUM-*n*]*a* 151 :29 ; $^{d}$UTU-ŠEŠ-[SUM]-*na* 151 :31 (V. d. Aššur-tišamme) ; $^{Id}$UTU-ŠE]Š-SUM-*na* 151 :36 (V. d. Aššur-tišamme) ; $^{d}$UTU-A-PAP 151 :43 (V. d. Aššur-tišamme, Gv. d. Aššur-nādin-apli) ; $^{d}$⌈UTU⌉-ŠEŠ-SUM-*na* 151 :53 (V. d. Aššur-tišamme) ; $^{d}$[UTU-A-PA]P 151 :62 (V. d. Aššur-tišamme) ; ⌈$^{d}$⌉[UT]U-ŠEŠ-SUM-⌈*na*⌉ ; 151 :68 (V. d. Aššur-tišamme).

**Šamaš-apla-uṣur** : s. **Šamaš-aḫa-iddina**.

**Šamaš-bēl-...?** : $^{I}$⌈$^{d}$UTU-EN⌉-x[ 130 :18´.

**Šamaš-bēl-kēnāte** : ⌈$^{Id}$⌉UTU-EN-*ke-na-te* 27 :7 (*ša rēš šarri*) ; $^{Id}$UTU-EN-⌈*ke*⌉-*na-te* 30 :7 (*ša rēš šarri*) ; $^{Id}$UTU-EN-*ke-na-te* 39 :3 (*qēpu*) ; $^{Id}$UT]U-EN-*ke-na-te* 44 :19 ; $^{Id}$UTU-EN-*ke-na*-[*te*] 46 :4 ; ⌈$^{I}$⌉$^{d}$⌈UTU-EN-*ke-n*[*a-te*] 135 :4´.

**Šamaš-da"ān** : [$^{I}$]⌈$^{d}$⌉UTU-DI.KU$_5$ 62 :20.

**Šamaš?-dīnanni** : (⌈DUMU$^{MEŠ}$⌉) [$^{d?}$]UTU?-⌈*di*⌉-*na-ni* 131 XI 29.

**Šamaš-epir** : $^{Id}$UTU-*e*-⌈*pír*⌉ 74 :26 (S. d. *zammāru Kaššī'u*).

**Šamaš-ēriš** : $^{Id}$UTU-⌈KAM⌉ 61 :16´ ;$^{d?}$]⌈UTU?⌉-KAM 61 :22' ; ⌈$^{I?d?}$UTU?-KAM?⌉ 127 :11 (*ḫa*-⌈*láḫ*!??⌉-*ḫu*) ; $^{Id}$UTU-KAM 127 :29.

**Šamaš-ke...** : $^{d}$UTU-*ke*-x-x 100 :7 (V. d. Kidin-...).

**Šamaš-kēna-išamme?** : $^{d}$]UTU-*ke-na*-⌈*i*?⌉-[*šam*?-*me*?] 109 :14´ ; ⌈$^{Id}$UTU!?⌉-*ke-na*-⌈*i-šam-me*⌉ 130 :25´.

**Šamaš?-kettī-īde** : ⌈$^{Id}$UTU?⌉-*ke-ti-i-de* 32 :4 (S. d. Ašarēdu) ; $^{Id}$UTU-*ke-ti-d*[*e* 130 :10´.

**Šamaš-mu...** : $^{I}$⌈$^{d}$UTU-*mu*⌉-x-x 103 Rs. 9´ (S. d. ...).

**Šamaš-mušabši** : $^{I}$⌈$^{d}$⌉UTU-*mu-šab-ši* 6 :4 (V. d. Ṭāb-milki-abi u. d. Ištar-ēriš).

**Šamaš-mušašri** : $^{Id}$UTU-*mu-šá-áš-ri* 127 :27.

**Šamaš-nādin-šumāte** : $^{Id}$UTU-⌈SUM-MU$^{MEŠ}$⌉ 131 XI 9 (S. d. Aba-lā-īde).

**Šamaš-namir** : $^{Id}$⌈UTU-ZALAG-*ir*⌉ 102 III 5´ (Skl. d. Abu-ṭāb?).

**Šamaš-pilaḫ** : $^{Id!}$UTU!-*pí-láḫ* 20 :13 $^{Id}$UTU-*pí-láḫ* 132 :14.

**Šamaš-rā'im-ketti?** : $^{d}$UTU-⌈*ra*⌉[-*im-ke-ti*(?)] 110 :7 (V. d. $^{I}$⌈$^{d?}$⌉[) ; ⌈$^{d}$UTU?-*ra-am-ke-te*⌉ 131 XI 27 (V. d. ...).

**Šamaš-šalām-ēriš** : $^{Id}$UTU-*š*[*a-lam*-KAM] 97 Rs. 7´ (S. d. Kidin-Nabû).

**Šamaš-šimânni** : s. unter **Marduk?-šimânni**.

**Šamaš-šuma-ēriš** : $^{d}$UTU-[MU-KAM(?) 102 III 7´ (S. d. Kidin-Marduk, *ša ḫaṭṭe*?) ; $^{Id}$UTU-MU-KAM?! 102 III 9´ (S. d. Kidin-Marduk) ; s. auch unter **Marduk?-šuma-ēriš**.

**Šamaš-šuma-iddina** : $^{Id}$UTU-MU-SUM-*na* 137 :6 (S. d. Ukal-sīqi-Aššur?, *ummān šarri*).

**Šamaš-ti...te?** : $^{Id}$UTU-*ti*-x-*te* x[ 62 :2.

**Šamaš-uma"i** : ⌈$^{Id}$UTU-*ú*⌉-*ma-i* 78 :24´ (*zāriqu*) ; ⌈$^{Id}$UTU⌉-*ú-ma-i* 78 :37 (*zāriqu*) ; $^{Id}$UTU-*ú-ma-i* 107 :14.

**Šanaturi?** : ⌈*Ša*?⌉-*na-tu-ri* 131 XI 21 V. d. Tabbali?).

**Šar?...** : $^{I}$*Šar*?-[ 102 III 3´.

**Šarri-...?** : ⌈$^{I}$*Šar*?-*ri*-x-x[ 89 IV 7´.

**Šarru-...** : ⌈$^{I?}$LUGAL⌉-[ 45 :8.

**Šarru-ušanni/šamšāni** : $^{I}$LU[GAL-*ú*/*šam-ša-ni* 33 :4 (*ša rēš šarri*, *qēpu*) ; ⌈$^{I}$⌉LUGAL-*ú*/*šam*-⌈*ša*⌉-*ni* 34 :6 ; $^{I}$LUGAL-]⌈*ú*/*šam*⌉-*ša-ni* 36+80 Vs. 4 ; [$^{I}$LU]GAL-*ú*/*šam-ša-ni* 44 :5 (*qēpu*) ; [$^{I}$LUGAL-*ú*/*šam-š*]*a*?-*ni* 59 :9 (*qēpu*) ; $^{I}$LUGAL]-*ú*/*šam-ša-ni* 71+113 :5 ; $^{I}$LUGAL-]*ú*/*šam-ša-ni* 121 :4.

**Šattuasi** : $^{I}$*Ša*-⌈*at*⌉-*tu-a-si* 131 XI 10.

**$^{MÍ}$Ša-Ûmītu-nēnu** : ⌈$^{MÍ}$⌉*Ša*-$^{d}$*Ú-mì-i*-⌈*tu*⌉-*né-nu* 15 :1.

**$^{MÍ}$Šebata...?** : ⌈$^{MÍ}$⌉*Še-ba-t*[*a*?- 89 II 13´.

**Šebizi?...** : ⌈$^{I}$*Še*?-*bi*?-*zi*?-x-x 89 II 33´´ (*tarī'u*).

**Šēp-Ištar** : $^{I}$GÌR-$^{d}$*Iš$_8$-tár* 62 :8 (*ḫa*-x[).

**Šerrīja** : *Še*-⌈*ri*?⌉-*ja* 153 :7 (V. d. ⌈$^{MÍ}$*Ta*⌉-x-[ -*a*]⌈*t*? -$^{d}$⌉x[).

**Šimājû** : ⌈*Ši-ma*!-*je-e*⌉ 31 :19 (V. d. Aššur-dammeq) ; *Ši*-⌈*ma*!-*je-e*⌉ 31 :23 (V. d. Aššur-dammeq).

**$^{MÍ}$Šīma-râmat** : ⌈$^{MÍ}$⌉*Ši-ma-ra-mat* 96 :9´ (Ehefr. d. Puḫi? [s. dort], *ša šipri*).

**Šimena-Aššur?** : (DUMU) *Ši-me-na*-$^{d}$*A-š*[*ur*? 91 :6´.

**Šimi...?** : $^{I}$*Ši-mi*? x x[ 89 II 7´ (V. d. ...ri?, *itinnu*).

**Šulmānu-...** : $^{Id}$*Šùl-ma*-[*nu*- 137 :4.

**Šulmānu-ašarēd** : $^{Id}$*Šùl-ma-nu*-]⌈SAG⌉ 138 :6 ; ⌈$^{I}$⌉[$^{d}$*Šùl-ma*]-*nu*-SAG 140 :7 ; $^{d}$*Šùl-ma-nu*-]SAG 151 :2 (S. d. Adad-nīrārī, V. d. Tukultī-Ninurta, *uklu*).

**Šulmānu?-bēl-gabbe** : ⌈$^{I?d?}$*Šùl*⌉-*ma-nu*-EN-*gab-be* 60 :17 (S. d. ...).

**Šulmānu-nāṣir** : ] $^{d}$*Šùl-ma-nu*-PAP 129 :11´´.

**Šulmānu-qarrād** : (⌈DUMU$^{MEŠ}$) $^{d}$⌉SILIM.MA-UR.⌈SAG⌉ 131 XI 13.

**Šulmānu-šuma-uṣur** : $^{Id}$*Šùl-ma-nu*-MU-P]AP 155 :6´/MARV 2,17 H. 82 (*līmu*) ; $^{Id}$*Šùl-ma-nu*-MU]-PAP 155 :15´/MARV 2,17 H. 91 (*līmu*) ; $^{Id}$*Šùl-ma-nu*-⌈MU?⌉[-PAP? 173 :20 (*līmu*).

**$^{MÍ}$Šurudusi?** : [$^{M}$]$^{Í}$*Šu*-⌈*ru*?⌉-*di-si* 102 III 16´ (T. d. ...ame? [s. dort], *tarītu*).

**Šūzub-Aššur** : ⌈$^{I}$KAR?⌉-$^{d}$*A-šur* 27 :8 (*ummān šarri*) ; [$^{I}$KA]R?-$^{d}$*A-šur* 30 :8 (S. d. Tāna, *ummān šarri*) ; $^{I}$KAR?-]⌈$^{d}$*A*⌉-*šur* 86+29 :4´ (S. d. Tāna) ; $^{I}$KAR?-$^{d}$]*A-šur* 109 l. Rd. 1´ (S. d. Tāna).

## T

**Ta... :** $^{I}$⸢Ta⸣-x[ 130 :30´.
**$^{MÍ}$Ta...at-...? :** ⸢$^{MÍ}$Ta⸣-x-[ -a]⸢t-$^{d}$⸣x[ 153 :6 (T. d. Šerrīja).
**$^{MÍ}$Ta...ni? :** $^{MÍ}$Ta-x[ ]x-⸢ni?⸣ 89 IV 31´ (Schw. d. Nigi-amte? [s. dort], ša šipri).
**Ta...-Šarruma :** $^{I}$Ta-x[ ]-šar-ru-ma 102 II 10 (ša šipri).
**$^{MÍ}$Ta...ta? :** ⸢$^{MÍ}$T⸣[a?-]x-⸢ta⸣ 89 IV 9´.
**Tabbali? :** $^{I}$⸢Tab?⸣-ba-li 131 XI 21 (S. d. Šanaturi?).
**Tabni-... :** $^{I}$⸢Tab-ni⸣-x[ 130 :13´.
**Tabnīja? :** $^{I}$Tab?-⸢ni⸣-ja 127 :6.
**Taburrani? :** Ta-bur?-ra-ni 131 XI 5 (V. d. ...di?).
**Tadbu? :** ⸢$^{I}$Ta?-ad-bu 89 IV 22´.
**$^{MÍ}$Tādi? :** $^{MÍ}$⸢Ta?-a-di?⸣ 89 IV 26´ (Ehefr. d. Nigi-amte? [s. dort], ša šipri).
**Tagamu? :** ⸢Ta?-ga?-mu⸣ 89 II 8´ (V. d. Meriḫ... [s. dort]).
**Tagi :** $^{I}$Ta-gi 62 :6 (nukarippu).
**Taḫulu :** $^{I}$Ta-ḫi-li 49 :1.
**Taklāk-ana-...? :** $^{I}$Tàk-lak-a-na-$^{d}$[ 130 :11´.
**Taklāk-ana-Marduk :** [$^{I}$Tak-]⸢lak-a-na-$^{d}$AMAR.UTU⸣ 103 Vs. 2.
**Taklīja :** (DUMU$^{MEŠ}$) Ták-li-ja 131 XI 14.
**Tāna :** Ta-na 30 :8 (V. d. Šūzub?-Aššur) ; Ta-a-na 86+29 :4´ (V. d. Šūzub?-Aššur) ; Ta-na 109 l. Rd. 1 (V. d. Šūzub?-Aššur).
**Taqqaru? :** $^{I}$⸢Táq?⸣-qa?-ri 62 :12 ($^{LÚ}$[).
**Tarliš?...ga? :** Ta-ar-liš?-x-⸢ga⸣ 89 V 30´ (V. d. ...).
**Tarībāt-Ištar :** $^{I}$Ta-ri-bat-$^{d}$Iš$_{8}$-tár 1 :18.
**Taume :** ([DUM]U.MÍ) Ta-ú-me(-)[ 91 :8´.
**Teššub-eli :** ]⸢Te-šu-ub-e-li⸣ 89 I 38´´.
**$^{MÍ}$Tiriḫi :** [$^{M}$]$^{Í}$Ti-ri-ḫi, 97 Vs. 7´ (T. d. ...).
**Tišpak-rēmanni :** $^{Id}$TIŠPAK-re-ma-ni 128 :10.
**$^{MÍ}$Tu...e? :** ⸢$^{MÍ}$Tu?⸣-x[ ]-⸢e⸣ 89 II 9´ (Ehefr. d. Meriḫ... [s. dort],ša šipri)
**Tuanani :** $^{I}$Tu-a-na-ni 102 II 4 (S. d. Ḫi...).
**Tudua :** $^{I}$Tu-du-a 102 I 7 (S. d. ...tu?).
**Tukultī?-... :** ⸢$^{I}$⸣$^{GIŠ}$⸢TUKUL⸣-x[ 103 Rs. 30´.
**Tukultī-Adad :** $^{IGIŠ}$TUKUL-ti-$^{d}$⸢IŠKUR⸣ 61 : 19´ ; $^{I}$⸢$^{GI}$⸣[$^{Š}$TUK]⸢UL-ti-$^{d}$IŠKUR⸣ 127 :25.
**Tukultī-Ellil :** $^{IGIŠ}$TUKUL-ti-$^{d}$EN.LÍL 41 :7 (qēpu).
**Tukultī-Ninurta :** $^{IGIŠ}$TUKUL-ti-$^{d}$NIN.URTA 102 II 8 (uklu) ; $^{I}$IZKIM-MAŠ 116 :3 (uklu) ; $^{IGIŠ}$TUKUL-ti-]⸢$^{d}$NIN⸣.URTA 138 :8 ; $^{IGIŠ}$TUKU]L-ti-$^{d}$NIN.URTA 138 :14 ; $^{IGIŠ}$TUKUL-ti-$^{d}$NIN.URTA 140 :9 ; [$^{IGIŠ}$TUKUL-ti-$^{d}$]⸢NIN⸣.URTA 151 :1 (S. d. Šulmānu-ašarēd, E. d. Adad-nīrārī) ; $^{IGIŠ}$TUKUL-ti-⸢$^{d}$⸣NIN.URTA 151 :69 (uklu) ; $^{IGIŠ}$TUKUL-ti-$^{d}$NI[N.URT]A 151 :71 (uklu).
**Tulbi...? :** $^{I}$Tu?-ul?-bi?[- 74 :29.

## Ṭ

**Ṭāb-milki-abi :** $^{I}$DÙG.GA-mil-ki-a-⸢bi⸣ 6 :2 (S. d. Šamaš-mušabši, Br. d. Ištar-ēriš) ; DÙG.GA-mil-ki-a-bi 67 :8´.
**Ṭāb-pî-Digla :** DÙG.GA-pi-i-$^{d}$IDIGNA 16 :12 (V. d. ...bari?).
**Ṭēm-... :** (DUMU) Ṭé-em-DINGIR/$^{d}$x[ 91 :5´.

## U

**U... :** Ú-x[ 137 :6 (V. d. Šamaš-šuma-iddina).
**Uba... :** $^{I}$Ú-ba-[ 139 :11.
**Uballiṭ-...? :** ⸢$^{I}$Ú!?⸣-bal-li-iṭ?-x-x[ 74 :40 (S. d. Ardāja).
**$^{MÍ}$Uballiṭutu :** $^{MÍ}$Ú-bal-li-ṭí-te 146 :10´ (T. d. Ilī-padâ).
**Ubāru :** $^{I}$Ú-⸢ba⸣-ru107 :18 ; $^{I}$Ú-ba-ru 132 :23.
**Ubri-... :** $^{I}$Ub-ri-$^{d}$x[) 130 :28´.
**Ubru :** $^{I}$Ub-r[u] 90 Vs.? 2´ ; $^{I}$Ub-ri 114 :22´ (S. d. Adad-mudammeq, nappāḫ ḫurāṣi) ; (DUMU$^{MEŠ}$) Ub-ri 131 XI 11 (S. d. Atḫī-nadā).
**UDbu :** UD?-b/pu 101 Vs. 2 ; UD-b/pu 131 XI 20 (V. d. Ṣillī-Ištar).
**Uddala :** $^{I}$Ud-da-la 102 Vs. I 1 (S. d. B/Pu...la).
**UDka :** UD-ka 89 III 8´ (verst. Ehem. d. $^{MÍ}$Mutturi [s. dort]).
**Ukal-sīqi-Aššur :** Ú-kal[-si-qi-$^{d}$A-šur 158 :3´ /MARV 2,17 H. 26 (V. d. [Šamaš-šuma-iddina]).
**Umāju? :** (DUMU) Ú-ma-i-e 91 :15´´.
**$^{MÍ}$Umzabeše? :** $^{MÍ}$Um?-⸢za?⸣-be?-še 89 III 12´ (Ehefr. d. ...ame? [s. dort], ša šipri).
**Unnīni-...-Adad?? :** $^{I}$Ú-nin!-ni(-)x-x?-U 107 :15.
**Unnīnīja :** $^{I}$Ú-nin-ni-ja 1 :9 (radīʾu?) ; [$^{I}$Ú-]nin(?)-⸢ni-ja⸣ 103 Vs. 9 (S. d. ...).
**Up...? :** Up?[- 63 :2´ (V. d. ...a?).
**Uppu... :** $^{I}$Up-pu-x[ 103 Rs. 14´ (Bes. des ...bibi).
**Uppulti-lēšir :** $^{I}$Up-pu-ul-ti-le-šìr 1 :6.
**Urad-Adad :** ⸢$^{I}$ÌR-$^{d}$⸣IŠKUR 127 :3.
**Urad-Aššur :** $^{I}$⸢ÌR?⸣-$^{d}$A-šur 40 :3 (mušākilu ša sikilte).
**Urad-ilāni :** ÌR-DINGIR$^{MEŠ}$-ni 12 :4´ (V. d. [Aššur-iddin]) ; ⸢ÌR⸣-DINGIR$^{MEŠ}$-ni 27 :4 (V. d. Aššur-iddin) ; ÌR-]⸢DINGIR$^{MEŠ}$-ni⸣ 24 :31 (V. d. Aššur-iddin) ; ÌR-DINGI]R$^{MEŠ}$-ni 30 :4 (V. d. Aššur-iddin) ; ÌR-⸢DINGIR$^{MEŠ}$-ni⸣ 30 :28´ (V. d. Aššur-iddin) ; Ì]R-DINGIR$^{MEŠ}$-ni 45 :18´´ (V. d. Aššur-iddin) ; Ì[R?-DINGIR$^{MEŠ}$-ni(?) 52 Vs.? 2´ (V. d. Aššur-iddin(?), (qēpu) ; ÌR-DINGIR$^{MEŠ}$-⸢ni⸣ 78 :25´ (V. d. Aššur-iddin) ; ÌR-DINGIR$^{ME}$]$^{Š}$(?)-ni 79 Rs. 5´ ; ÌR-[DINGIR$^{MEŠ}$-ni 85 :4´ (V. d. Aššur-iddin) ; [Ì]R-DINGIR$^{MEŠ}$-ni 91 :7´ ; (ÌR-DINGIR$^{M}$[$^{EŠ}$-ni]

109 :5 (V. d. Aššur-iddin) ; (ÌR-DINGIR^MEŠ^-*ni* 116 :4 (V. d. Aššur-iddin).
**Urad-Kūbe :** ^IÌR-*Ku-be* 1 :27 (*šangû*) ; ^IÌR-*Ku-be* 1 :29 (*ummān šarri*) ; ^IÌR^?-*Ku*^?-*be*^? 35 :2 (S. d. Aššur-...) ; ^IÌR-*Ku-be* 62 :24.
**Urad-Šerū'a :** ÌR-^dŠe-*ru-a* 28 Rs.^? 15´ (V. d. ...) ; ÌR^?-^d*Še*-⌜*ru-a*^?⌝ 28 Rs.^? 21´ (V. d. ...).
**Urdīja :** ^I*Ur-di-ja* 1 :25 (*nukarippu*).
**Urdu :** ^I*Ur-di* 5 :1 (S. d. Idû) ; ^I*Ur-di* 5 :3 (S. d. Idû) ; ^I*Ur-di* 5 :17´ ; *Ur-di* 16 :14 (V. d. Ṣillī-Ḫaldê).
**^MÍUrišalli^? :** ⌜^MÍ*Ú-ri-ša*^?-*al*^?-*li*^?⌝ 89 III 10´ (T. d. ^MÍMutturi [s. dort], *tarītu*) ; ^MÍ*Ú-ri*-⌜*ša*^?⌝-*al-li* 89 IV 29´ (M. d. Nigi-amte^? [s. dort], *šēbtu*).
**Ururija^? :** *Ú-ru-ri*^?-*ja* 139 :9f. (V. d. Ṣilli-Kūbe).
**^MÍUsu...tu^? :** ^MÍ*Ú-su*-x-x-⌜*tu*^?⌝ 96 :18´ (Ehefr. d. Kissi^? [s. dort]).
**Uṣṣabit-ilī :** ⌜^I*Uṣ-ṣa*⌝-*bít*-DINGIR⌝ 59 :21 (*ša rēš šarri, qēpu*) ; ⌜^I?⌝*Uṣ*-⌜*ṣa-bit*^?-DINGIR^?⌝ 127 :68´ ; ^I⌜*Uṣ-ṣa*⌝-*bit*-DINGIR 173 XVI 10.
**Uṣur-bēl-šarra :** ^IPAP-^dEN-⌜LUGAL^?⌝) 65 IV 8 ; <^I>PAP-⌜^d⌝EN-⌜LUGAL⌝ 104 :2 ; (^IPAP^?]-EN-LUGAL?) 166 :3´.
**Uṣur-namkūr-šarri :** ⌜^I⌝PAP-*nam-kur*-⌜LUGAL⌝ 27 :20 ; ^IPAP-*nam-kur*-LUGAL 31 :21 (*abarakku*) ; ^I⌜PAP-*nam-kur*-LUGAL⌝ 36+80 Rs. 7´ (*qēpu*) ; ^IP]AP-*nam-kur*-LUGAL 54 :3´ ; ^IPAP-*nam-kur*-⌜LUGAL⌝ 74 :52 ; ^IPAP-*nam-kur*-LUGAL 114 :17´ (*abarakku*) ; ^I⌜PAP⌝-*nam-kur*-⌜LUGAL⌝ 127 :5 ; ^IPAP-*nam-kur*-LUGAL 127 :20 ; ^IPAP-*nam*-⌜*kur*-LUGAL⌝ 143 Vs. 8´ ; ^IPAP-⌜*nam-kur*-LUGAL⌝ 143 Rs. 8´ ; ^I⌜*Ú*⌝-*ṣ*[*u*^?-*ur-nam-kur*-LUGAL(?) 146 :30´ (*līmu*) ; ^IPAP-*n*[*am*]-⌜*kur*⌝-LUGAL 168 :3´/MARV 2,17 H. 49 ; ^IPAP-NÍG-XX 173 X 1a ; ^IPAP-*nam-kur*-LUGAL 173 XVI 2 ; ^IPAP-*nam-kur*-⌜LUGAL⌝ 173 XVI 7 ; ^IPAP-*nam-kur*-⌜LUGAL⌝ 173 XVI16a.
**Uṣur-ša-pî-šarri^? :** ⌜^IPAP-*ša-pi-i*-L⌝[UGAL^?] 93 :11.

## Z

**Za...^? :** ^I*Za*^?-x-x-x 72 :10.
**Zāqiru :** ^I*Za-qi-ru* 1 :26 (*nappāḫ ḫurāṣi*).
**Zēr-ketti-lēšir^? :** ^INUMUN-*ke-te-l*[*e-šìr* 97 Rs. 6´.
**Zu... :** ^I⌜*Zu*⌝-x[ 130 :1´.
**Zuja^? :** ^I*Zu-ja* 107 :21 (*kakardinnu*).

### Unvollständig erhaltene Personennamen

**...a^? :** ]x-*a*^? 63 :2´ (S. d. Up^?...).
**...â :** ]x-x-*a-a* 28 Vs.^? 11´ (Br. d. ...iḫini [s. dort], *itinnu*).
**...-Adad :** ]-^dIŠKUR 41 :8 (*qēpu*) ; (-IŠ]KUR^? 84 :2´ ; ^Ix[ ]x-^dIŠKUR 103 Rs. 20´ (S. d. Mannu-šānin-Adad) ; ]x-x-^dIŠKUR 135 :10´ (S. d. ...nani, *rab bīt nupāri*).
**...(-)Adad(-)... :** ]⌜^dIŠKUR⌝[ 103 Rs. 7´.
**...-aḫa-iddina :** [ -]ŠEŠ-SUM-*na* 103 Rs. 24´ (S. d. Maṣi-ilī/^dx, ⌜IGI.NU.GÁ⌝[L).
**...-aḫamiš^?-Aššur :** ]⌜*a*^?⌝-*ḫa-mi-iš*(-)^dA-šur 148 Vs. 6 (S. d. Ib/p^?...).
**...ame^? :** ^Ix-*a*^?-*me*^? 89 III 11´ (S. d. Pa...dauzi^?, Ehem. d. ^MÍUmzabeše^? u. d. ^MÍAramzaḫ-umzi, V. d. ...išpite^?, d. ^MÍḪunni, d. ^MÍŠurudusi^? u. d. ...purame, Br.^? d. ^MÍ?...ḫušše, *itinnu*).
**...AN... :** ] AN x[ ] 36 Rs. 12´ (*līmu*).
**^MÍ...AN^?... :** [^MÍ ]x ⌜AN^?⌝ x 89 II 24´.
**...ana^? :** [ ]x-x-⌜*a*^?-*na*^?⌝ 103 Rs. 13´ (S. d. Sun^?...).
**...-apla-iddina :** -I]BILA-SUM-*n*[*a*] 36+80 Vs. 5 ; -]⌜IBI⌝LA-SUM-*na* 16 :29 (S. d. Pirḫīja).
**^MÍ?...ar^?... :** [^MÍ? ]x-⌜*ar*^?⌝-x[ 89 I 16´ (*ša šipri*).
**...arra :** x-⌜*ar*⌝-*ra* 89 IV 25´ (V. d. Nigi-amte^?).
**...arri^? :** ⌜^MÍ⌝x[ -*a*]*r-ri*^? 89 IV 11´.
**...-ašarēd :** ]x-SAG 1 :15 (⌜ḪAB.ḪAB⌝).
**...-Aššur :** ]x-x-x-^d*A-šur* 16 :27 (S. d. Mušēzib-Adad) ; ]x-x-*A-šur* 20 :7 ; ]x-x-x-⌜^d*A-šur*(!?)⌝ 103 Vs. 8 (S. d. ...) ; ⌜^I?x x[ ]x[ -^d*A*]-*šur* 111 :18´ (*līmu*).
**...(-)Aššur(-)... :** ]x x(-)⌜^d⌝*A*-⌜*šur*^?⌝(-)x x[ 5 :10 ; (]x-x(-)⌜^d*A-šur*(-)DUMU⌝(-)x x x[ 42 :20.
**...-AT^?ja :** -]*AT*^?-*JA* 51 :24 (PN?).
**^MÍ...atnajû :** [^MÍ ]x-*at*-⌜*na-je-e*⌝ 89 II 37´´ (Ehefr. d. ...di [s. dort], *ša šipri*)
**...ba... :** ]x-*ba-a*-x[ 14 :6 (S. d. Kilizāju).
**...bari^? :** ]x-*ba*^?-*ri* 16 :12 (S. d. Ṭāb-pî-Digla).
**...BE^? :** ]x-*BE*^? 102 I 9 (V.^? d. ...uate) (PN?).
**...-bēl-gabbe :** -E]⌜N-*gab-be*⌝ 134 :15´.
**...-bēl-kēnāte :** -E]N-*ke-na-te* 36+80 Rs. 2´.
**...-bēl-šarra :** ]-EN-LUGAL 166 :3´.
**...beše :** ]x-*be-še* 22 :6´.
**...bibi :** ^Idx-x-x^?-⌜*bi*⌝-*bi* 103 Rs. 14´ (Skl. d. Uppu...).
**...bidili^? :** -]⌜*bi*^?-*di*^?-*li*^?⌝[ 89 IV 45´.
**...dani :** [ ]x-*da*-⌜*ni*^?⌝[ 103 Rs. 10´.
**...-dēn-... :** ]x-*de-e*[*n*- 21 :4´.
**...di :** x-*di*^?, 32 :5 (V. d. Šamaš^?-kettī-īde) ; [^I]x[ ]-*di* 89 II 35´´ (S. d. Kišuli^?, Ehem. d. ^MÍ...lašeni^? u. d. ^MÍ...atnajû, V. d. ...ki^?, d. Akap-Kušuḫ u. d. Abuška^?, *itinnu*) ; ⌜^I⌝x-x-*di*[ 89 III 49´´ ; ]x-*di*^? 131 XI 5 (S. d. Taburrani^?).
**...dikalla^? :** ]x-*di*-⌜*kal*^?⌝-*la* 131 XI 4 (S. d. ...).
**...din-Marduk :** [^I -]⌜*din*⌝-^dAMAR.UTU 103 Rs. 21´ (S. d. Iddin-Marduk).
**^MÍ...dubari :** ^MÍ ]x-*du-ba*-⌜*ri*⌝ 28 Vs.^? 8´ (M. d. ...laḫri, *ša šipri*).
**...-Ea^? :** ]x-⌜*É*^?-*a*^?⌝ 121 :9.

**...ekini**? : ]x-*e*-⌈*ki*?-*ni*⌉ 28 Vs.? 7´ (Br. d. ...laḫri).
MÍ**...elliti** : [MÍ ]x-*el-li-ti* 96 :5´ (Ehefr. d. Lā-tamakki?).
**...-emūq?-ili** : ]x-Á?-DINGIR 44 :13.
MÍ**...e-rabāt** : [MÍ ]x-e?-GAL-*at* 96 :3´ (*tarītu*).
**...-ēriš?** : -]⌈KAM?⌉ 36+80 Vs. 6 (*qēpu*).
**...gi** : ]x-⌈*gi*⌉ 22 :10´.
**...gil?...** : x-*gil*? x[ ]x 89 II 42´´ (V. d. Atal-beru [s. dort]).
**...gi?-Marduk** : -*g*]*i*?-dAMAR.UTU 121 :7.
**...giri** : ]x-*gi-ri* 28 Vs.? 4´ (S. d. ...jā'u).
**...gu...(?)** : ]x ⌈*gu*⌉ x 47 :36´´.
MÍ**...ḫaluli** : -*ḫ*]*a-lu-li* 28 Vs.? 13´ (Schw. d. ...iḫini [s. dort], *pirsu*).
**...ḫi/gili?** : -]⌈*ḫi*?⌉/-*g*]⌈*i*?-*li*?⌉ 89 I 14´ (*itinnu*).
**...ḫû** : ]x-*ḫu-ú*, 16 :13 (S. d. Puḫi-meli) ; ]-*ḫu-ú* 84 :4´.
MÍ??**...ḫušše?** : M[Í? -]*ḫu*?-*uš-še* 89 III 18´ (Br.?? d. ...ame? [s. dort]).
**...ḫuzamza?...** : Ix-⌈*ḫu*?-*za*?⌉-*am*-⌈*za*⌉-x 89 IV 13´.
**...i** : ]x-*i*, 65 II 9´ (*sirašû*).
**...ib/p** : ]x-*ib/p* 101 Vs. 5 (S. d. Dabi...?).
**...-iddina** : ]x-x-x-SUM?-*na*? 16 :17 (S. d. ...-le'i) ; ]x-SU[M-*na* 70 :4´.
**...iḫini** : ]x-*i-ḫi-ni* 28 Vs.? 10´ (S. d. Ḫalin?... u. d. MÍ...ṣizza?, Br. d. ...â, d. ...rusa u. d. MÍ...ḫaluli).
**...-ilāni-...** : ]x x-DINGIRMEŠ-*ni* x x x 131 XI 26.
**...-ilāni-Marduk** : ]x-DINGIRMEŠ-dAMAR.UTU 121 :8.
**...-ili** : -]⌈DINGIR⌉, 23 :3´ (*ša rēši*)
**...ilijû** : ]x-DINGIR-*je-e* 170 Rs.? 1´.
**...indilu** : [ ]x-*in-di-lu* 102 I 8 (S.? d. ...).
**...-iqbe?** : ]-⌈*iq*?-*be*?⌉ 67 :5´ (S. d. Aššurīju?)
**...-iqīša** : ]x-NÍG.BA 1 :14 (*nappāḫ ḫurāṣi*) ; ]x-x-x-⌈NÍG?.BA? 16 :23 (S. d. Ilī-tenajû?, *aluzinnu*).
**...-Ištar** : ]x-ŠID-DA-d*Iš*$_8$-*tár* 37 Rs. 5´ ; ]x-d*Iš*$_8$-*tár* 65 II 7´ (*sirašû*).
**...-ittabši** : ]x-*it-tab-ši* 101 Vs. 1.
**...ja** : x-x-⌈*ja*⌉ 16 :4 (V. d. Aḫu-ṭāb) ; ]x x[ ]x-⌈*ja*?⌉ 103 Vs. 12 (V. d. ...) ; (DUMUMEŠ) x x? x x-⌈*ja*⌉ 131 XI 7 (S. d. Pirḫu-lēšir).
**...jani?** : -*j*]*a*?-⌈*ni*⌉ 131 XI 41´ (S. d. ...).
**...jā'u** : x-*ja-a-e* 28 Vs.? 4´ (V. d. ...giri).
**...jû** : ]-*je-e* 22 :3´ ; ]x-*je-e* 71 :8´ ; [MÍ ]x-*je*-⌈*e*⌉ 89 V 21´ (Ehefr. d. Akap-še...?, *almattu*, *ša šipri*) ; [MÍ ]x-⌈*je-e*⌉ 89 V 23´ (F. d. Akap-še...? *almattu*, *ša šipri*,) ; I ]x-x-*ju-ú* 132 :29.
**...kalmeni?** : x[ -]*kal*?-*me-ni* 89 III 19´.
**...-dKanuna** : ⌈I⌉x-⌈d⌉*Ka-nu-na* 1 :11(*Kaššī'u*).
**...-kēnāte** : ]x-*ke-na-te* 36 Rs. 2´ ; -*ke*?-*n*]*a*?-*a-te* 65 III 18´ ; -]*ke-na-a-te* 86+29 :3´.
**...ki** : ⌈I⌉x[ ]x-x-x-⌈*ki*?⌉ ; 89 II 38´´ ; (S. d. ...di [s. dort], *tarī'u*) ; [ ]x-*ki*-d?x 102 IV 1´.
MÍ?**...kildu?** : MÍ? ]x-⌈*kíl*?⌉-*du* 97 Vs. 1´.
**...kuja** : [I ]x-*ku-ja* 103 Rs. 22´ (*qattinu*, IGI.NU.[GÁL?).
**...-Kušuḫ** : [ -*k*]*u-šu-uḫ* 102 IV 8´.
MÍ**...la** : [MÍ ]x-*la* 89 III 3´.
**...laḫri** : ]x-*la-aḫ*-⌈*ri*⌉ 28 Vs.? 6´ (S. d. Siria'e, *itinnu*).
MÍ**...lašeni?** : MÍ ]x-x-⌈*la*?-*še-ni*⌉ 89 II 36´´ (Ehefr. d. ...di [s. dort]).
**...-le'i** : ]x-x-*le-i*, 16 :17 (V. d. ...-iddina?).
**...-lēšir** : ]x-*le-šìr* 16 :5 (S. d. Aššur-mušallim) ; ]x-x-x-*le-šìr* 16 :26 (S. d. Kidin-Tašmētu).
**...li-iddina** : ]x-*li*-SUM-⌈*na*⌉ 92 Vs.? 4´.
**...lim/ši-Marduk** : ]-*lim/ši*-dAMAR.UTU 116 :10.
**...littu** : [ ]x-⌈*li-it-tu*⌉ 102 II 5 (IGI.NU.GÁ[L).
**...lu...** : ]x-*lu*-x 103 Vs. 5 (S. d. ...).
**...lum-šarri** : [ ]x?-*lum-šar-ri* 89 IV 44´.
MÍ**...ma...** : ⌈MÍ⌉⌈x-*ma*-[ 89 III 23´.
**...-mārat-Anim** : ]-dDUMU.MÍ-*A-n*[*im*? 23 :4´ ; Ix-x?-⌈d?DUMU.MÍ-d*A-nim*⌉ 130 :22´.
**...-Marduk** : x-x-x-⌈dAMAR.UTU⌉ 16 :25 (V. d. ...nu) ; ]x-dAMAR.⌈UTU⌉ 84 :10´ (*rab kar*?...) ; -]dAMAR.UTU 84 :13´ ; ]x-⌈dAMAR.UTU⌉ 103 Vs. 6 ; (S. d. ...) ; [ ]x-⌈dAMAR.UTU⌉ 103 Rs. 11´ ; [ ]x-dAMAR.UTU 103 Rs. 27´ (S. d. ...) ; ]x-x-[dA]MAR.UTU 134 :12´.
MÍ**...MAŠgili** : ]x-⌈MAŠ?⌉-*gi-li* 89 III 4´ (*almattu*).
**...mātu** : ]x-*ma-a-tu* 22 :5´.
**...me?...** : ]x *me*? x 98 :1´.
**...meriḫ?...?** : Ix-*me-ri-iḫ*?(-)x[ 97 Vs. 3´.
**...-mudammeq** : ]-*mu*-SIG$_5$ 84 :3´.
MÍ**...muḫi?** : ⌈MÍ⌉x[ -]⌈*mu*?-*ḫi*?⌉[ 89 III 28´.
**...muni** : ]-⌈*mu*?⌉-*ni* 89 I 11´.
**...-mušašri?** : x-x-[*m*]*u*?-*ša*?-*áš-r*[*i*?] 61 :14 ; Ix-*mu-šá-áš-ri* 103 Vs. 22 (S. d. ...).
**...mutu?** : ]x-⌈*mu*?-*tu*?⌉ 96 :2´ (*talmettu*).
**...nabu** : [ ]-*na-bu* 103 Rs. 25´ (*qattinu*).
**...najû?** : -*n*]⌈*a*?-*je-e*⌉) 7 Rs. 5´.
**...nani** : x-x-x-*na-ni* 135 :11´ (V. d. ...-Adad).
**...ni** : ]x-*ni* 28 Vs.? 5´ (Br. d. ...giri, *itinnu*) ; ]x-*ni* 86+29 :2´ (PN?) ; ]x-*ni* 89 I 15´ (*itinnu*).
**...ni?-Marduk** : [ -]⌈*ni*?-dAMAR.UTU⌉ 103 Vs. 10 (S. d. Iddin!?-Marduk).
**...-Ninurta** : -]⌈d⌉NIN.URTA 149 Rs.? 3´ (ON?).
**...(-)Ninurta(-)...** : ]⌈d⌉NIN.URTA [ 136 Rs. 4´.
**...nu** : ]x-x-⌈*nu*⌉ 16 :25 (S. d. ...-Marduk).
MÍ**...nu?-umzi?** : ⌈MÍ⌉[ ]x-⌈*nu*?-*um*?-*zi*⌉ 89 II 31´´ (*talmettu*).
**...-qarrād** : ]x-⌈UR.SAG⌉ 131 XI 28 (S. d. Ṣilli-Digla).
**...purame** : [ -*p*]*u-ra-me* 89 III 17´ (S..? d. ...ame? [s. dort], *ša irti*).
**...qi?** : ]x-x-⌈*qi*?⌉ 103 Vs. 13 (S. d. ...⌈MEŠ⌉...).

**...qi... :** [ ]x-⸢*qi*⸣-x 103 Vs. 11 (S. d. ...).
**...qija :** ]-*qi-ja* 16 :30 (V. d. ...).
**...ri :** ]x-*ri* 6 :16 (S. d. Eru) ; -]⸢*ri*⸣ 89 I 4´ (*ša ušpi*) ; ]x ⸣x$^{?}$-*ri*⸣ 89 II 7´ (V. d. Šimi...$^{?}$) ; (⸢DUMU⸣$^{MEŠ}$) [ ]x-*ri* 131 XI 23.
**...-rība :** ]x-x-*ri-ba* 1 :13.
**...ribeli$^{?}$ :** [ ]x-⸢*ri*$^{?}$-*be-li*$^{?}$⸣ 97 Vs. 2´.
**...ri-Šarruma :** ]x-*ri*-⸢*šar*⸣-*ru-ma* 55 :2´.
**...ritte :** ⸢$^{I}$⸣x-*ri-it-te* 102 II 6 (IGI.NU.GÁ[L).
**...ru :** $^{I?}$x-x-*ru* 14 :3´ ; [$^{I}$ ]x-*ru* 96 :6´ (S. d. Ṣillīja, Ehem. d. $^{MÍ}$...-Šerū'a-ina-māti, *itinnu*).
**...rusa :** ]x-*ru-sa* 28 Vs.$^{?}$ 12´ (Br. d. ...iḫini [s. dort], *tarī'u*).
**...sagi$^{?}$ :** ]x-⸢*sa*$^{?}$-*gi*$^{?}$⸣ 22 :9´.
$^{MÍ}$**...si$^{?}$ :** $^{MÍ}$x-x-x-x-⸢*si*$^{?}$⸣ 89 II 3´ (*ša šipri*).
**...sigi$^{?}$ :** [$^{I}$ ]x-*si*$^{?}$-*gi* 62 :21.
**..-Sîn :** $^{M}$]$^{EŠ?}$/XXX$^{?}$ 47 :34´´ ; ]x-x-x-$^{d}$XXX$^{?}$ 103 Vs. 4 ; ]x-$^{d}$XXX 122 :5 (S. d. Adad-nādin-...) ; ]x-$^{d}$XXX 170 Vs.$^{?}$ 3´.
$^{MÍ}$**...sugi$^{?}$...$^{?}$ :** ⸢$^{MÍ}$⸣x-*su-gi*$^{?}$(-)x[ 97 Vs. 4´.
$^{MÍ}$**...sugibe :** [$^{M}$]$^{Í}$x-*su-gi-be* 97 Vs. 10´ (Ehefr. d. ..., *almattu*).
$^{MÍ}$**...ṣizza$^{?}$ :** $^{MÍ}$ ]x-*ṣi*$^{?}$-*iz-za* 28 Vs.$^{?}$ 14´ (Ehefr. d. ...iḫini [s. dort], *ša šipri*).
**...ša :** ]x-*ša* 89 V 40´ (*ša kukulli*) ; ([$^{I}$ ]x-x-x-⸢*ša*⸣ 89 V 42´ (Schwiegers. d. $^{MÍ}$Mutturi [s. dort], *tarī'u*) ; x-x-x[ -]*ša* 102 I 2 (V. d. Pešḫuru) ; $^{I?}$x-x-x-⸢*ša*⸣ 112 :8´ (*urad šarri*).
**...-šadûni :** ]x-KUR-*ni* 84 :11´ (⸢KI.MIN⸣ = *rab kar*$^{?}$...).
**...šakatie$^{?}$ :** $^{I}$x-x-⸢*ša*$^{?}$-*ka-ti-e*⸣ 103 Rs. 16´ (S. d. Aja-ibāš-ilī) ; lies den PN etwa Kiškattû!?.
$^{MÍ}$**...šalli :** $^{MÍ}$x-x-x$^{?}$-⸢*ša-al-li*⸣ 89 II 50´´ (Ehefr. d. Bu$^{?}$...).
$^{MÍ}$**...šāri :** -]*ša-a-ri* 89 IV 42´ (T. d. $^{MÍ}$...).
**...šeni :** $^{I}$x[ ]x-⸢*še-ni*⸣ 89 IV 12´ ; ]x-x-*še-ni* 91 :9´ ; [$^{I}$]x-x-*še-ni* 97 Vs. 6´ (S. der ...).
$^{MÍ}$**...-Šerū'a-ina-māti :** [$^{MÍ}$ ]x-$^{d}$*Še-ru-a*-⸢*i+na*⸣-KUR 96 :7´ (Ehefr. d. ...ru, *ša šipri*).
**...šima$^{?}$... :** ]-*ši*$^{?}$-*ma*-x[ 62 :19.
**...šu$^{?}$ :** ]x-*šu*$^{?}$ 22 :4´.
**...šu$^{?}$-li... :** ]x-*šu*$^{?}$-*li*-UD-A-*ni* 98 :5´.
**...-šuma-ēriš :** ]x-MU-KAM 84 :6´.
**...-šuma-iddina :** -M]U-SUM-⸢*na*⸣ 21 :5´.
**...-šumu-lēšir :** -M]U-*le-šìr* 84 :7´ ; -M]U$^{?}$-*l*[*e-šìr*(?) 94 :4´.
**...-Šuriḫa$^{?}$ :** ]x[-*Šu*$^{?}$-*r*]⸢*i*$^{?}$-*ḫa*⸣ 98 :6´.
**...te :** ]x-x-*te* 22 :8´.
**...-Teššub :** ]-*te-šub* 22 :7´.
**...ti-Marduk :** [ -*t*]*i*-$^{d}$AMAR.UTU 103 Vs. 24.
**...tu :** ]x-*tu* 16 :15 (S. d. Sāmu).
**...tu$^{?}$/li$^{?}$...ša$^{?}$ :** ]x-*tu*$^{?}$/*li*$^{?}$-x$^{?}$-*ša*$^{?}$ 65 II 8´ (*sirašû*).
**...uate$^{?}$ :** (PN?) [ ]x-*ú-a-te* 102 I 9 (S.$^{?}$ d. ...BE$^{?}$).
**...-uballiṭ :** ]-⸢*ú*-TI.LA⸣ 20 :11.
**...-uma'i$^{?}$ :** ]⸢*ú*$^{?}$-*ma*$^{?}$-*i*$^{?}$⸣ 91 Vs.$^{?}$ 6´.
$^{MÍ}$**...umzi$^{?}$ :** -]⸢*um*$^{?}$⸣-*zi* 89 V 31´ (Ehefr. d. ...).
**...-uṣur :** ]-*ú-ṣur* 24 :20´.
**...za$^{?}$ :** ]x-x-⸢*za*$^{?}$⸣ 28 Rs.$^{?}$ 8´ (S. d. ...).
**...zani :** ]x-*za-ni* 28 Vs.$^{?}$ 2´.
**...zi$^{?}$ :** -]⸢*zi*$^{?}$⸣ 89 V 32´ (ŠAB.GAL, Skl. d. ...).
$^{MÍ}$**...zi :** $^{MÍ}$ ]-*zi* 89 I 3´ (*ša šipri*).
**...zu :** ]-*zu* 98 :2´.

| | |
|---|---|
| $^{I}$⸢$^{d}$⸣[ | 21 :7´ |
| $^{I?}$x$^{?}$ x$^{?}$ x$^{?}$[ | 30 :30´ |
| ⸢$^{d}$⸣x x[ ]⸢$^{MEŠ}$⸣x x$^{?}$ | 33 :29 (V. d. Sîn-ašarēd, *qēpu*) |
| [ ]⸢$^{I?d?}$⸣[ ]x x | 42 :21 (*qēpu*$^{??}$) |
| $^{Id}$[ | 44 :19 |
| $^{I?}$x x[ | 47 :15´ |
| ⸢$^{I}$⸣x x x | 58 :18 (*līmu*) |
| $^{I}$x[ ]x | 72 :13 |
| ⸢$^{MÍ}$⸣[ | 89 II 2´ (*ša šipri*) |
| $^{I}$x-x-x-x[ | 89 II 10´ ( S. d. Meriḫ... [s. dort], *ša kukulli*). |
| ⸢$^{M}$⸣[$^{Í}$ ]x x[ ] | 89 II 47´´ (M. d. A...kušuḫ$^{?}$). |
| $^{I}$x x x x[ ]x x x x[ | 89 II 52´´. |
| $^{I}$x-x-x-x | 89 III 9´ (S. d. $^{MÍ}$Mutturi [s. dort], *ša kukulli*). |
| ⸢$^{MÍ?}$⸣x[ | 89 III 22´. |
| ⸢$^{MÍ}$⸣x[ ]x x | 89 III 27´. |
| ⸢$^{MÍ}$⸣[ | 89 III 42´´. |
| ⸢$^{MÍ}$⸣x-x-x[ | 89 IV 5´ (*almattu*, *ša šipri*). |
| ⸢$^{MÍ}$⸣x[ ]x x x[ | 89 IV 10´. |
| ⸢$^{MÍ}$⸣x[ ]x x | 89 IV 41´ (*almattu*). |

[$^{MÍ}$ ]x x[ 89 V 19´ (F. d. Akap-še...?, *almattu*, *ša šipri*).

$^{MÍ}$[ 91 :16´ (M. d. Admati-ilī).

$^{I}$x[ 94 :3´.

$^{I}$x-x-x(-)x-x 100 :4 (S. d. Adad-multēpiš, *rab bīt nupāri*).

$^{d}$x-x-x 102 I 3 (V. d. Ellakku).

$^{I}$x-x-x 102 IV 15´.

[ ]x-x-x 103 Vs. 7 (*qattinu*).

]x[ ]x⸢$^{MEŠ}$⸣x[ 103 Vs. 13 (V. d. ...qi$^{?}$).

⸢$^{I}$⸣x[ 109 :3´.

$^{I}$⸢$^{d?}$⸣[ 110 :6 (S. d. Šamas-rā'im-ketti$^{?}$).

x x x[ 110 :18 (V. d. Mušallim-...).

$^{Id}$x[ 127 :69´.

É $^{I}$⸢$^{d?}$⸣x[ 130 :8´.

É $^{I?}$x[ 130 :25´.

$^{I}$x[ 130 :31´.

$^{I}$x[ 131 XI 24 (Br. d. Qibi-Aššur).

⸢$^{I}$⸣x[ 138 :29 (*līmu*, *abarakku*).

$^{MÍ}$x[ 154 Vs.$^{?}$ II´ 4´.

$^{M}$[$^{Í}$ 154 Vs.$^{?}$ II´ 5´.

$^{M}$[$^{Í?}$ 154 Vs.$^{?}$ II´ 6´.

# Konkordanzen

## Konkordanz der Publikationsnummern

| Publikations-Nummer (MARV 4) | VAT-Nummer | Fund-Nummer |
|---|---|---|
| 1 | 14429 | T 51 c |
| 2 | 18148 | T 51 f |
| 3 | 15534 | T 169 |
| 4 | 18177 | |
| 5 | 15422 | T 169 b |
| 6 | 15494 | T 169 d |
| 7 | 15425 | T 169 g |
| 8 | 15493 | T 169 p |
| 9 | 15495 | T 169 r |
| 10 | 18139 | T 232 |
| 11 | 15541 | T 169 a?c? |
| 12 | 19160 | |
| 13 | 18146 | T o. Nr. a |
| 14 | 15433 | T 169 |
| 15 | 15542 | T 169 c? |
| 16 | 15442 | T 169 |
| 17 | 15543 | T 169 |
| 18 | 20240+20324 | |
| 19 | 15548 | T 169 |
| 20 | 18147 | T 51 e |
| 21 | 18199 | |
| 22 | 18168 | |
| 23 | 18192 | |
| 24 | 15502 | T 236 |
| 25 | 15498 | T 169 c? |
| 26 | 20164 | |
| 27 | 18058 | |
| 28 | 18183 | |
| 29 | 20323 | |
| 30 | 18068 | |
| 31 | 18094 | |
| 32 | 18149 | T 189 |
| 33 | 18105 | |
| 34 | 18100 | |
| 35 | 18102 | |

| Publikations-Nummer (MARV 4) | VAT-Nummer | Fund-Nummer |
|---|---|---|
| 36 | 20079 | |
| 37 | 20319 | |
| 38 | 20114 | |
| 39 | 18069 | |
| 40 | 18179 | |
| 41 | 18095 | |
| 42 | 18099 | |
| 43 | 18104 | |
| 44 | 19579 | T 314 |
| 45 | 18092 | |
| 46 | 20236 | |
| 47 | 18153 | |
| 48 | 18178 | |
| 49 | 19580 | T 380 a |
| 50 | 18172 | |
| 51 | 20155 | |
| 52 | 20253 | |
| 53 | 20153 | |
| 54 | 20225 | |
| 55 | 15544 | T 169 |
| 56 | 18186 | |
| 57 | 18103 | |
| 58 | 18073 | |
| 59 | 18076 | |
| 60 | 20110 | |
| 61 | 20310 | |
| 62 | 18151 | T 51 d |
| 63 | 18174 | |
| 64 | 18176 | |
| 65 | 18190+19203 | |
| 66 | 18185 | |
| 67 | 18173 | |
| 68 | 18201 | |
| 69 | 18160 | |
| 70 | 20322 | |
| 71 | 20158 | |
| 72 | 15435 | T 169 |
| 73 | 20080 | |
| 74 | 18006 | |
| 75 | 18182 | |
| 76 | 20314 | |
| 77 | 18155 | |
| 78 | 18005 | |
| 79 | 20124 | |
| 80 | 20129 | |
| 81 | 18098 | |
| 82 | 18101 | |
| 83 | 20083 | |
| 84 | 15496 | T 169 u |

| Publikations-Nummer (MARV 4) | VAT-Nummer | Fund-Nummer |
|---|---|---|
| 85 | 15547 | T 169 |
| 86 | 20091 | |
| 87 | 20743 | |
| 88 | 15434 | |
| 89 | 18142+18150+18161+18165 | |
| 90 | 15438 | T 169 |
| 91 | 20237 | |
| 92 | 18191 | |
| 93 | 18175 | |
| 94 | 18197 | |
| 95 | 18158 | T 232 XI(?) |
| 96 | 18189 | |
| 97 | 18093 | |
| 98 | 18154 | T 232 IX(?) |
| 99 | 18194 | |
| 100 | 18195 | |
| 101 | 15546 | T 169 |
| 102 | 20312+20318 | |
| 103 | 18159 | |
| 104 | 18180 | |
| 105 | 20275 | |
| 106 | 18097 | |
| 107 | 14430 | T 51 b |
| 108 | 20146 | |
| 109 | 20123 | |
| 110 | 15436 | |
| 111 | 15540 | T 169 f? |
| 112 | 18181 | |
| 113 | 16451 | |
| 114 | 18106 | |
| 115 | 20313 | |
| 116 | 20233 | |
| 117 | 15531 | T 169 w |
| 118 | 20206 | |
| 119 | 18096 | o. Nr. PK 4 |
| 120 | 18145 | T o. Nr. c |
| 121 | 20131 | |
| 122 | 20084 | |
| 123 | 20229 | |
| 124 | 18143 | |
| 125 | 20630 | |
| 126 | 19161 | |
| 127 | 18144 | |
| 128 | 19581 | T 363 |
| 129 | 20128 | |
| 130 | 18138 | |
| 131 | 19163 | |
| 132 | 14431 | T 51 a |
| 133 | 18141 | |

| Publikations-Nummer (MARV 4) | VAT-Nummer | Fund-Nummer |
|---|---|---|
| 134 | 20315 | |
| 135 | 20243 | |
| 136 | 20122 | |
| 137 | 20151 | |
| 138 | 18060 | |
| 139 | 15499 | T 169 l |
| 140 | 18090 | |
| 141 | 18198 | |
| 142 | 18200 | |
| 143 | 18067 | |
| 144 | 18008 | |
| 145 | 18108 | |
| 146 | 18091 | |
| 147 | 18196 | |
| 148 | 18140 | T 232 |
| 149 | 18156 | |
| 150 | 18164 | |
| 151 | 20328 | |
| 152 | 18107 k | |
| 153 | 15497 | T 169 g$^{?}$l$^{?}$ |
| 154 | 18167 | |
| 155 | 18007 b+18007 c+18007 d+18109 | |
| 156 | 18007 e | |
| 157 | 18007 g | |
| 158 | 18007 h | |
| 159 | 18007 i | |
| 160 | 18007 k+18007 l | |
| 161 | 18007 m | |
| 162 | 18109 b | |
| 163 | 18107$^{?}$ | |
| 164 | 18007 n | |
| 165 | 18009 a | |
| 166 | 18109 d | |
| 167 | 18109 c | |
| 168 | 18109 e | |
| 169 | 18109 g+h | |
| 170 | 18109 i | |
| 171 | 18007 f | |
| 172 | 18088 | |
| 173 | 21325 | |

# Konkordanz der Museumsnummern (VAT)

(enthält auch Tafeln aus KTN, die in früheren MARV-Bänden publiziert wurden)

| VAT-Nummer | Fund-Nummer | Publikations-Nummer (MARV) |
|---|---|---|
| 14429 | T 51c | 4,1 |
| 14430 | T 51 | 4,107 |
| 14431 | T 51a | 4,132 |
| 15422 | T 169b | 4,5 |
| 15425 | T 169g | 4,7 |
| 15433 | T 169 | 4,14 |
| 15434 | T 169 | 4,88 |
| 15435 | T 169 | 4,72 |
| 15436 | | 4,110 |
| 15438 | T 169 | 4,90 |
| 15441 | T 169a?c? | 4,11 |
| 15442 | T 169 | 4,16 |
| 15446 | T 169 | 4,101 |
| 15493 | T 169p | 4,8 |
| 15494 | T 169d | 4,6 |
| 15495 | T 169r | 4,9 |
| 15496 | T 169u | 4,84 |
| 15497 | T 169g¿l | 4,153 |
| 15498 | T 169c¿ | 4,25 |
| 15499 | T 169l | 4,139 |
| 15502 | T 236 | 4,24 |
| 15531 | T 169w | 4,117 |
| 15534 | T 169 | 4,3 |
| 15540 | T 169f¿ | 4,111 |
| 15542 | T 169 c¿ | 4,15 |
| 15543 | T 169 | 4,17 |
| 15544 | T 169 | 4,55 |
| 15547 | T 169 | 4,85 |
| 15548 | T 169 | 4,19 |
| 16451 | | 4,113 |
| 17999 | T 225 VIII | (1,)1 |
| 18000 | | (1,)9 + 3,17 |
| 18001 | | 2,20 |
| 18002 | | (1,)27 + 3,54 |
| 18004 | | (1,)5 |
| 18005 | | 4,78 |
| 18006 | | 4,76 |
| 18007+ | | 2,17 |
| 18008 | | 4,144 |

| VAT-Nummer | Fund-Nummer | Publikations-Nummer (MARV) |
|---|---|---|
| 18009 | | (1,)26 |
| 18012+ | | (1,)12[+4,172] |
| 18017 | | (1,)40 |
| 18018 | | 2,30 |
| 18039 | | 2,9 |
| 18058 | | 4,27 |
| 18060 | | 4,138 |
| 18067 | | 4,143 |
| 18068 | | 4,30 |
| 18069 | | 4,39 |
| 18073 | | 4,58 |
| 18076 | | 4,59 |
| 18087+ | | 2,6 |
| 18088+ | | 4,172[+(1,)12] |
| 18090 | | 4,140 |
| 18091 | | 4,146 |
| 18092 | | 4,45 |
| 18093 | | 4,97 |
| 18094 | | 4,31 |
| 18095 | | 4,41 |
| 18096 | o. Nr. PK 4 | 4,119 |
| 18097 | | 4,106 |
| 18098 | | 4,81 |
| 18099 | | 4,42 |
| 18100 | | 4,34 |
| 18101 | | 4,82 |
| 18102 | | 4,35 |
| 18103 | | 4,57 |
| 18104 | | 4,43 |
| 18105 | | 4,33 |
| 18106 | | 4,114 |
| 18108 | | 2,17 |
| 18137 | | 2,1 + 3,68 |
| 18138 | | 4,130 |
| 18139 | T 232 | 4,10 |
| 18140 | T 232 | 4,148 |
| 18141 | | 4,133 |
| 18142+ | | 4,89 |
| 18143 | | 4,124 |
| 18144 | | 4,127 |
| 18145 | T o. Nr. c | 4,120 |
| 18146 | T o. Nr. a | 4,13 |
| 18147 | T 51e | 4,20 |
| 18148 | T 51r | 4,2 |
| 18149 | T 189 | 4,32 |
| 18150+ | | 4,89 |
| 18151 | T 51d | 4,62 |
| 18153 | | 4,47 |
| 18154 | T 232 IX(?) | 4,98 |
| 18155 | | 4,77 |

| VAT-Nummer | Fund-Nummer | Publikations-Nummer (MARV) |
|---|---|---|
| 18156 | | 4,149 |
| 18158 | T 232 XI(?) | 4,95 |
| 18159 | | 4,103 |
| 18160 | | 4,69 |
| 18161+ | | 4,89 |
| 18164 | | 4,150 |
| 18165+ | | 4,89 |
| 18167 | | 4,152 |
| 18168 | | 4,22 |
| 18172 | | 4,50 |
| 18173 | | 4,67 |
| 18174 | | 4,63 |
| 18175 | | 4,93 |
| 18176 | | 4,64 |
| 18177 | | 4,4 |
| 18178 | | 4,48 |
| 18179 | | 4,40 |
| 18180 | | 4,104 |
| 18181 | | 4,112 |
| 18182 | | 4,75 |
| 18183 | | 4,28 |
| 18185 | | 4,66 |
| 18186 | | 4,56 |
| 18189 | | 4,96 |
| 18190+ | | 4,65 |
| 18191 | | 4,92 |
| 18192 | | 4,23 |
| 18194 | | 4,99 |
| 18195 | | 4,100 |
| 18196 | | 4,147 |
| 18197 | | 4,94 |
| 18198 | | 4,141 |
| 18199 | | 4,21 |
| 18200 | | 4,142 |
| 18201 | | 4,68 |
| 19160 | | 4,12 |
| 19161 | | 4,126 |
| 19163 | | 4,131 |
| 19203+ | | 4,65 |
| 19579 | T 314 | 4,44 |
| 19580 | T 380a | 4,49 |
| 19581 | T 363 | 4,128 |
| 20079 | | 4,36 |
| 20080 | | 4,73 |
| 20083 | | 4,83 |
| 20084 | | 4,122 |
| 20091 | | 4,86 |
| 20110 | | 4,60 |
| 20114 | | 4,38 |
| 20122 | | 4,136 |

| VAT-Nummer | Fund-Nummer | Publikations-Nummer (MARV) |
|---|---|---|
| 20123 | | 4,109 |
| 20124 | | 4,79 |
| 20128 | | 4,129 |
| 20129 | | 4,80 |
| 20131 | | 4,121 |
| 20146 | | 4,108 |
| 20151 | | 4,137 |
| 20153 | | 4,53 |
| 20155 | | 4,51 |
| 20158 | | 4,71 |
| 20164 | | 4,26 |
| 20206 | | 4,118 |
| 20225 | | 4,54 |
| 20229 | | 4,123 |
| 20233 | | 4,116 |
| 20236 | | 4,46 |
| 20237 | | 4,91 |
| 20240+ | | 4,18 |
| 20243 | | 4,135 |
| 20253 | | 4,52 |
| 20275 | | 4,105 |
| 20310 | | 4,61 |
| 20312+ | | 4,102 |
| 20313 | | 4,115 |
| 20314 | | 4,76 |
| 20315 | | 4,134 |
| 20318+ | | 4,102 |
| 20319 | | 4,37 |
| 20322 | | 4,70 |
| 20323 | | 4,29 |
| 20324+ | | 4,18 |
| 20328 | | 4,151 |
| 20630 | | 4,125 |
| 20743 | | 4,87 |
| 21325 | | 4,173 |

## Konkordanz der Fundnummern (Tulūl al-ʻAqir [T])

| Fund-Nummer | VAT-Nummer | Assur-Photo-Nr. | Publikations-Nummer (MARV 4) |
|---|---|---|---|
| T 51 a | 14431 | S. 6846 u. S. 6955 | 132 |
| T 51 b | 14430 | S. 6846 u. S. 6955 | 107 |
| T 51 c | 14429 | S. 6846 u. S. 6955 | 1 |
| T 51 d | 18151 | S. 6846 u. S. 6955 | 62 |
| T 51 e | 18147 | S. 6845 u. S. 6955 | 20 |
| T 51 f | 18148 | S. 6846 u. S. 6955 | 2 |
| T 169 b | 15422 | | 5 |
| T 169 c? | 15498 | | 25 |
| T 169 c? | 15542 | | 15 |
| T 169 d | 15494 | | 6 |
| T 169 f? | 15540 | | 111 |
| T 169 g | 15425 | | 7 |
| T 169 l | 15499 | | 139 |
| T 169 p | 15493 | | 8 |
| T 169 r | 15495 | | 9 |
| T 169 u | 15496 | | 84 |
| T 169 w | 15531 | | 117 |
| T 169 a?c? | 15441 | | 11 |
| T 169 g?l? | 15497 | | 153 |
| T 169 | 15433 | | 14 |
| T 169 | 15434 | | 88 |
| T 169 | 15435 | | 72 |
| T 169 | 15438 | | 90 |
| T 169 | 15442 | | 16 |
| T 169 | 15446 | | 101 |
| T 169 | 15534 | | 3 |
| T 169 | 15543 | | 17 |
| T 169 | 15544 | | 55 |
| T 169 | 15547 | | 85 |
| T 169 | 15548 | | 19 |
| T 189 | 18149 | S. 6955 | 32 |
| T 232 IX(?) | 18154 | | 98 |
| T 232 XI(?) | 18158 | | 95 |
| T 232 | 18139 | | 10 |
| T 232 | 18140 | | 148 |
| T 236 | 15502 | | 24 |
| T 314 | 19579 | S. 7024 | 44 |
| T 363 | 19581 | | 128 |
| T 380 a | 19580 | S. 7024 | 49 |
| T o. Nr. a | 18146 | | 13 |
| T o. Nr. c | 18145 | | 120 |
| o. Nr. PK 4 (?) | 18096 | | 119 |

TAFELN

# 1

VAT 14429 8,7 x 6,1

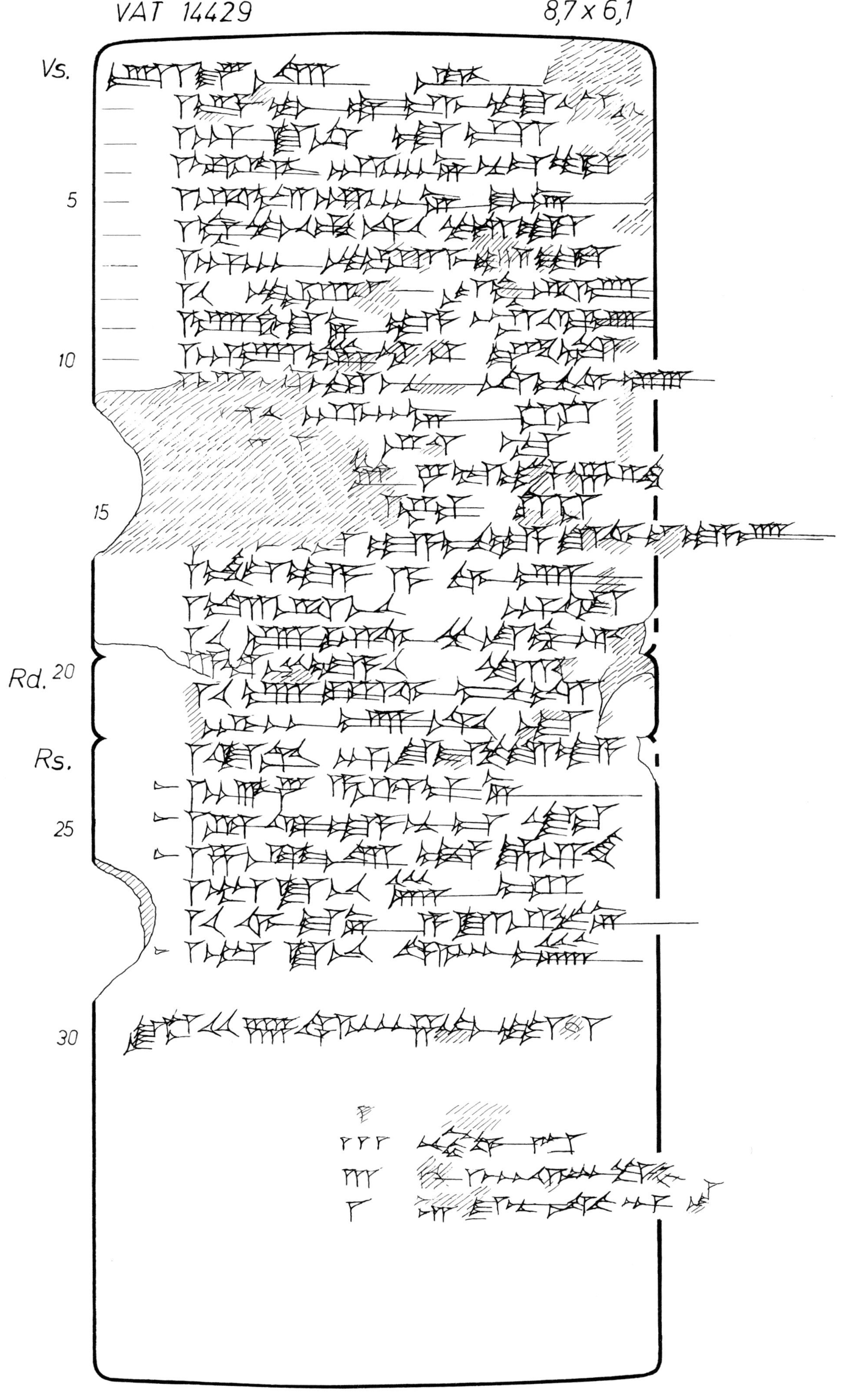

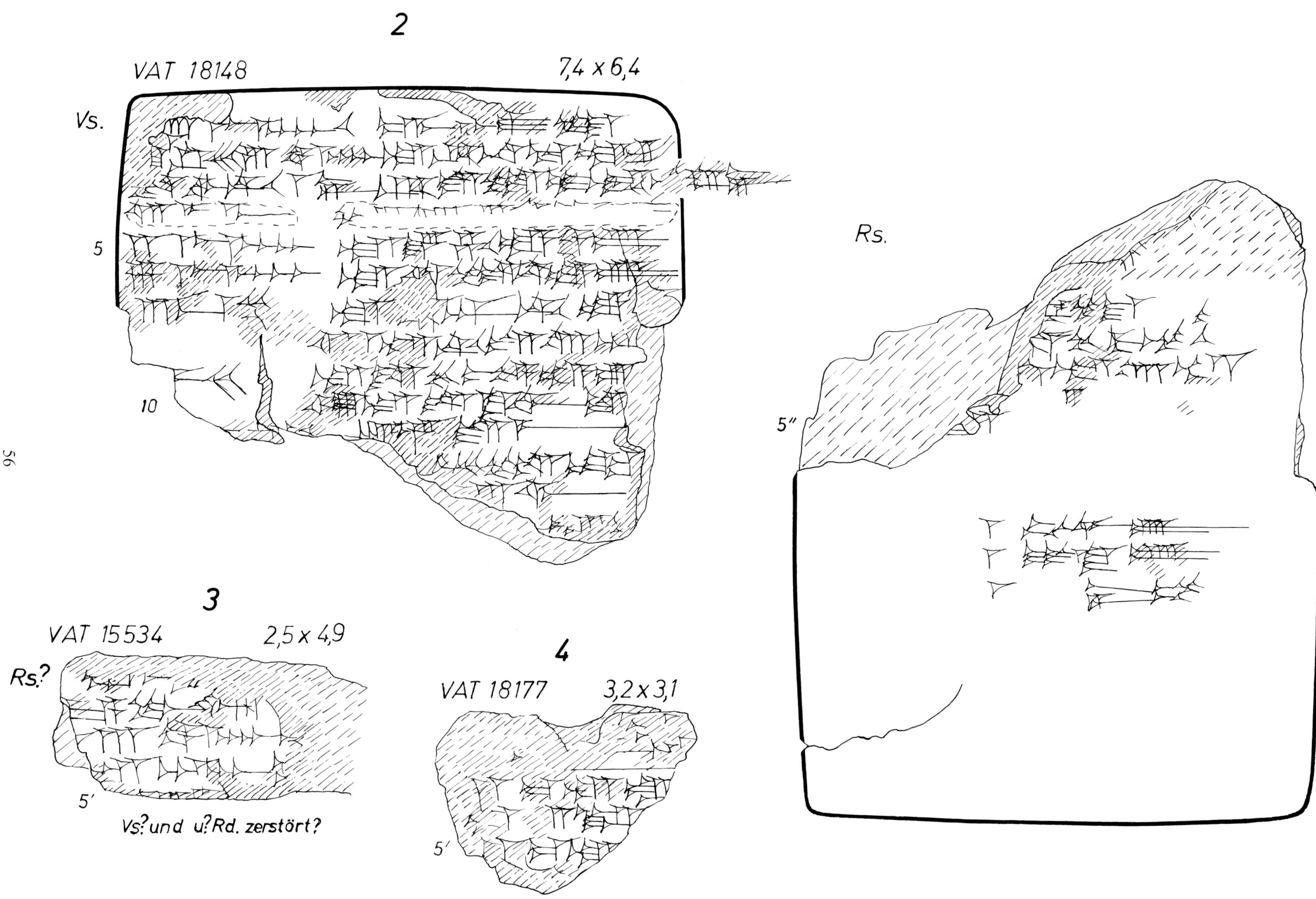
2
VAT 18148
7,4 x 6,4
Vs.
5
10
Rs.
5″
3
VAT 15534
2,5 x 4,9
Rs.?
5′
Vs.? und u.? Rd. zerstört?
4
VAT 18177
3,2 x 3,1
5′

# 5

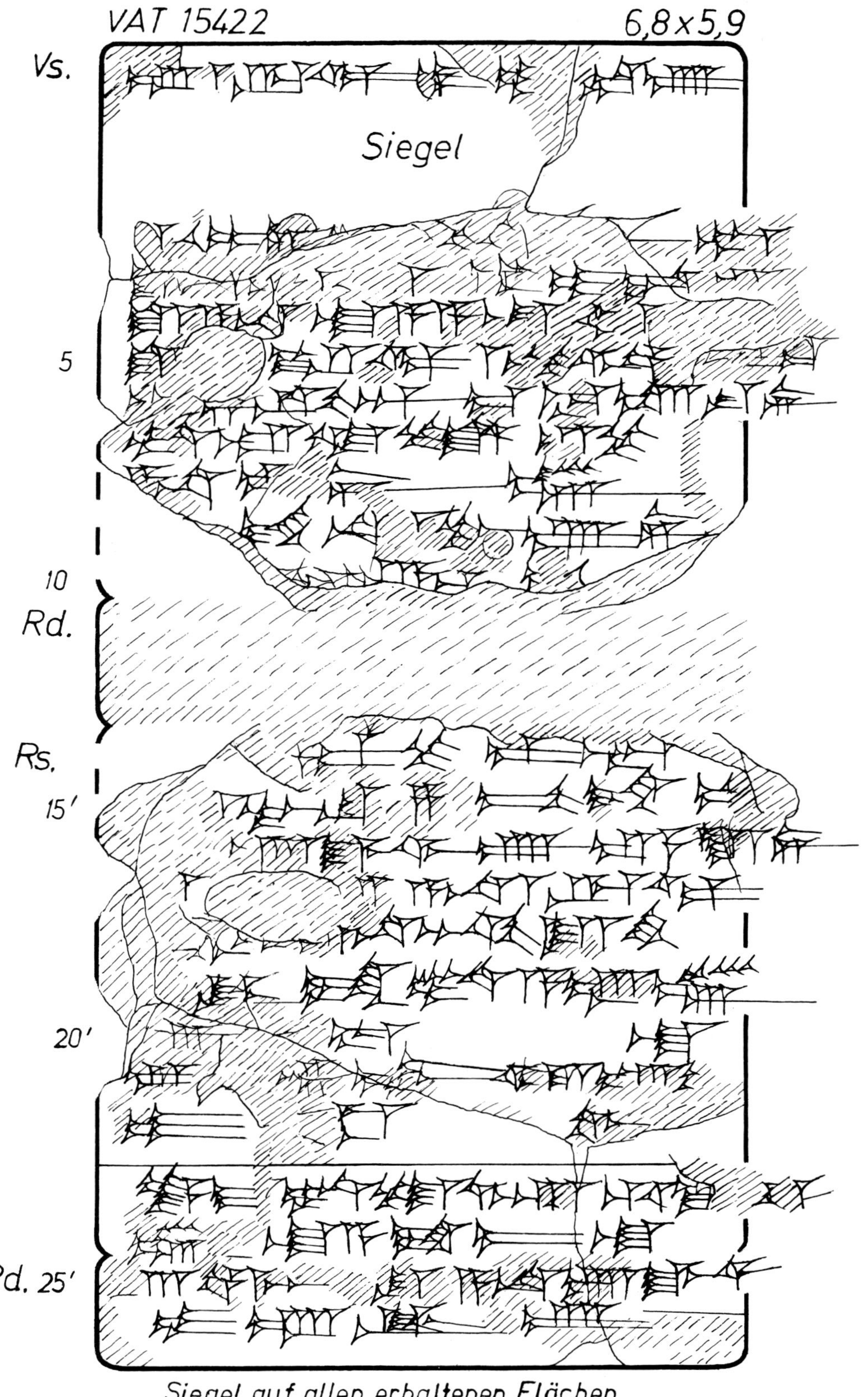


Siegel auf allen erhaltenen Flächen

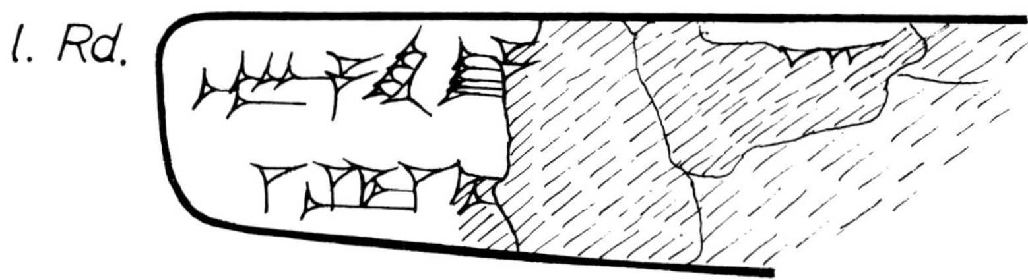

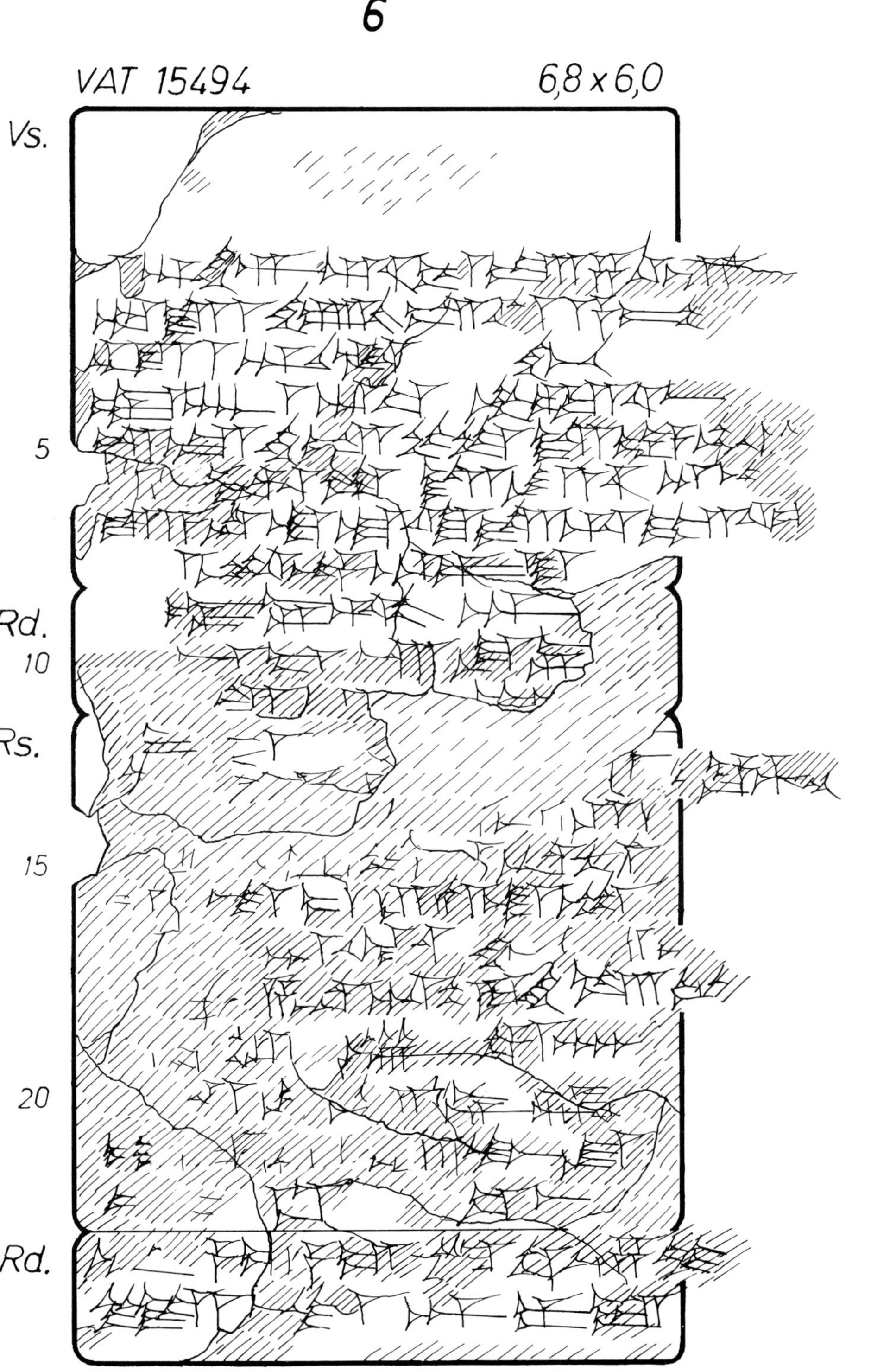
6
VAT 15494
6,8 x 6,0
Vs.
5
Rd.
10
Rs.
15
20
Rd.

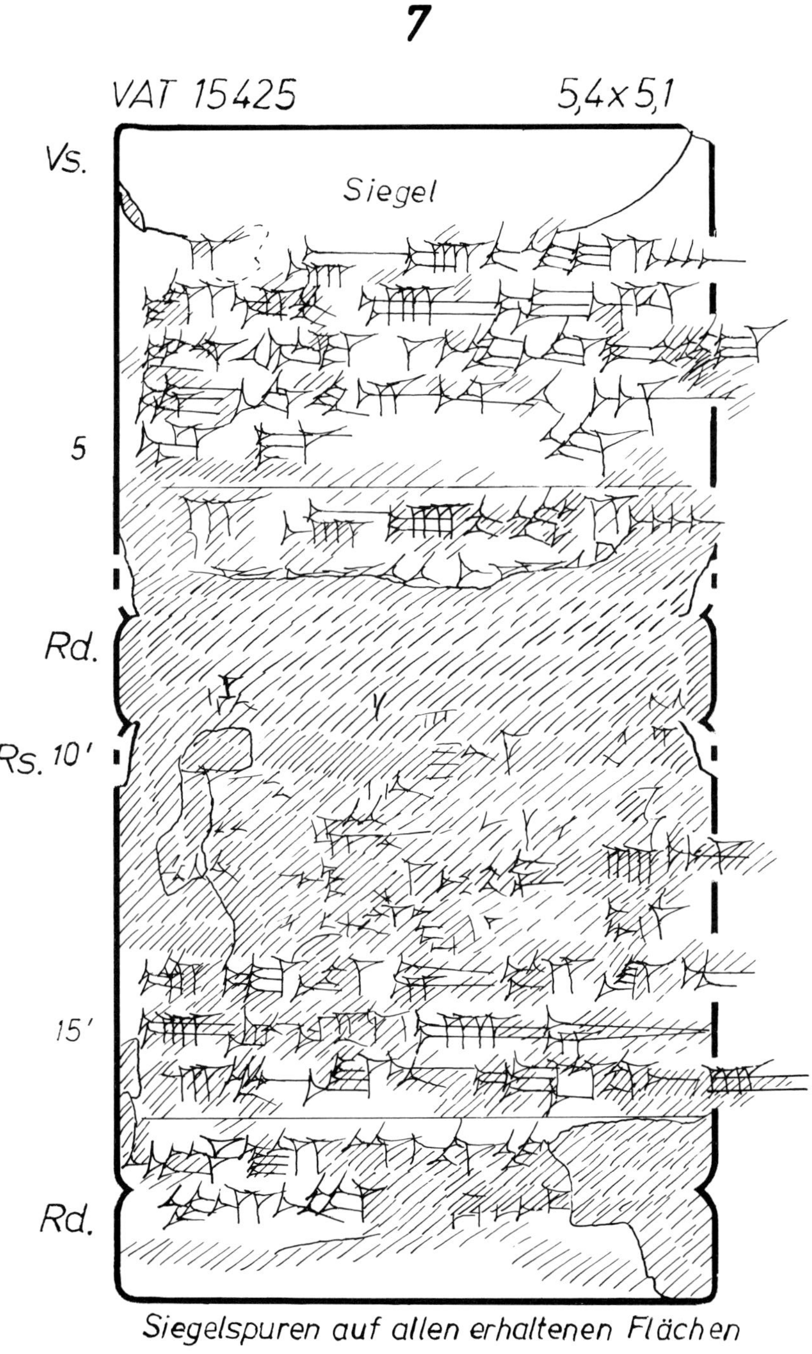
7
VAT 15425
5,4 x 5,1
Vs.
Siegel
5
Rd.
Rs. 10'
15'
Rd.
Siegelspuren auf allen erhaltenen Flächen

# 8

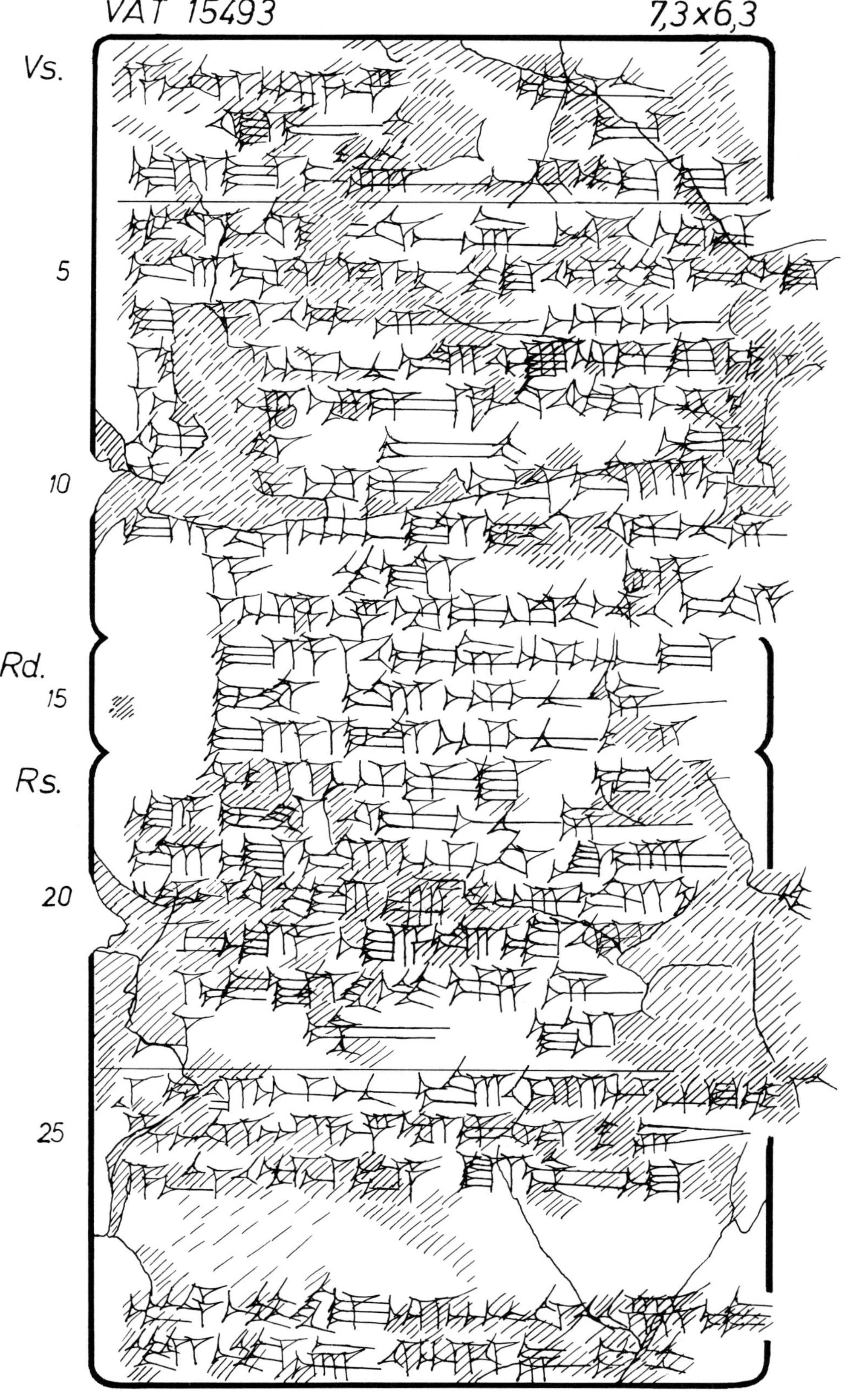

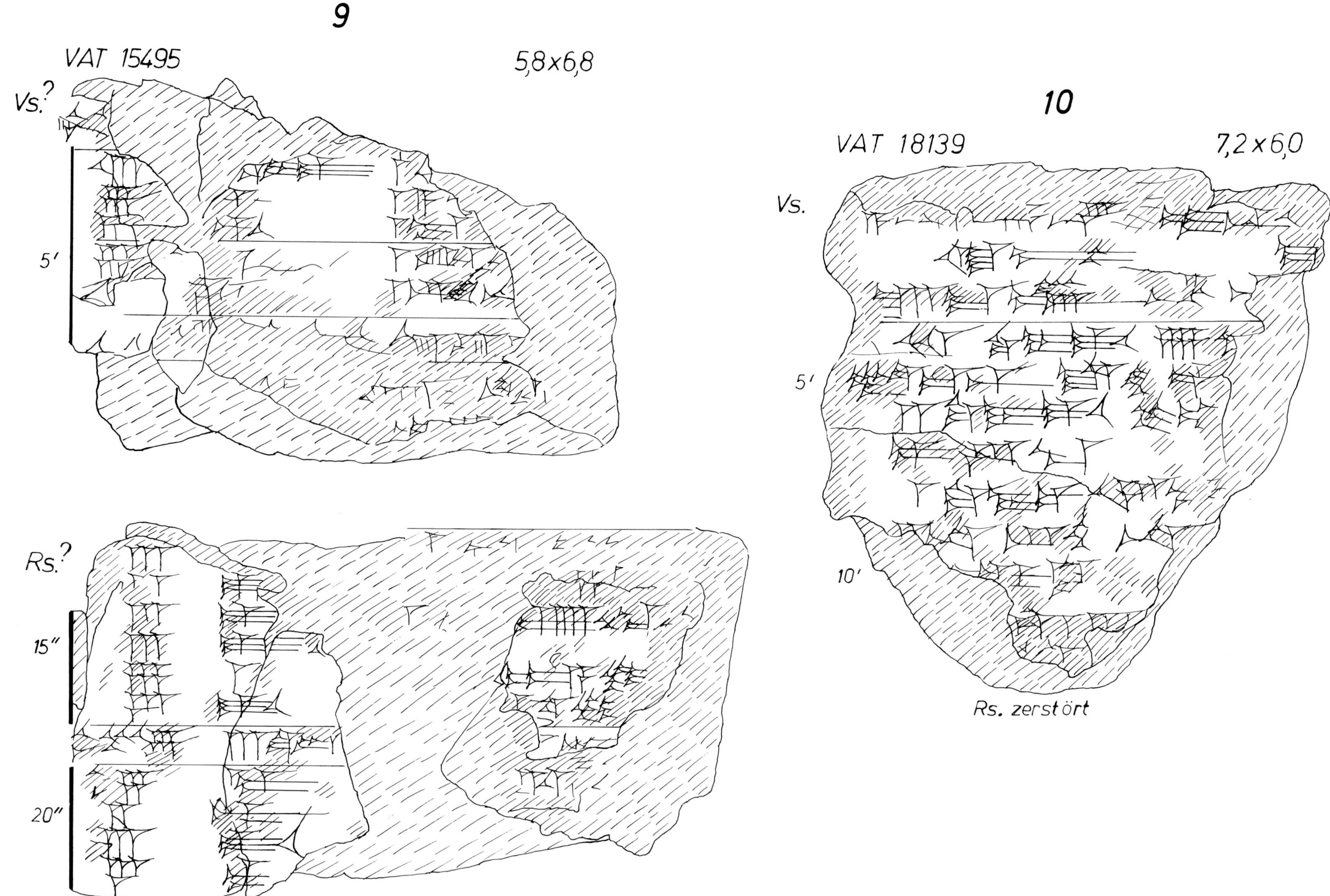
9
VAT 15495
5,8x6,8
Vs.?
5'
Rs.?
15''
20''
10
VAT 18139
7,2x6,0
Vs.
5'
10'
Rs. zerstört

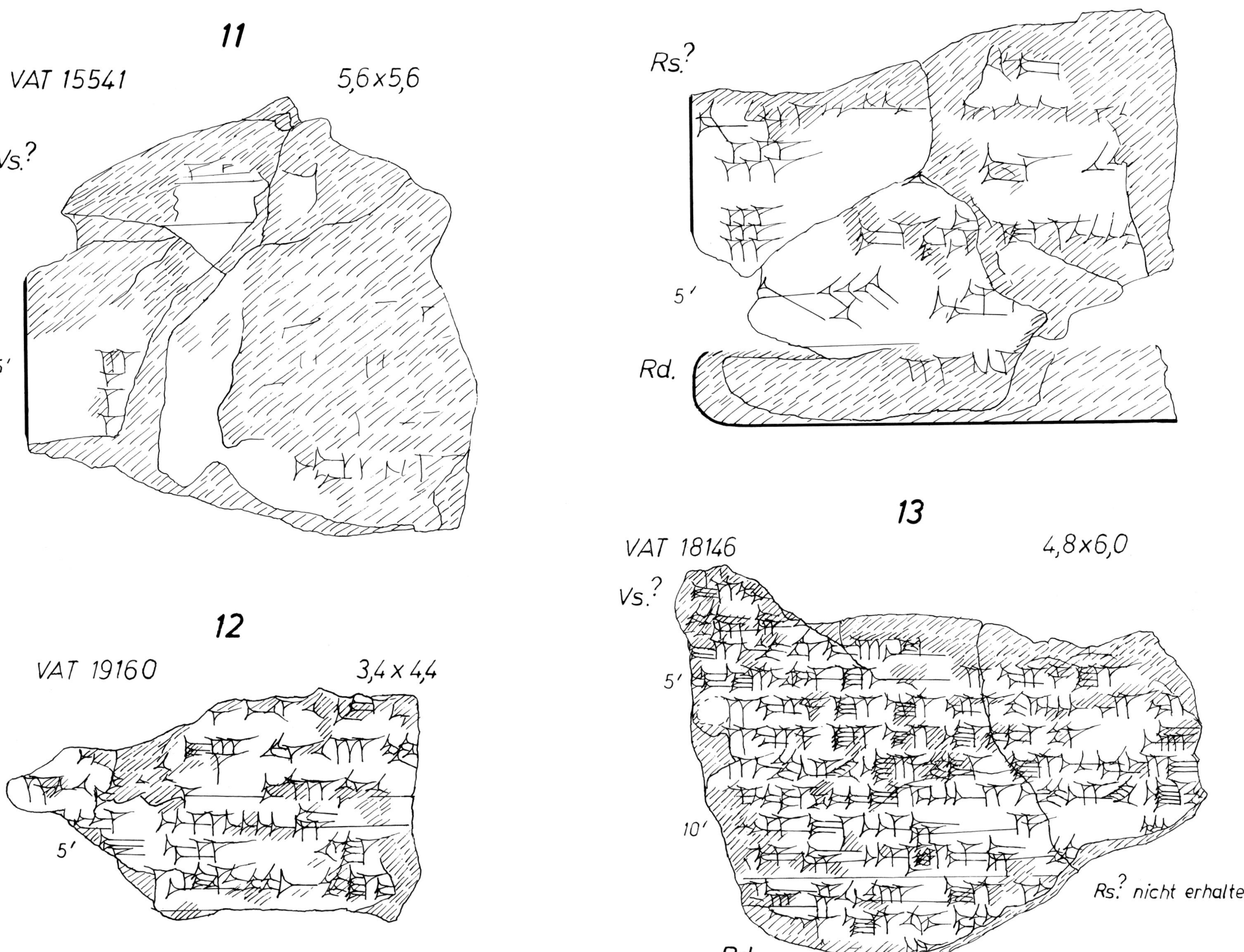
11
VAT 15541
5,6x5,6
Vs.?
5'
Rs.?
5'
Rd.
12
VAT 19160
3,4 x 4,4
5'
13
VAT 18146
4,8x6,0
Vs.?
5'
10'
Rs.? nicht erhalten
Rd.

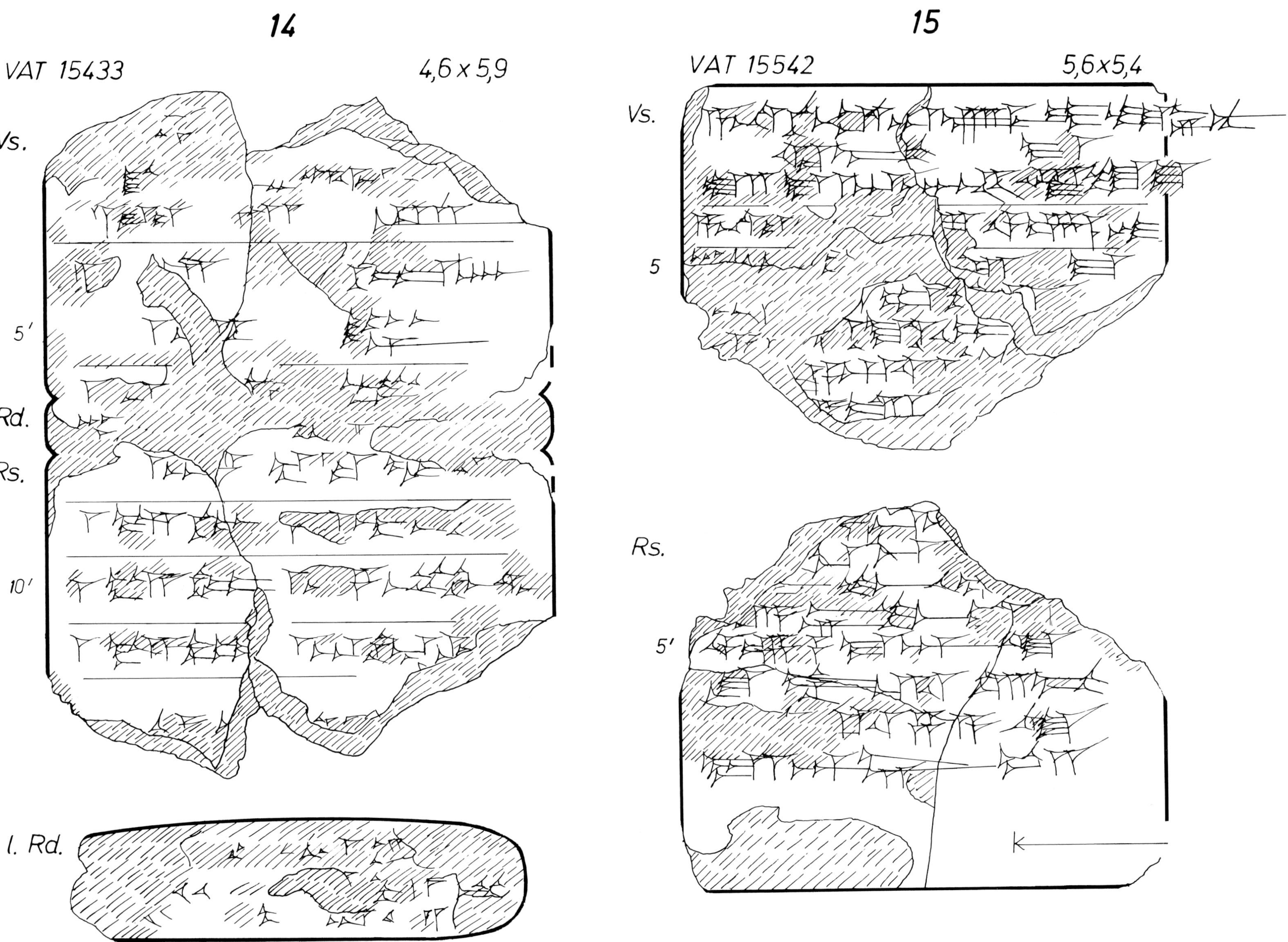
14
VAT 15433
4,6 x 5,9
Vs.
5'
Rd.
Rs.
10'
l. Rd.
15
VAT 15542
5,6x5,4
Vs.
5
Rs.
5'

# 16

VAT 15442 7,8 x 8,6

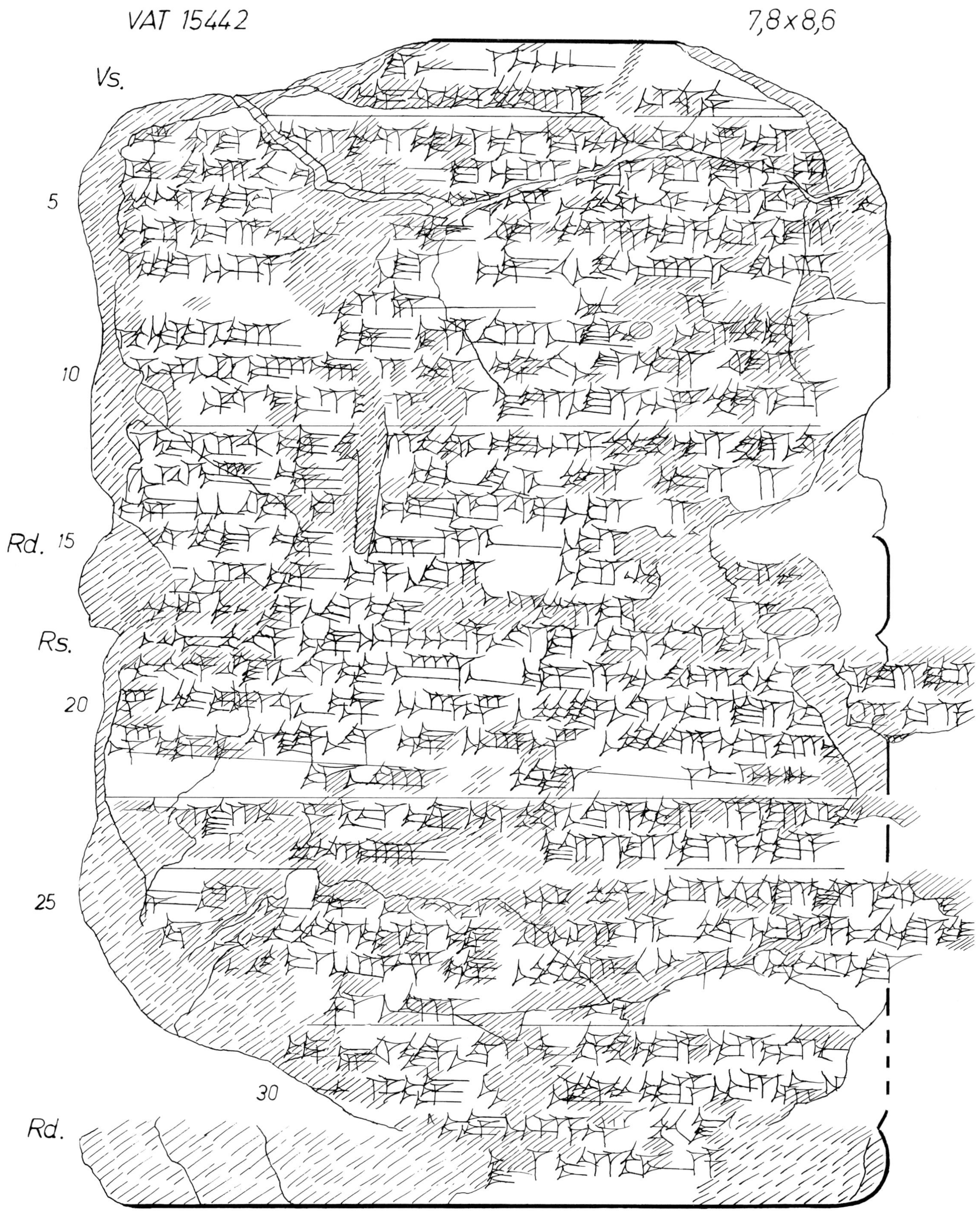


Siegel auf allen Flächen

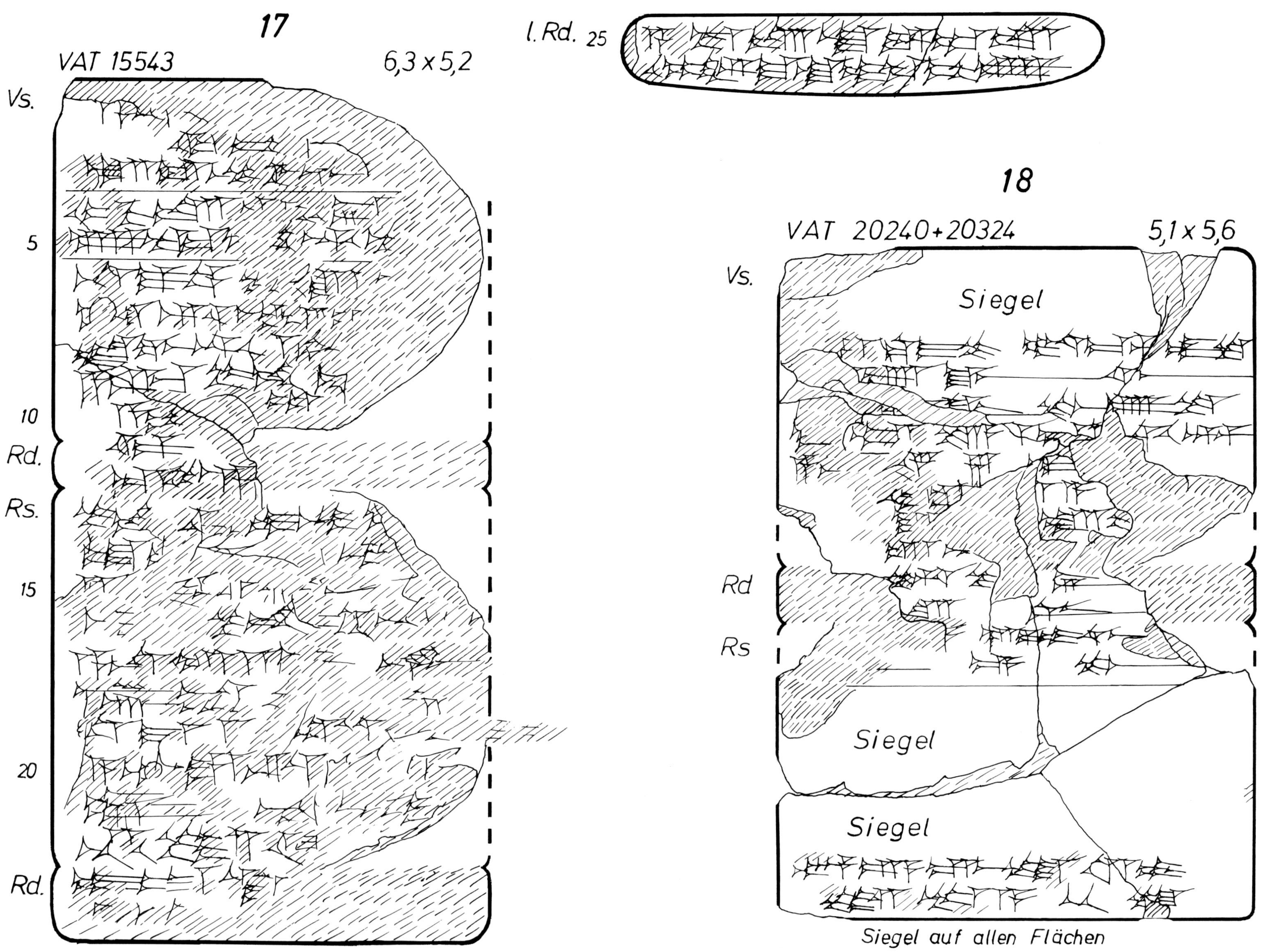
17
VAT 15543
6,3 x 5,2
Vs.
5
10
Rd.
Rs.
15
20
Rd.
l. Rd. 25
18
VAT 20240+20324
5,1 x 5,6
Vs.
Siegel
Rd
Rs
Siegel
Siegel
Siegel auf allen Flächen

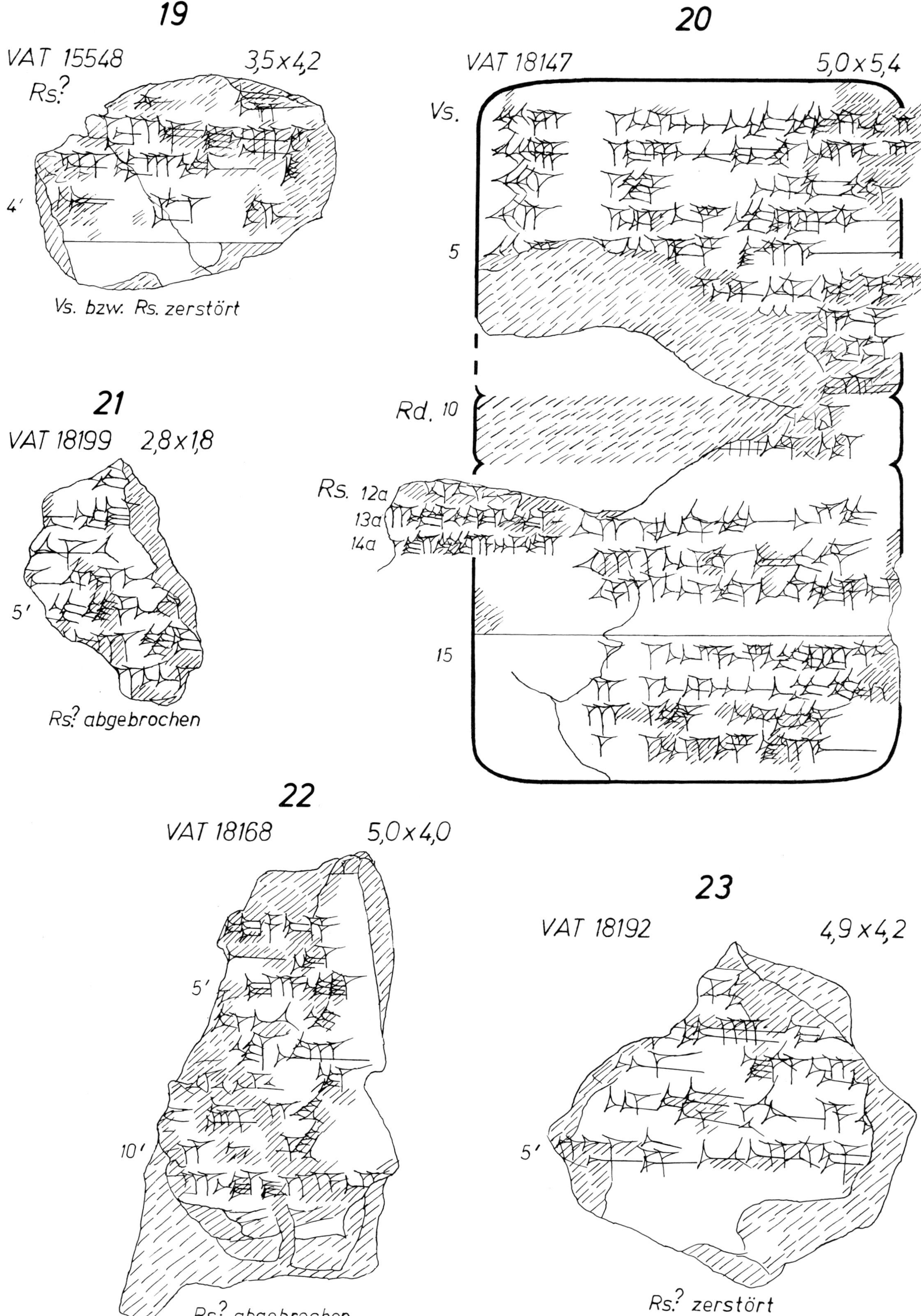
19
VAT 15548
3,5x4,2
Rs.?
4'
Vs. bzw. Rs. zerstört
20
VAT 18147
5,0x5,4
Vs.
5
Rd. 10
Rs. 12a
13a
14a
15
21
VAT 18199
2,8x1,8
5'
Rs.? abgebrochen
22
VAT 18168
5,0x4,0
5'
10'
Rs.? abgebrochen
23
VAT 18192
4,9x4,2
5'
Rs.? zerstört

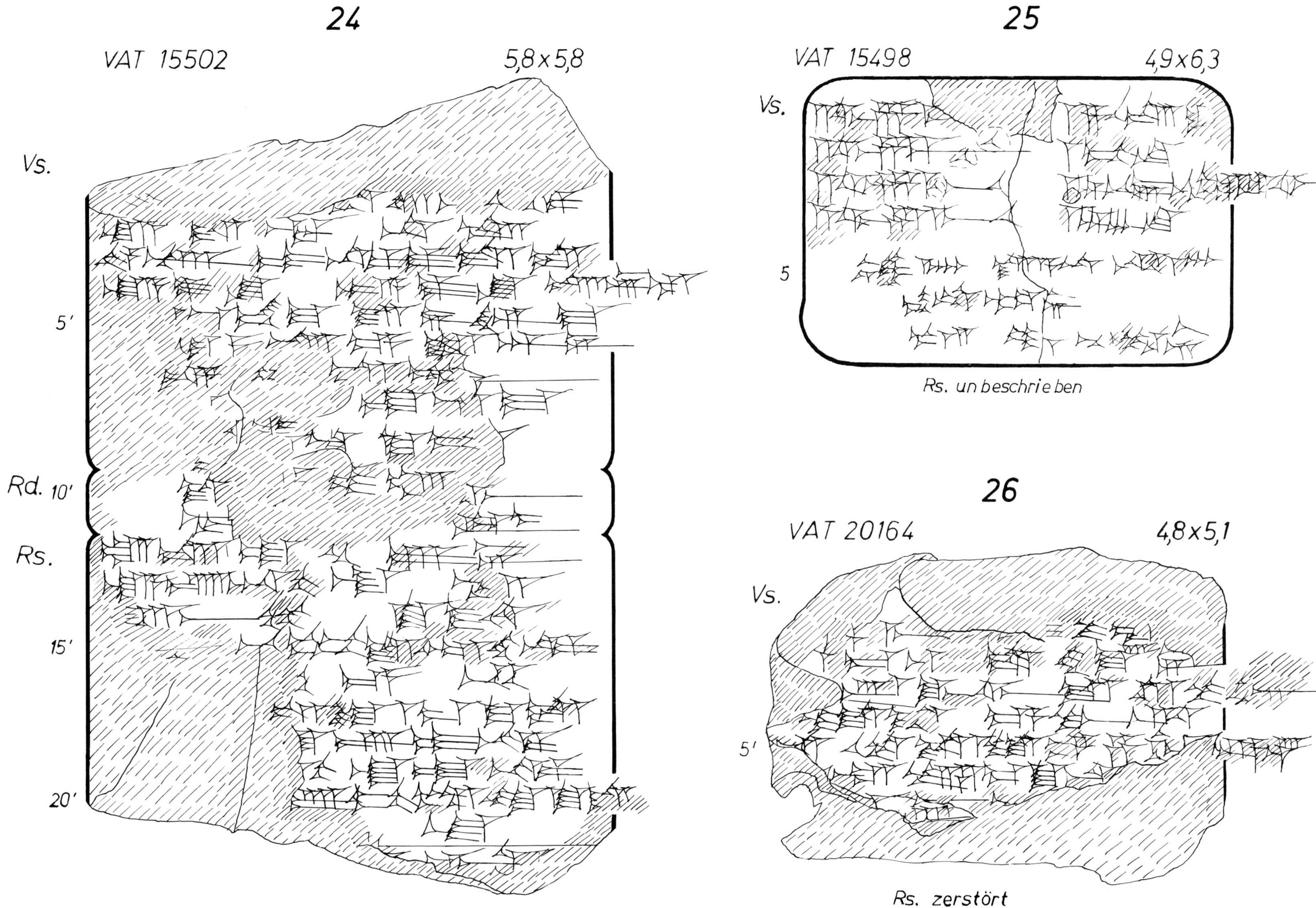
24
VAT 15502
5,8x5,8
Vs.
5'
Rd. 10'
Rs.
15'
20'
25
VAT 15498
4,9x6,3
Vs.
5
Rs. unbeschrieben
26
VAT 20164
4,8x5,1
Vs.
5'
Rs. zerstört

# 27

VAT 18058 7,6 x 8,7

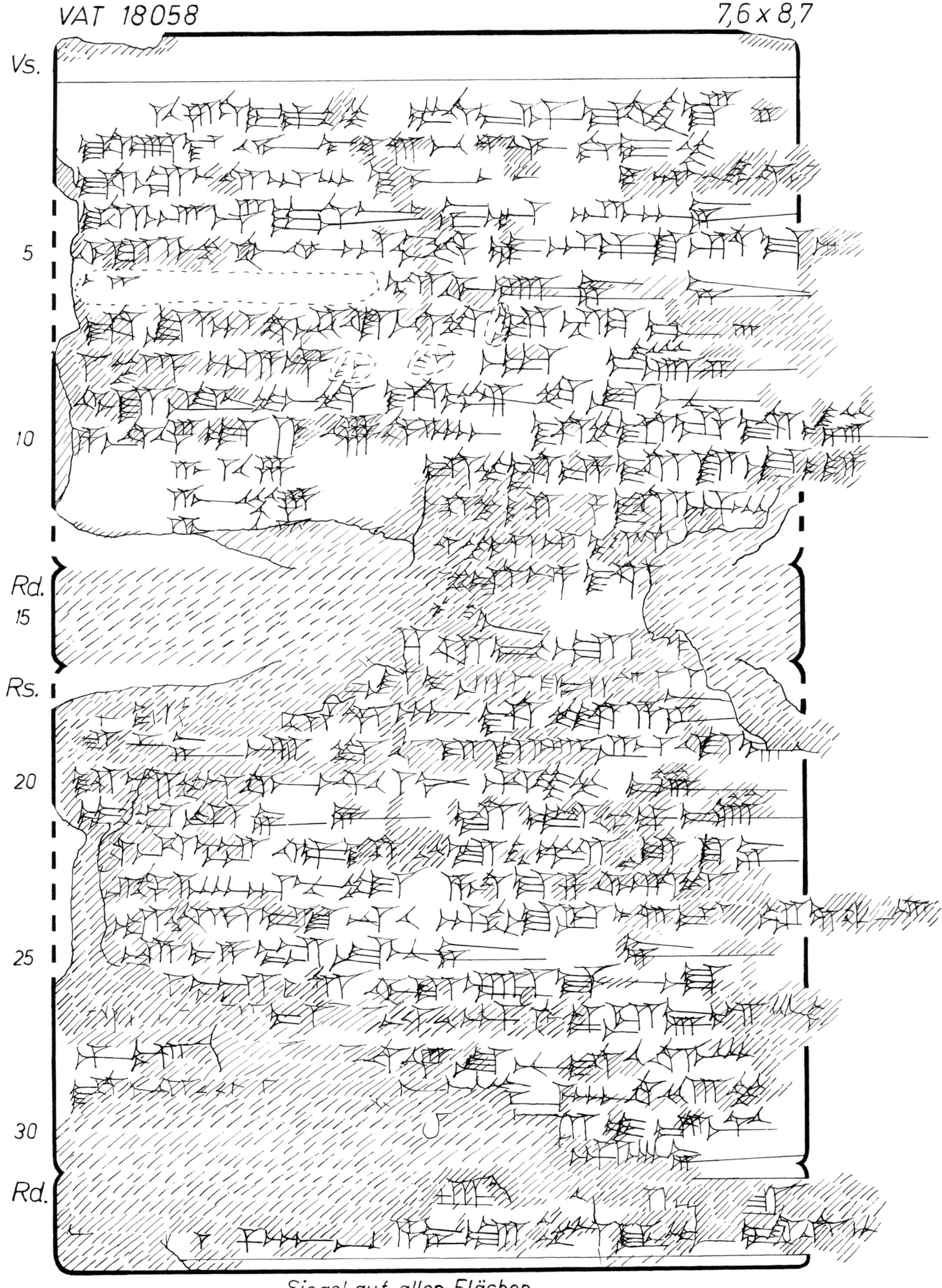


Siegel auf allen Flächen

l. Rd. s. nächstes Blatt

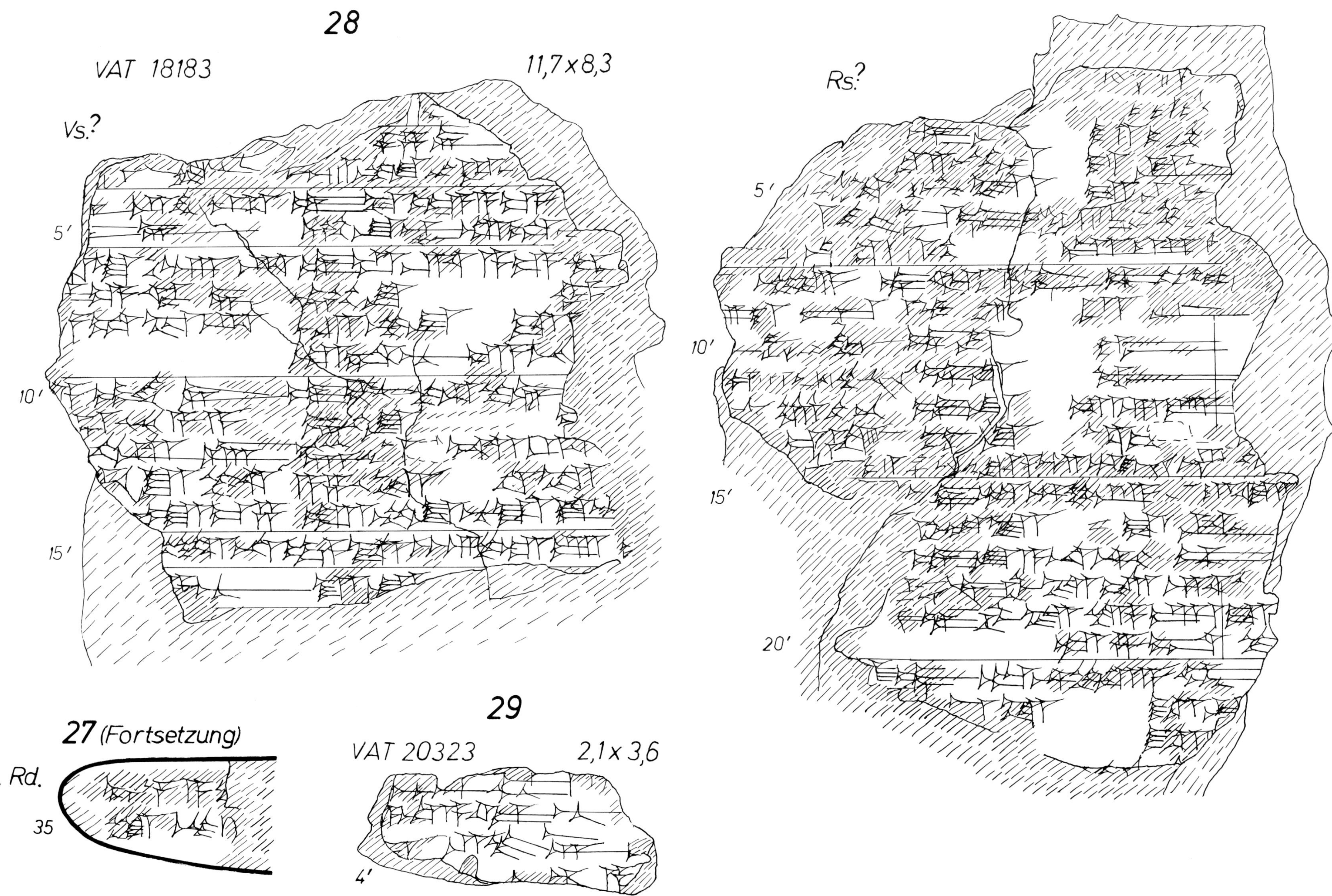
28
VAT 18183
11,7 x 8,3
Vs.?
Rs.?
27 (Fortsetzung)
l. Rd.
29
VAT 20323
2,1 x 3,6

# 30

VAT 18068 7,4x7,8

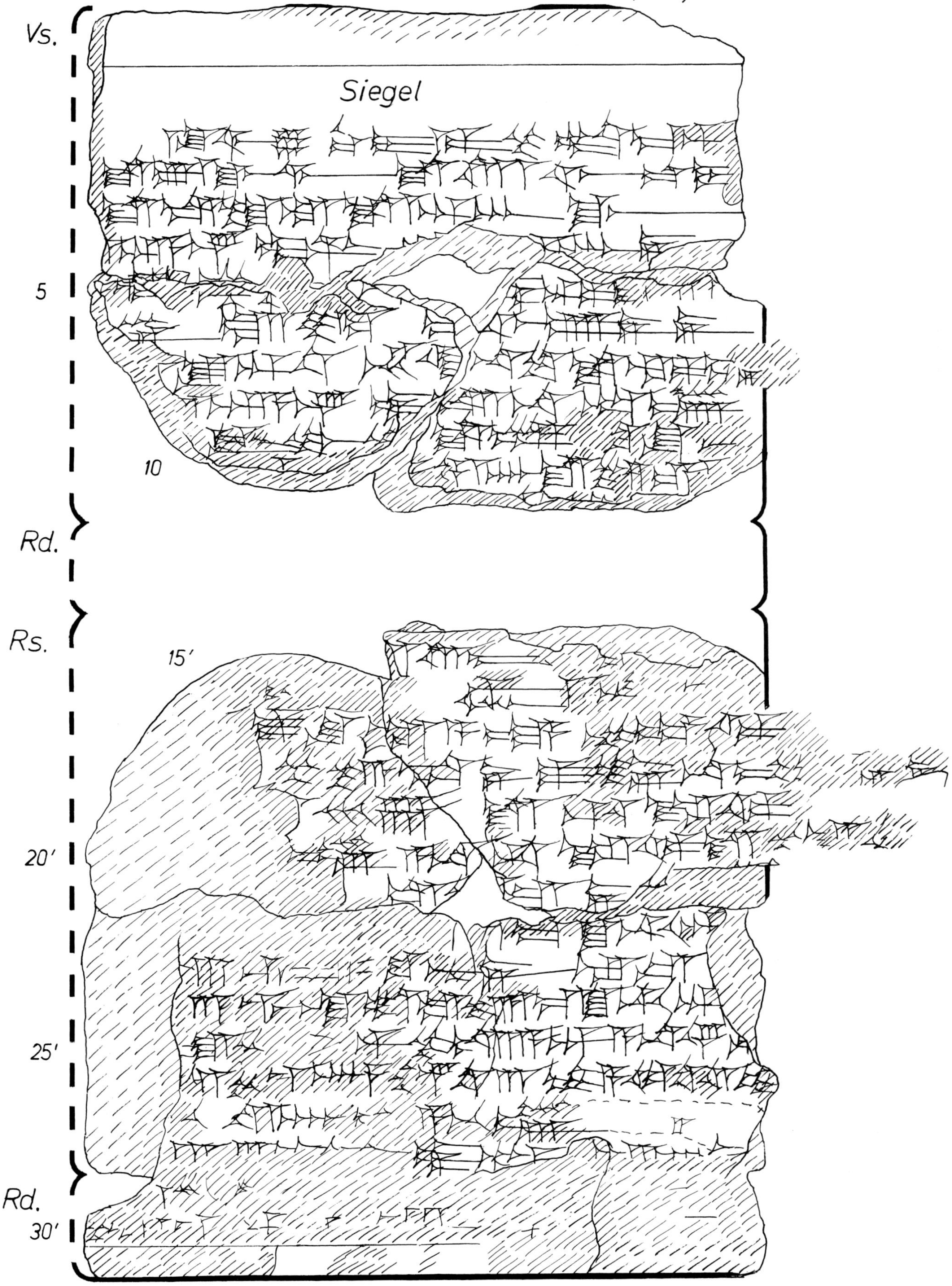

Vs.

Siegel

Rd.

Rs.

Rd.

Siegel auf allen erhaltenen Flächen

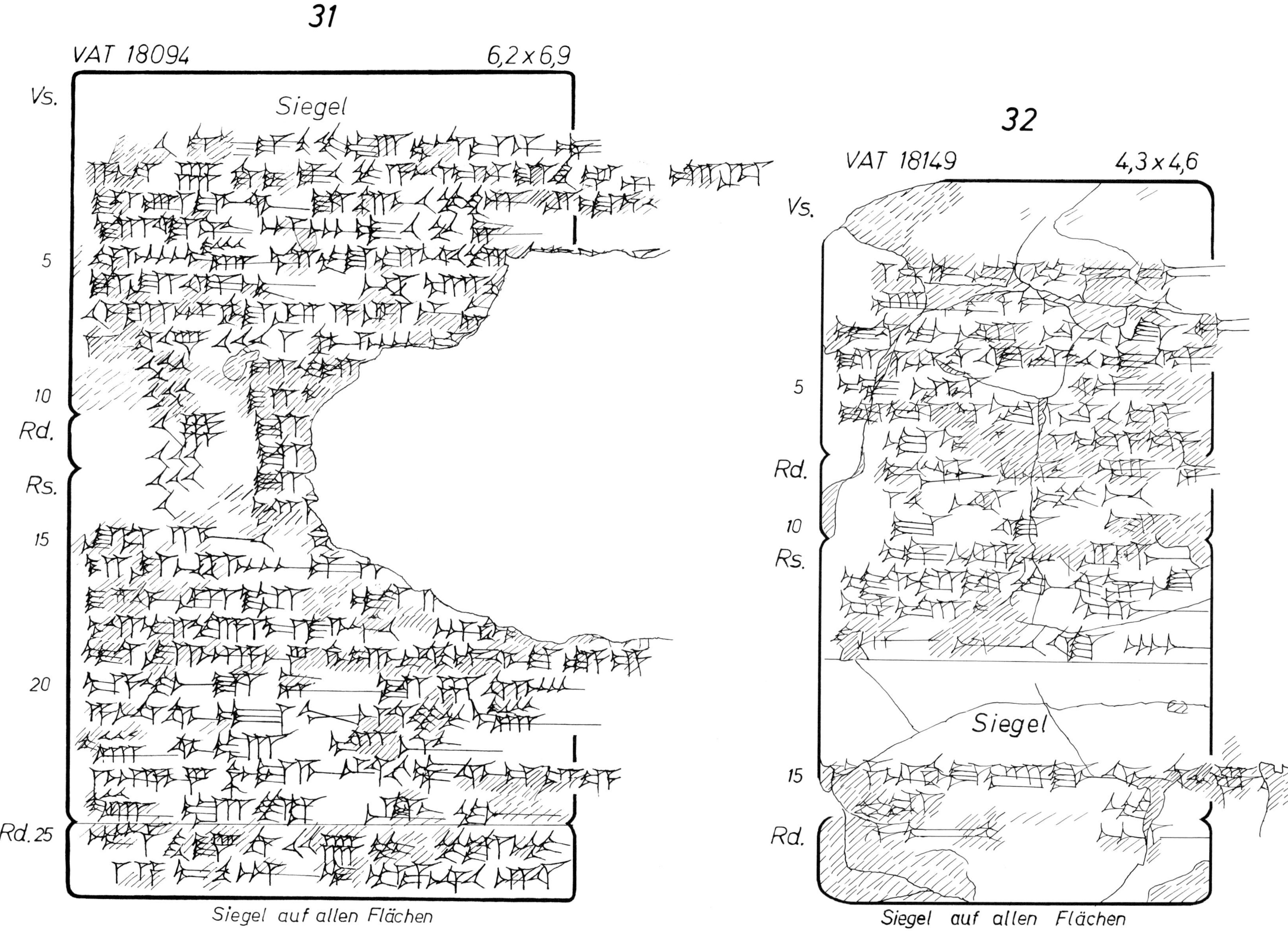
31
VAT 18094
6,2 x 6,9
Vs.
Siegel
Rd.
Rs.
Rd. 25
Siegel auf allen Flächen
32
VAT 18149
4,3 x 4,6
Vs.
Rd.
Rs.
Siegel
Rd.
Siegel auf allen Flächen

## 33

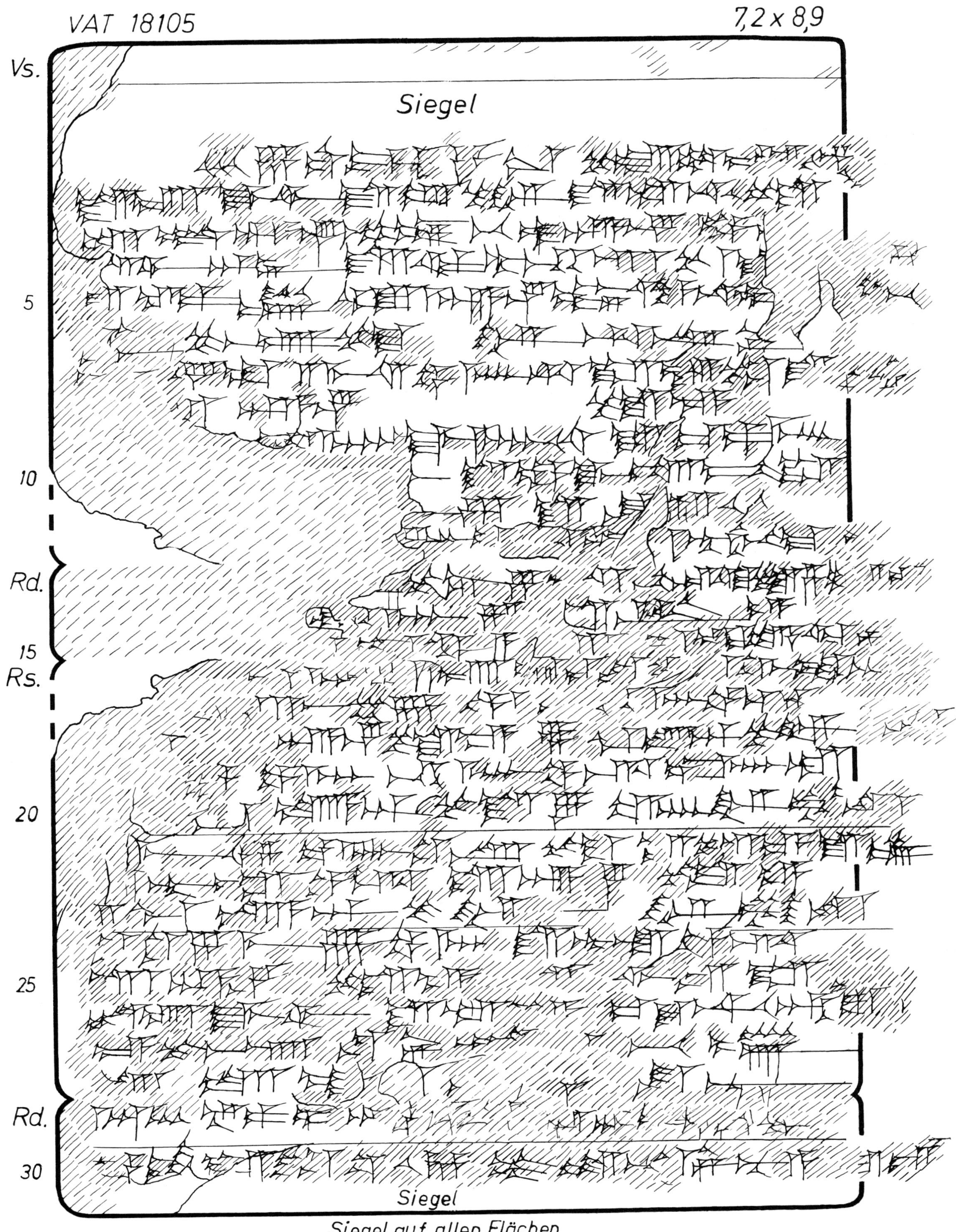


Siegel auf allen Flächen

## 34

VAT 18100 5,9x6,3

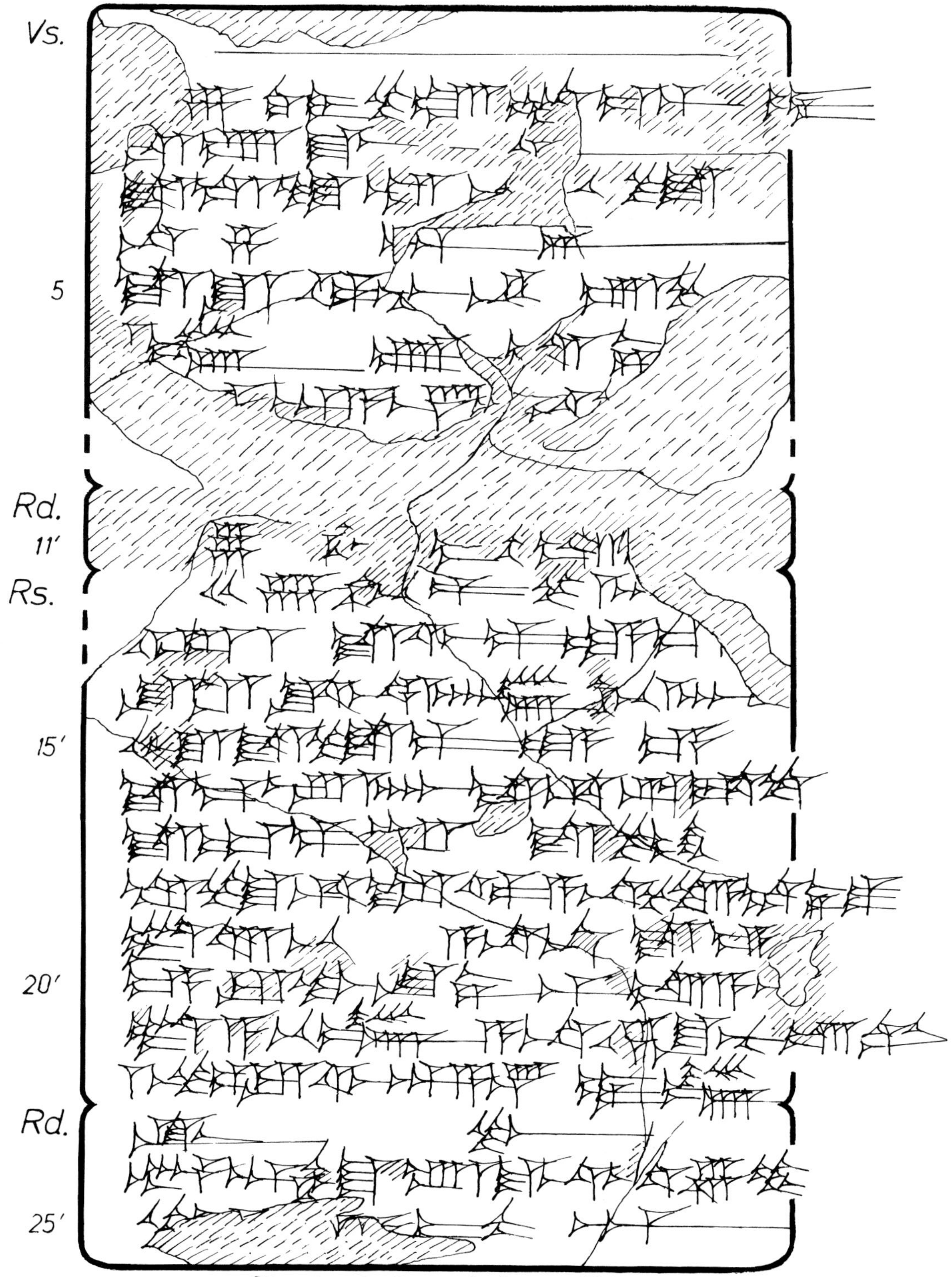

Vs.

Rd.

11′

Rs.

Rd.

Siegel auf allen erhaltenen Flächen

## 35

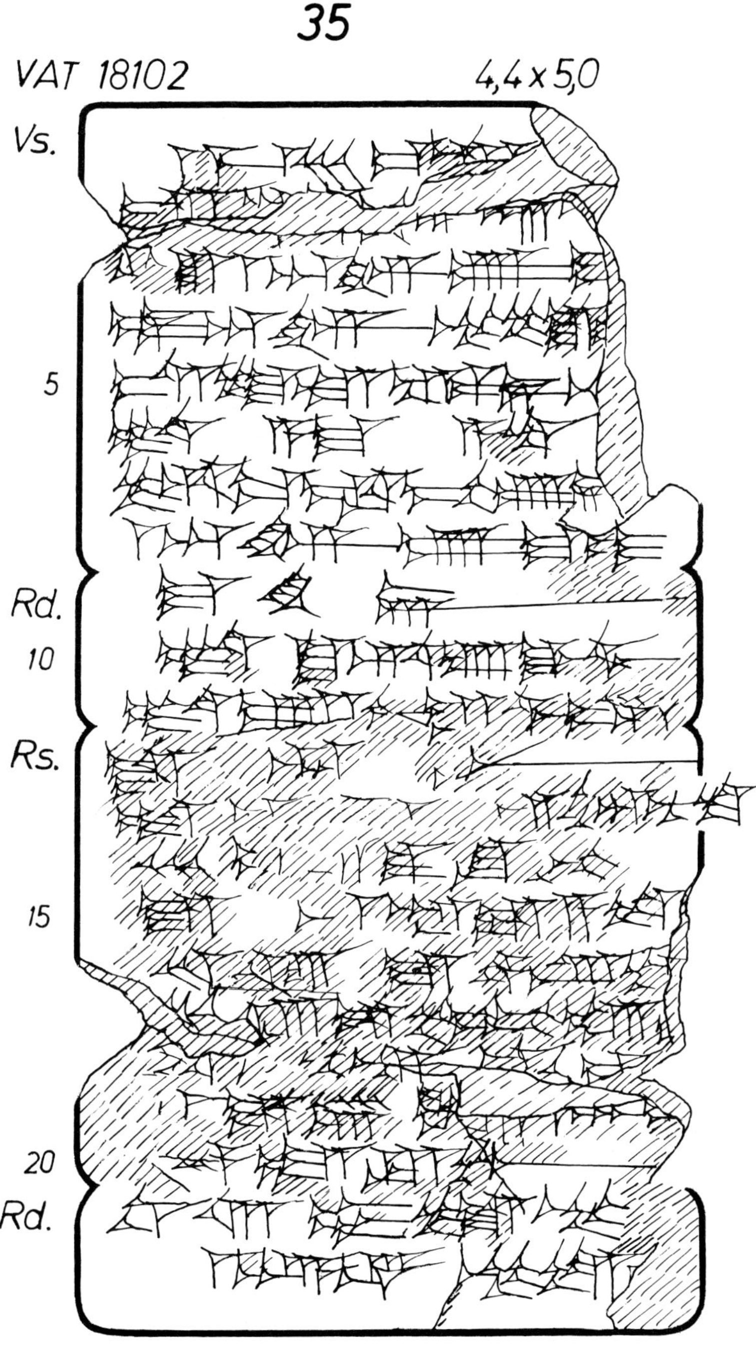

## 36

VAT 20079 5,6x3,8

Vs.

Rs.

Rd.

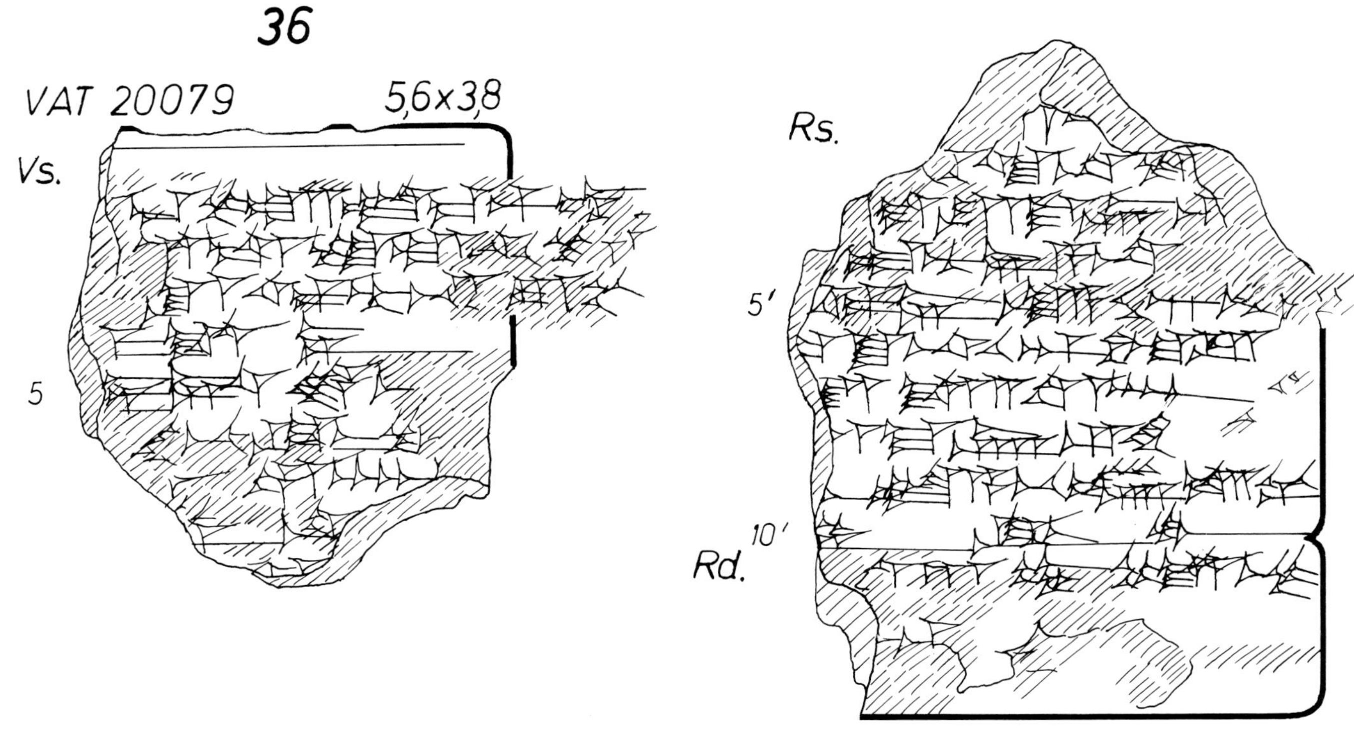

## 37

VAT 20319 5,5x5,2

Vs.

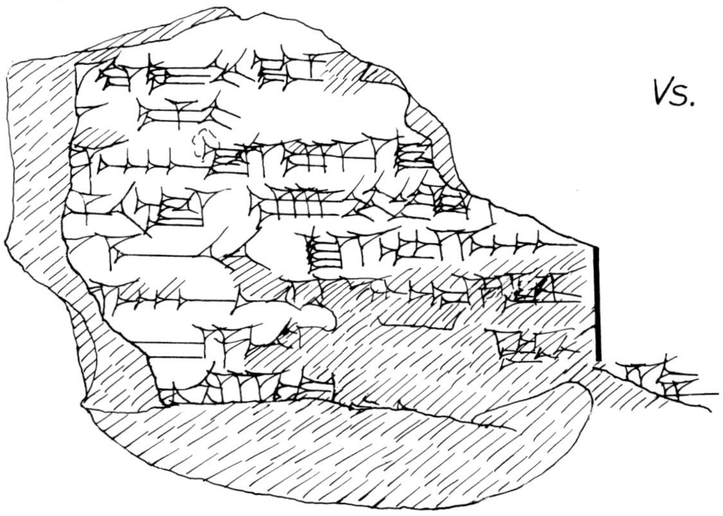

Rs.

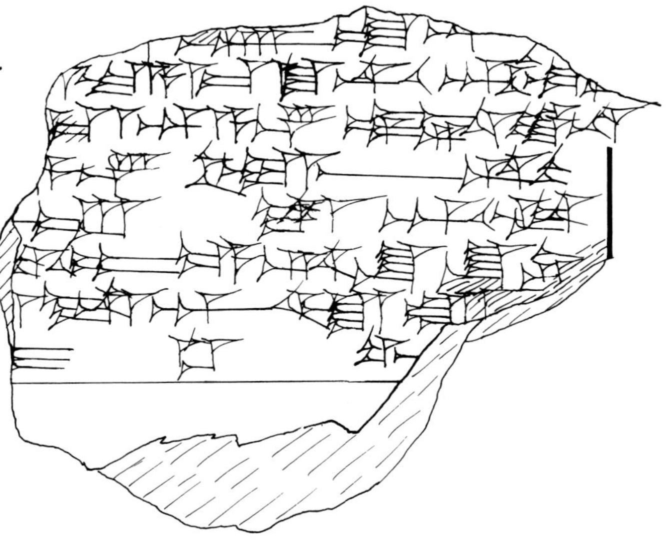

## 38

VAT 20114 3,9x4,8

Vs.

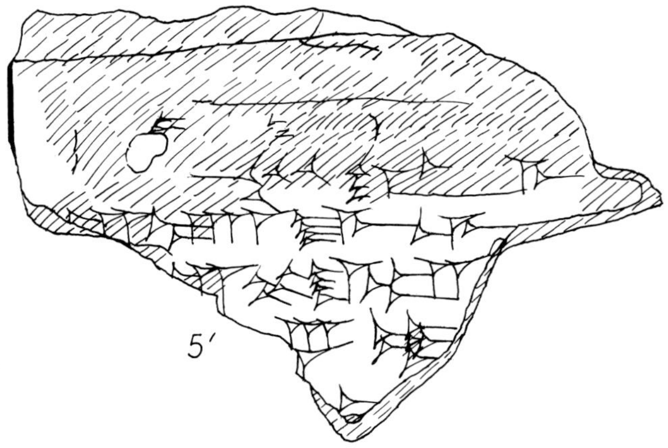

Rs.

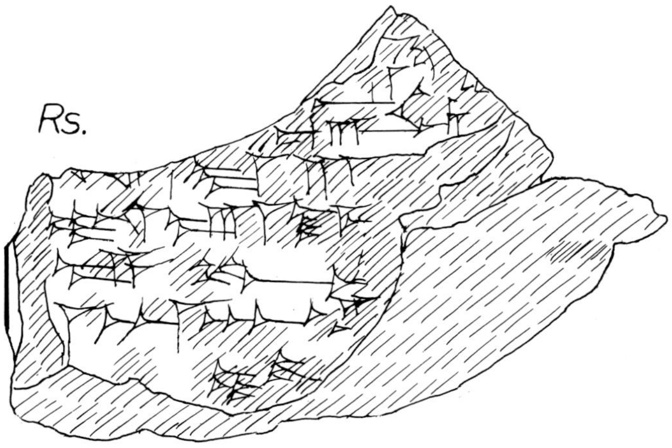

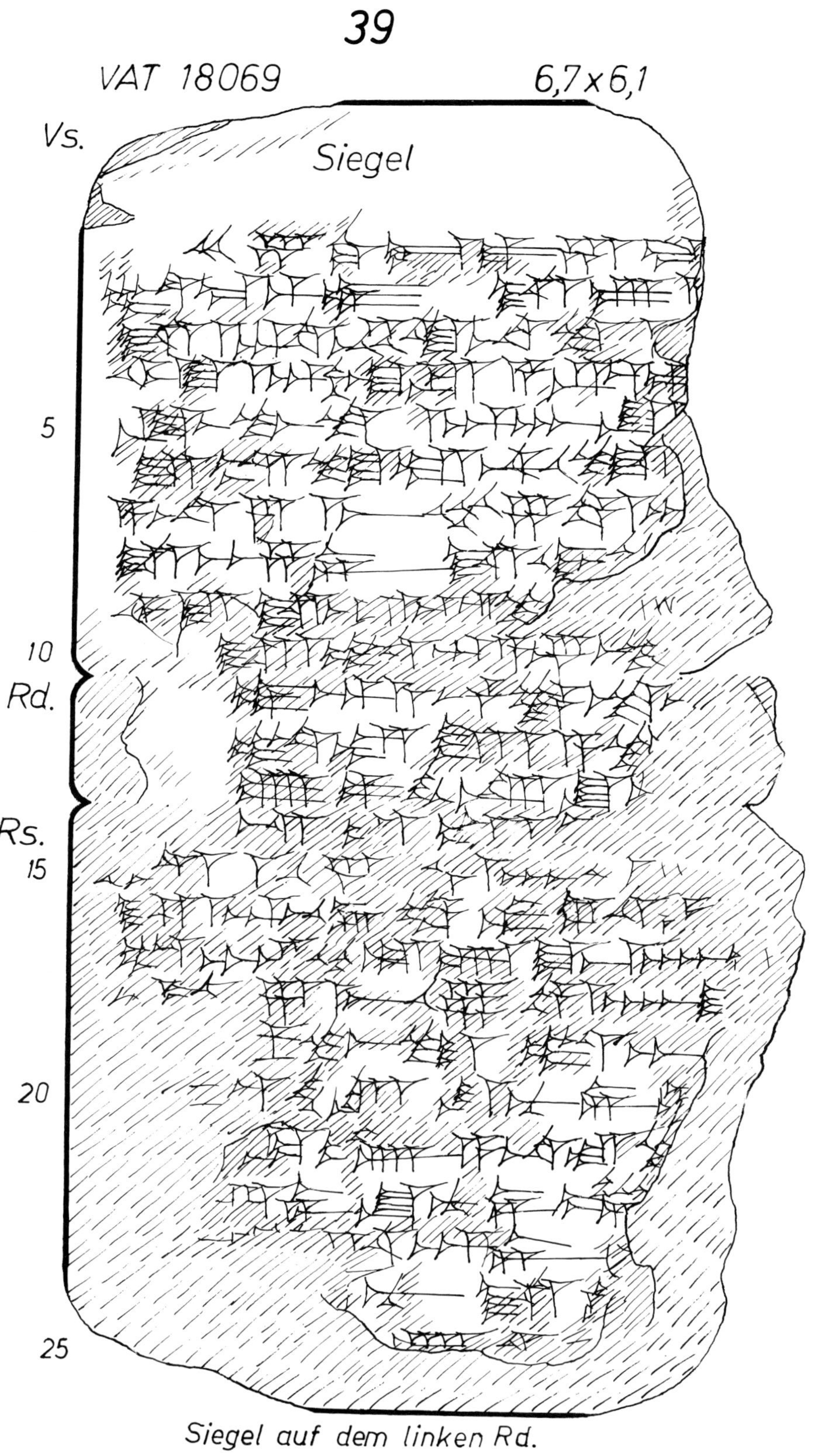

Siegel auf dem linken Rd.

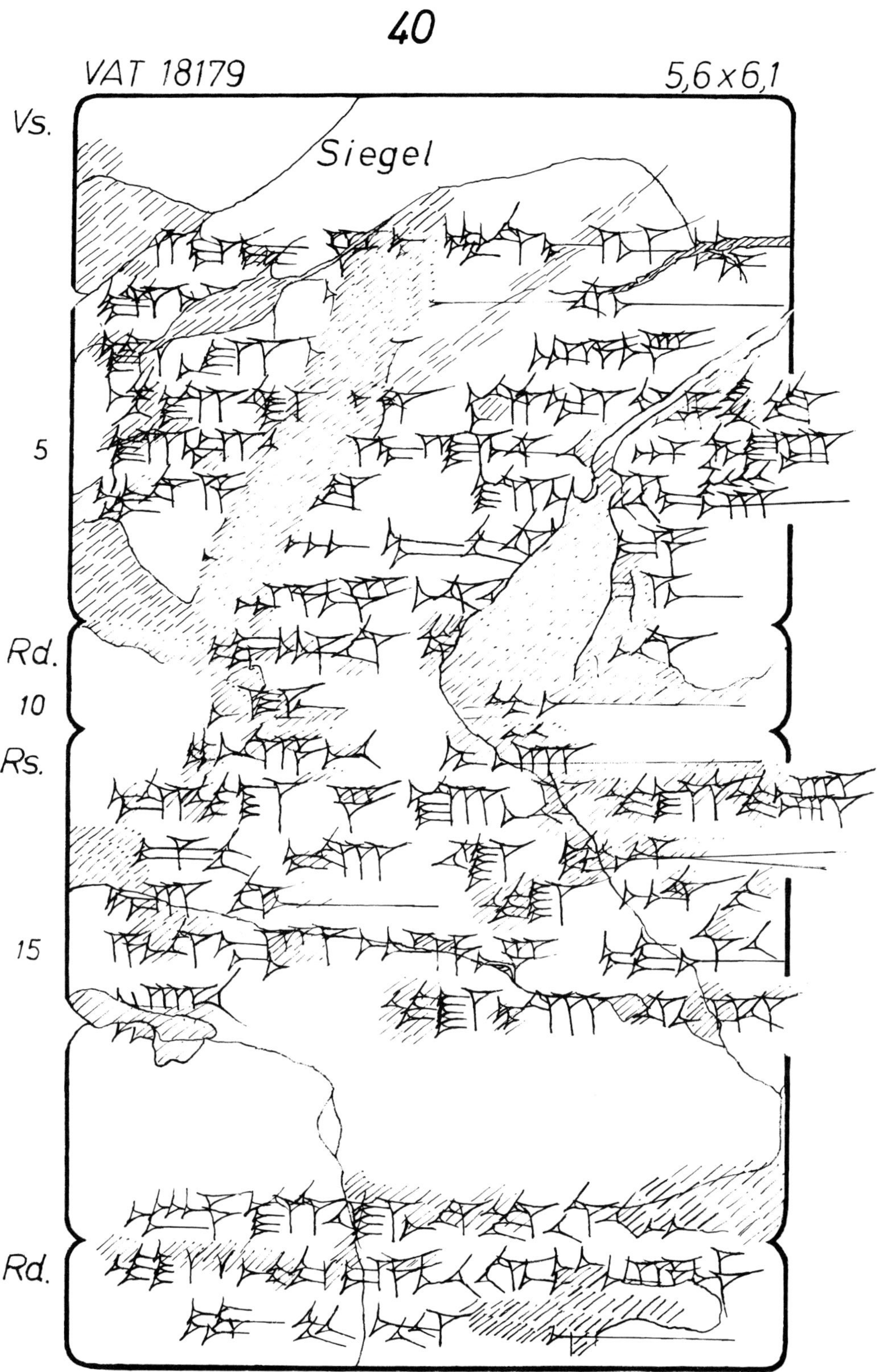

# 41

VAT 18095 7,6×6,2

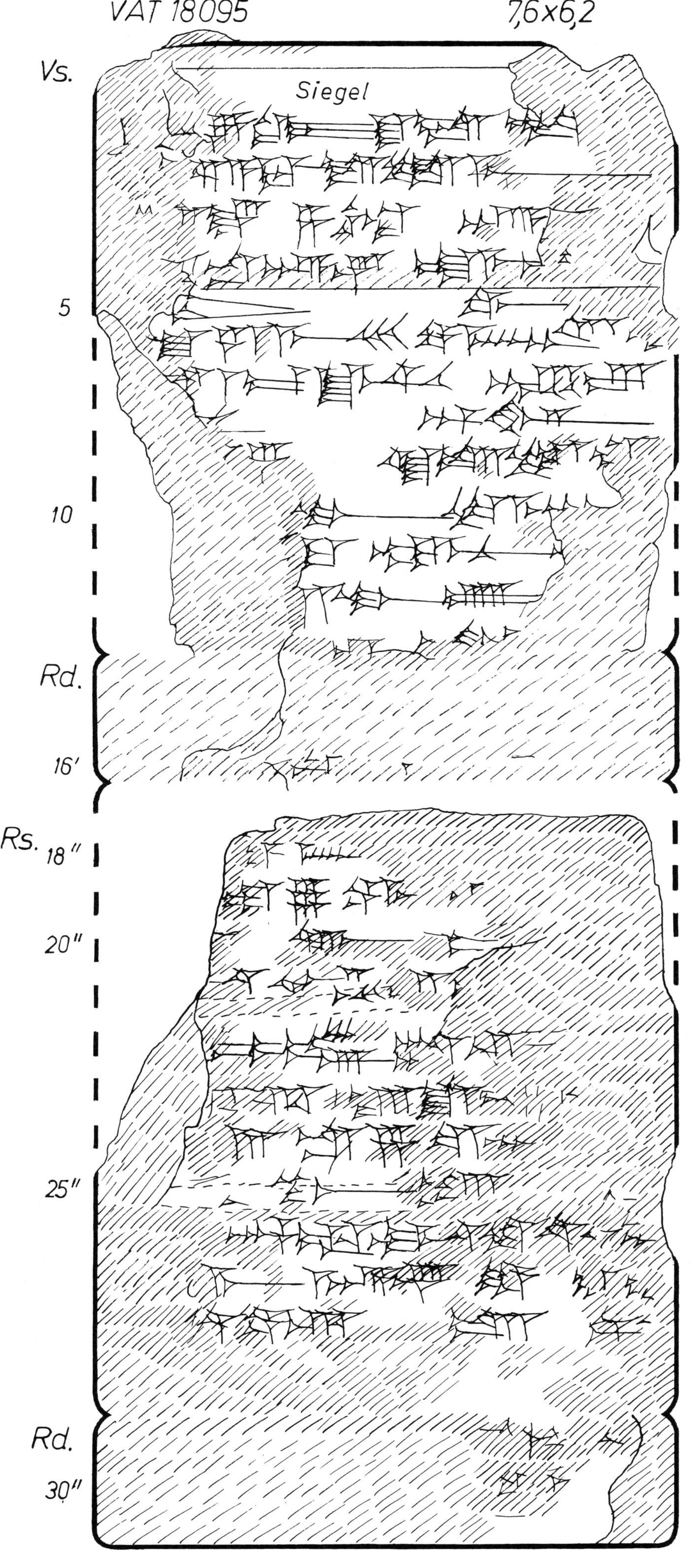

## 42

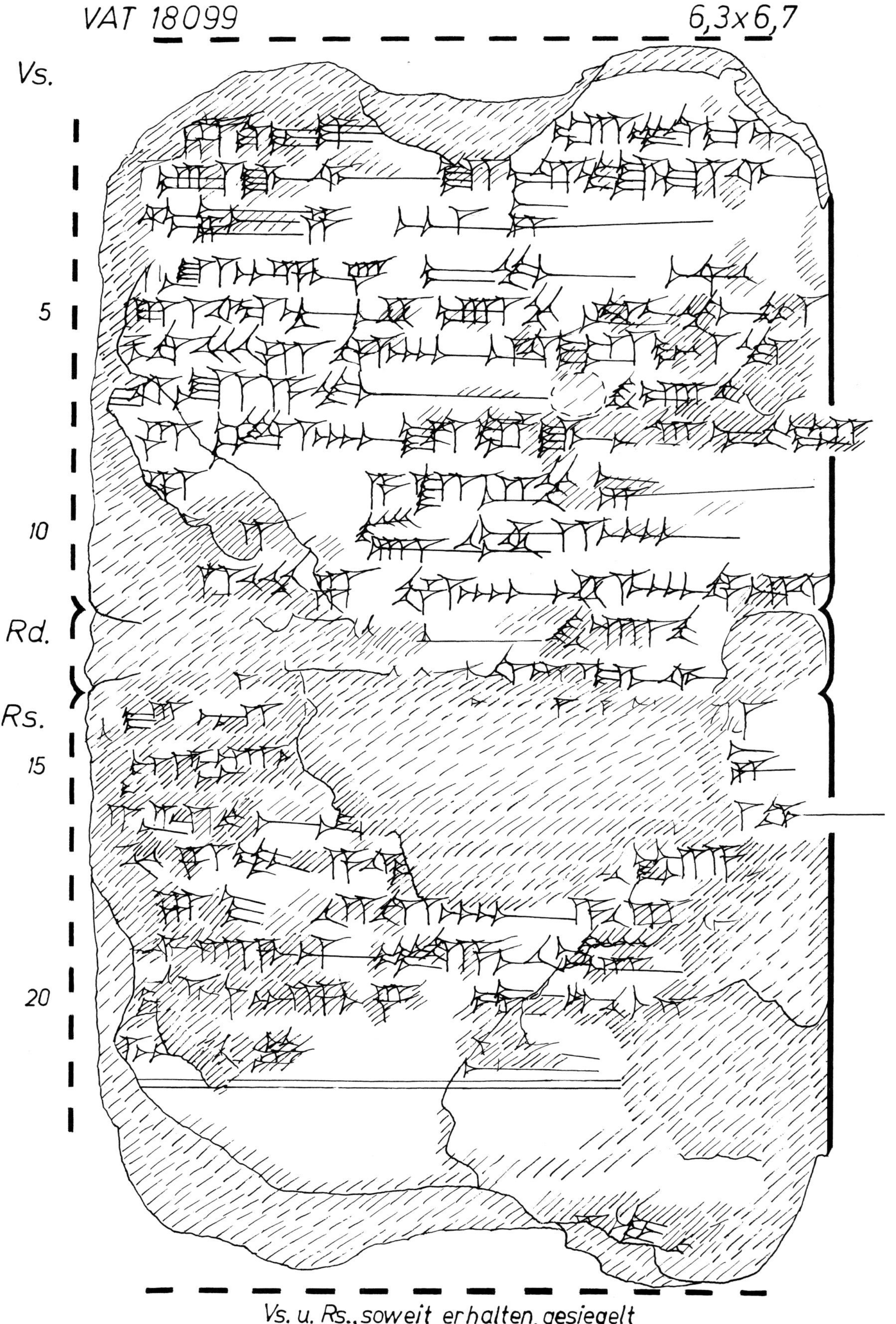


Vs. u. Rs., soweit erhalten, gesiegelt

## 43

VAT 18104 5,4 x 5,9

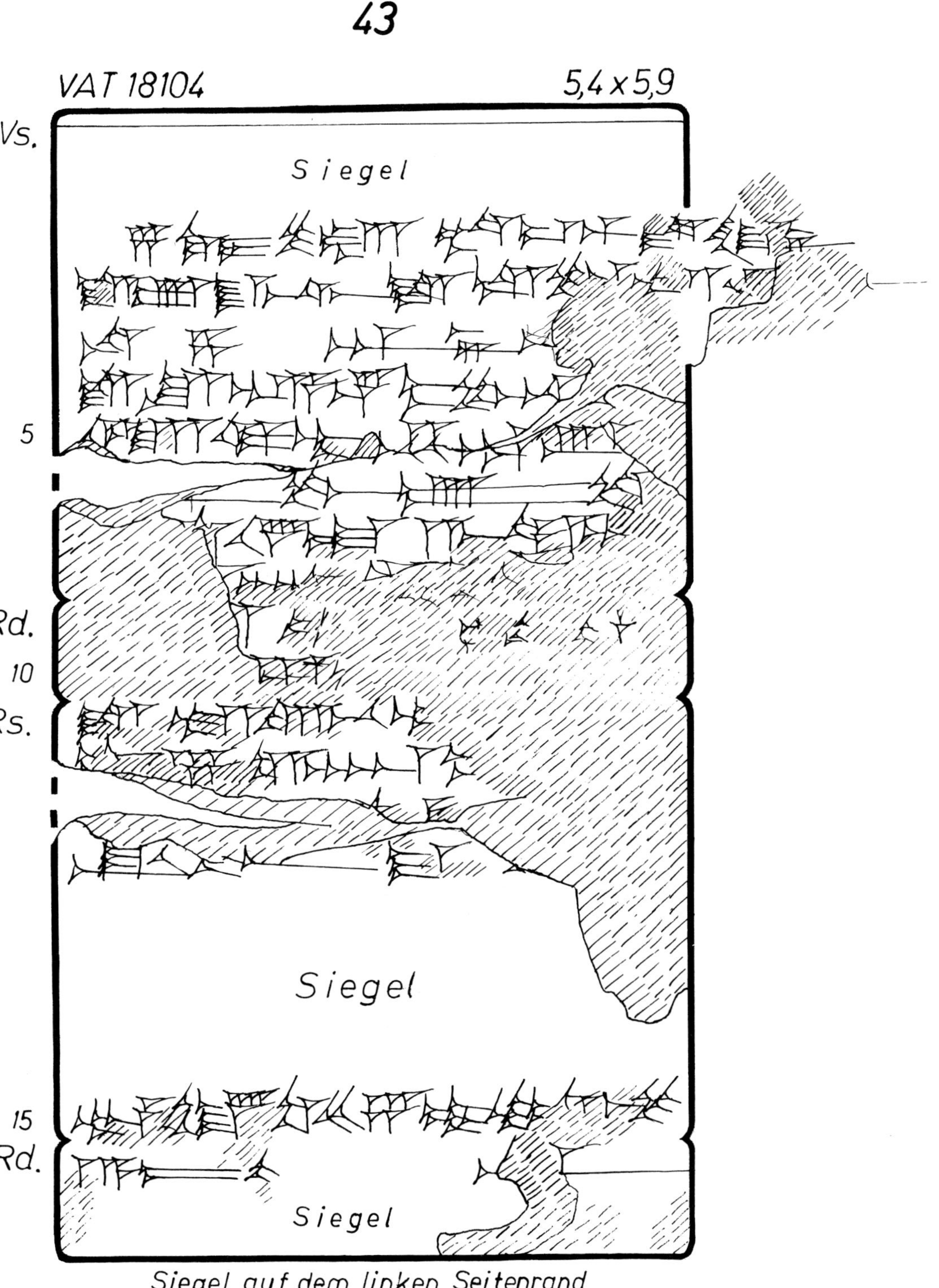


Siegel auf dem linken Seitenrand

## 44

VAT 19579 5,9 x 5,9

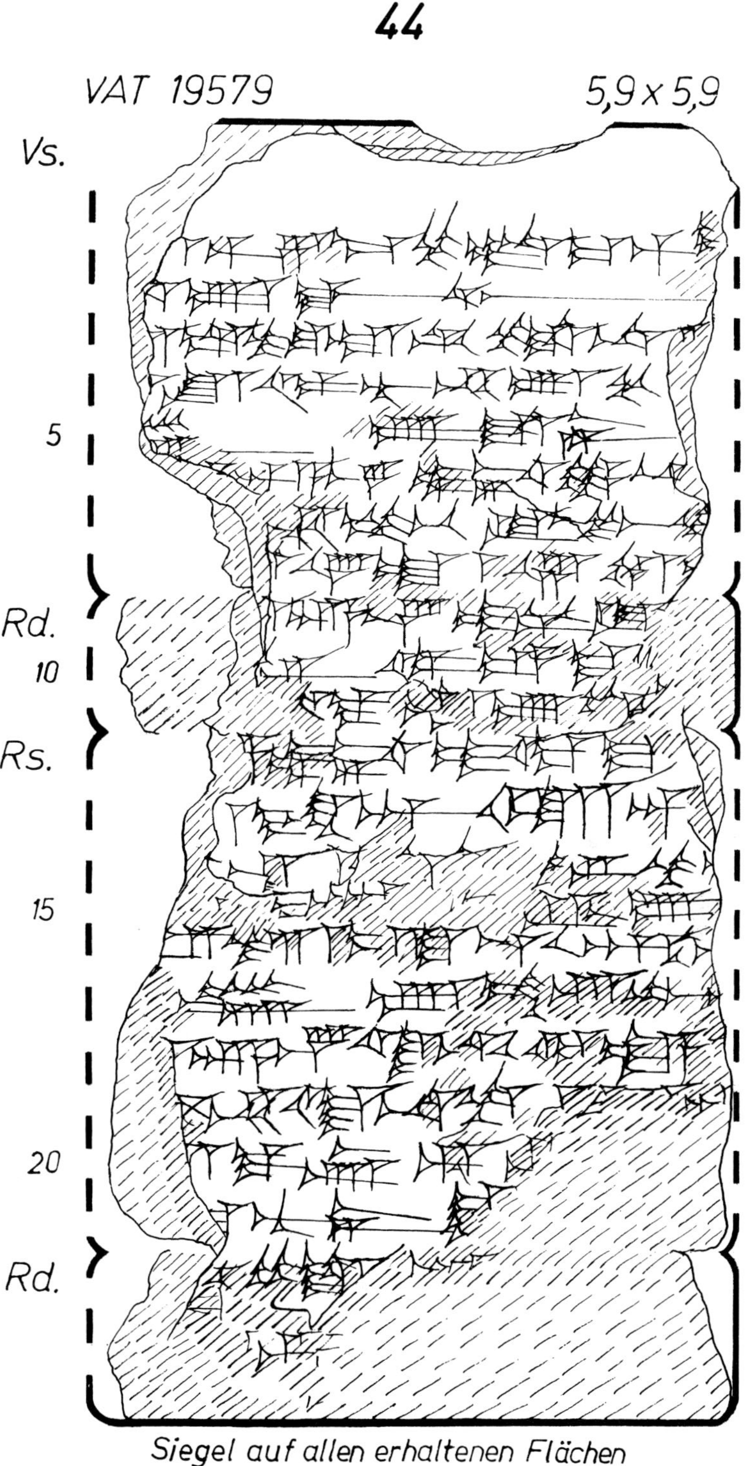


Siegel auf allen erhaltenen Flächen

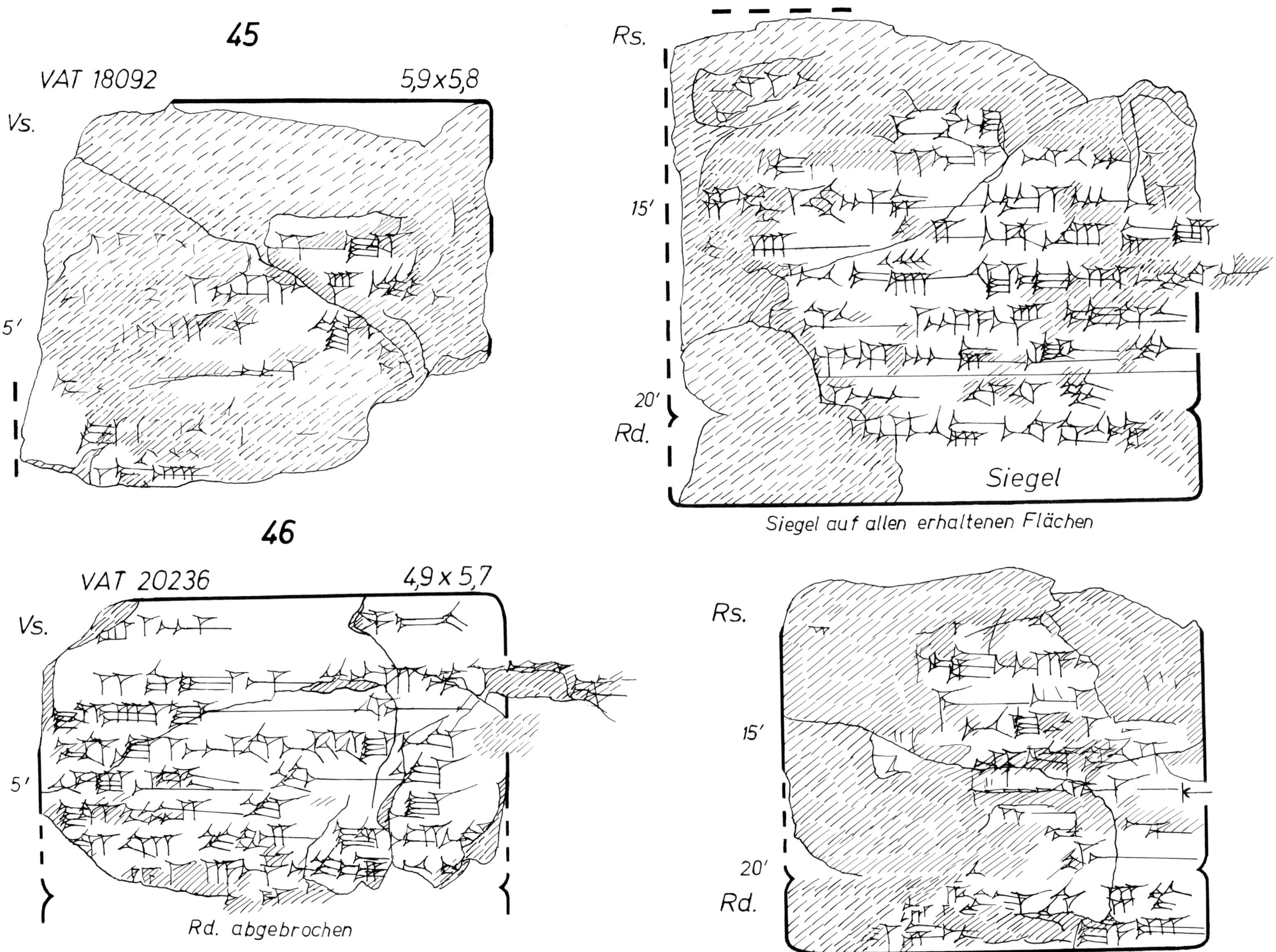
45
VAT 18092
5,9x5,8
Vs.
5'
Rs.
15'
20'
Rd.
Siegel
Siegel auf allen erhaltenen Flächen
46
VAT 20236
4,9 x 5,7
Vs.
5'
Rd. abgebrochen
Rs.
15'
20'
Rd.

# 47

VAT 18153 6,5x6,8

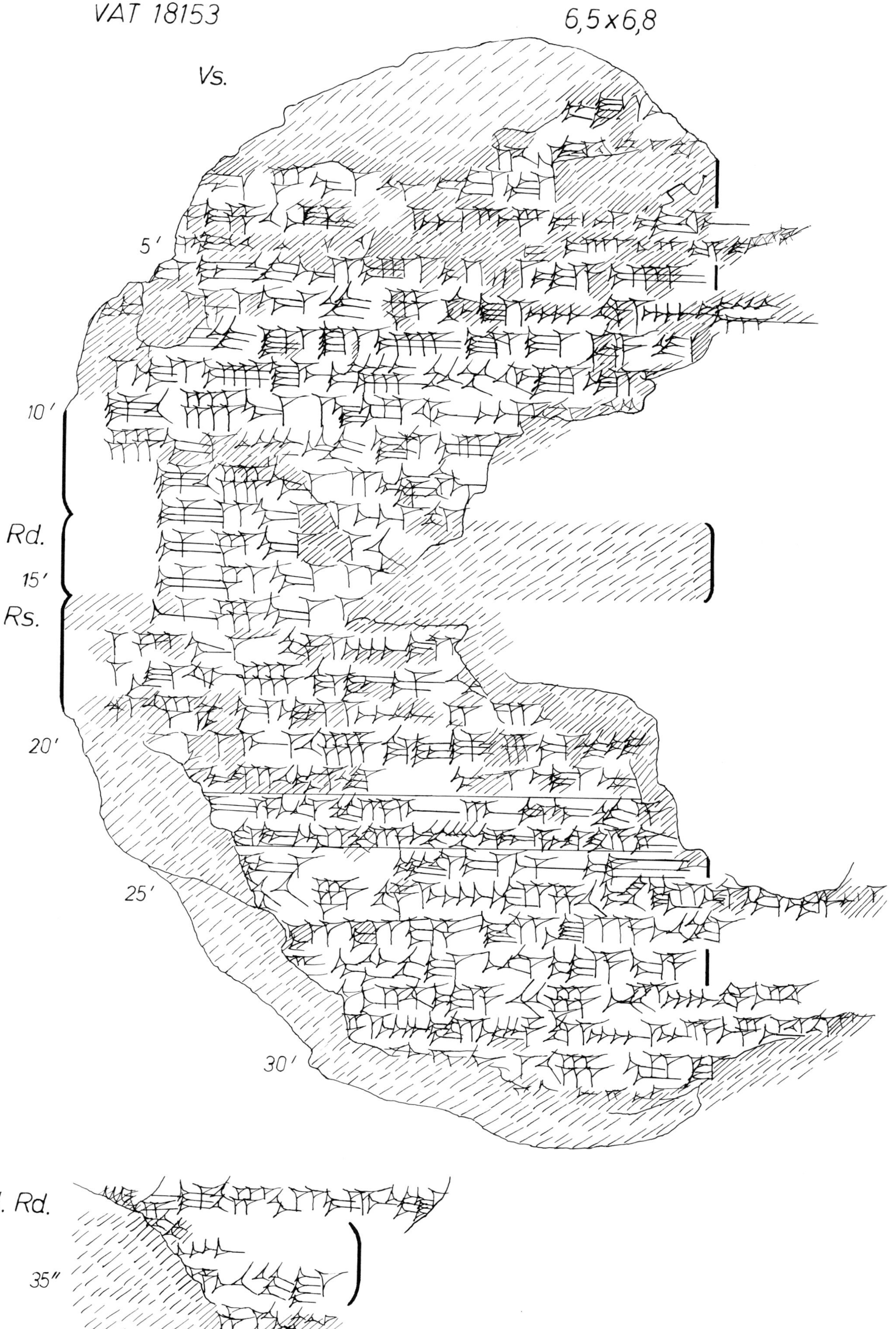

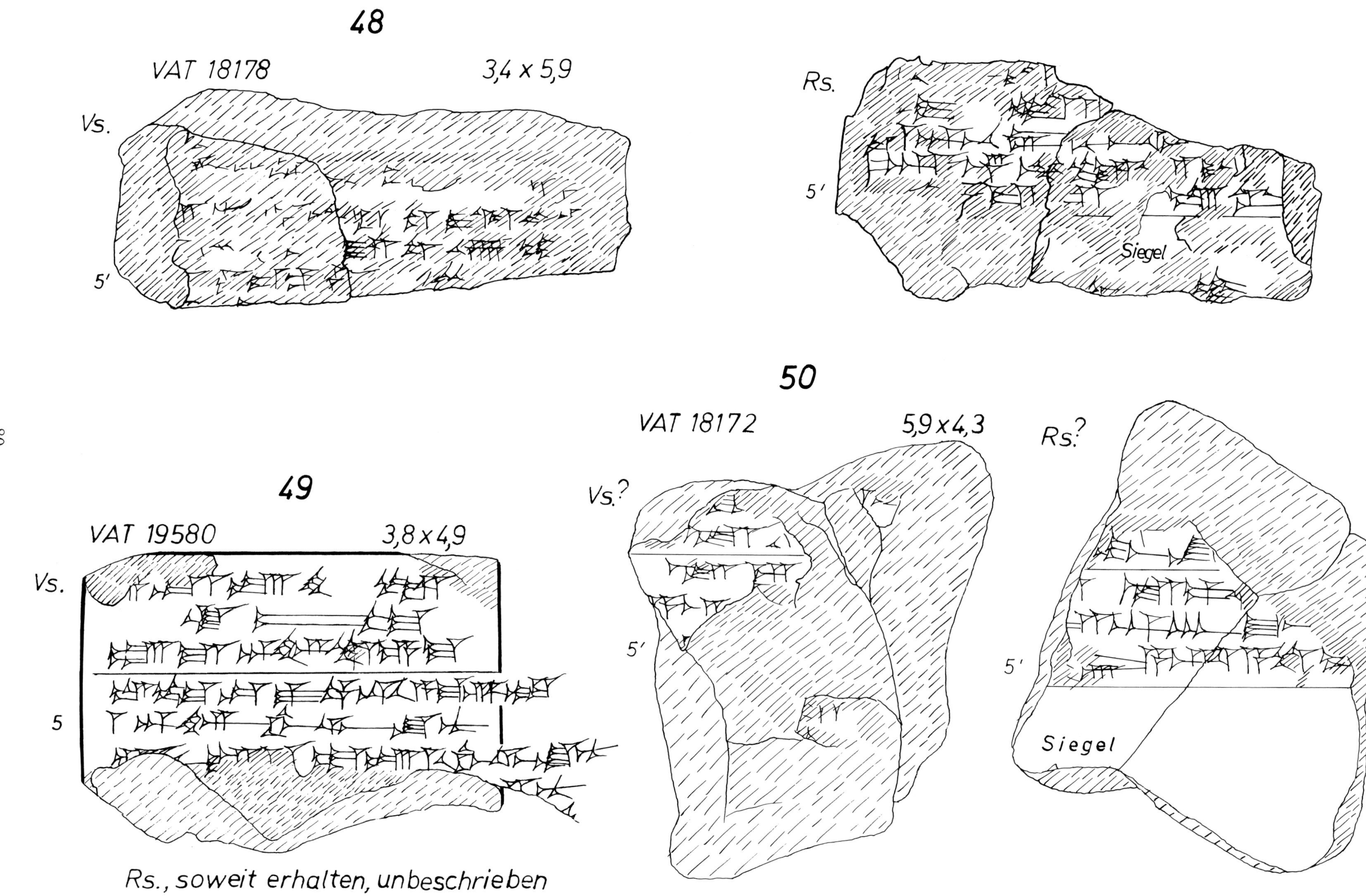
48
VAT 18178
3,4 x 5,9
Vs.
5'
Rs.
5'
Siegel
49
VAT 19580
3,8 x 4,9
Vs.
5
Rs., soweit erhalten, unbeschrieben
50
VAT 18172
5,9 x 4,3
Vs.?
5'
Rs.?
5'
Siegel

## 51

VAT 20155 6,4 x 5,6

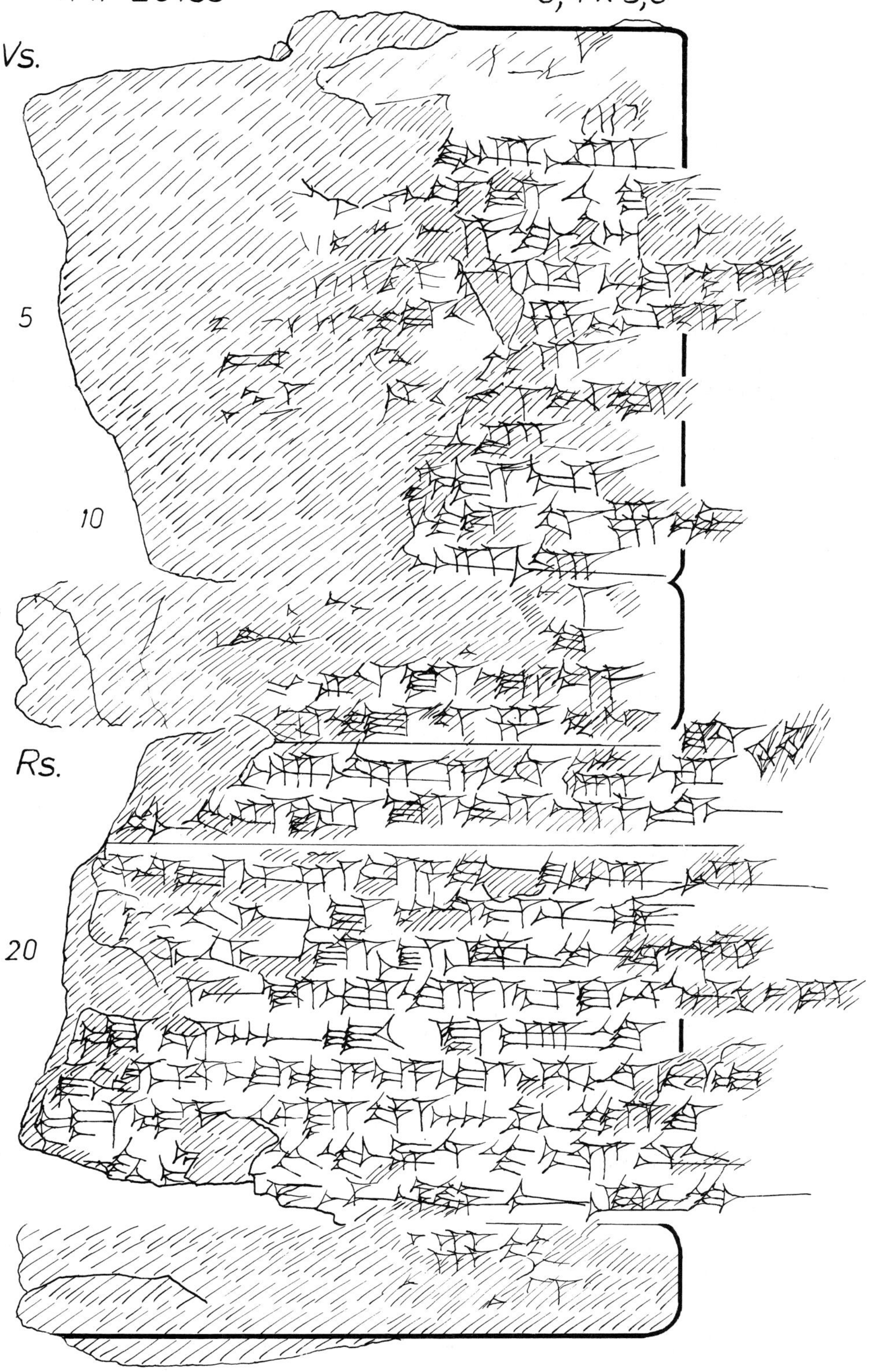

Vs.

Rd.

Rs.

Rd.

Siegel auf allen erhaltenen Flächen

## 52

VAT 20253 3,2 x 3,8

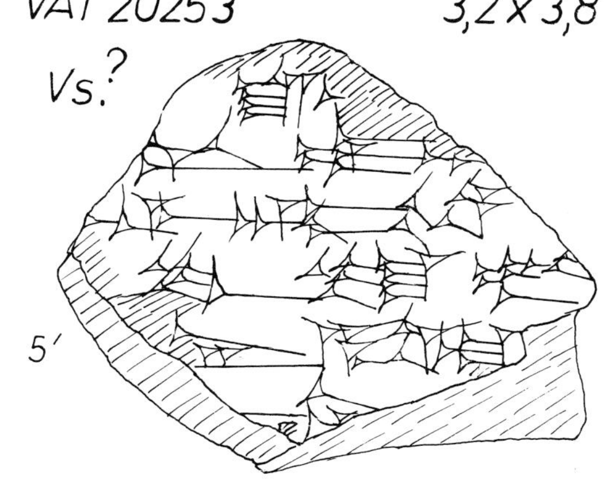


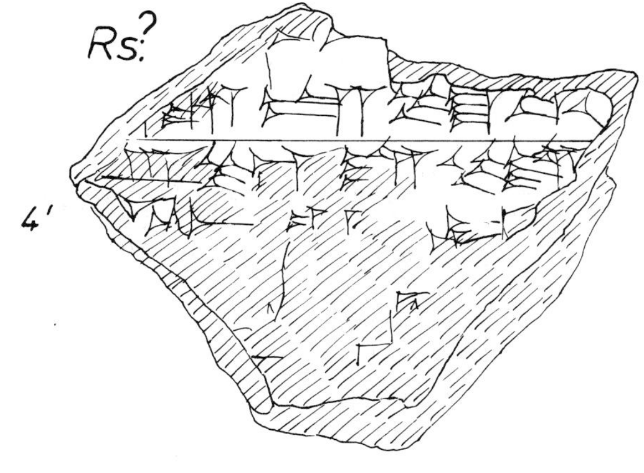

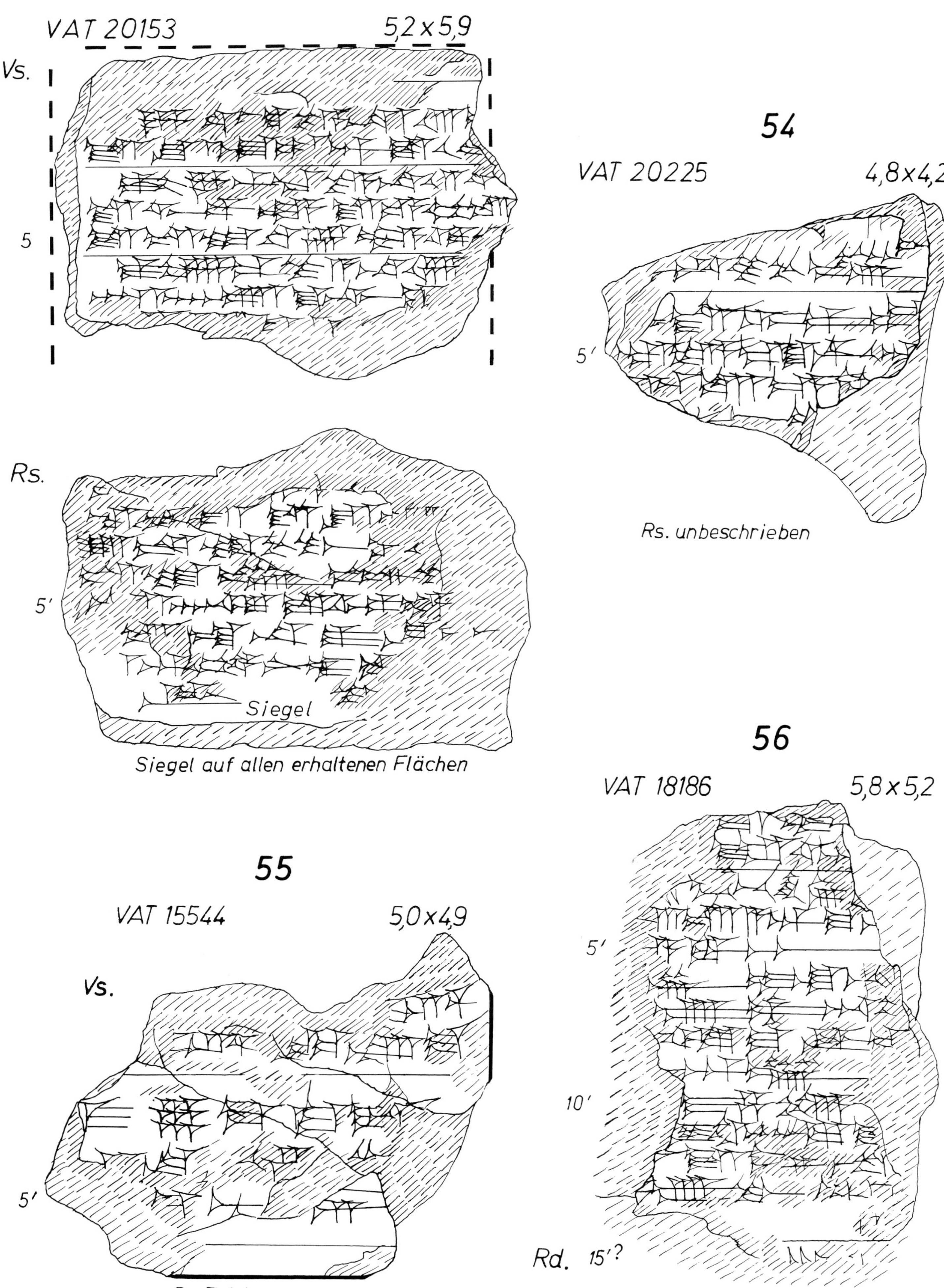

Siegel auf allen erhaltenen Flächen

Rs. unbeschrieben

Rs. Zeichenspuren

# 57

VAT 18103 6,5x7,3

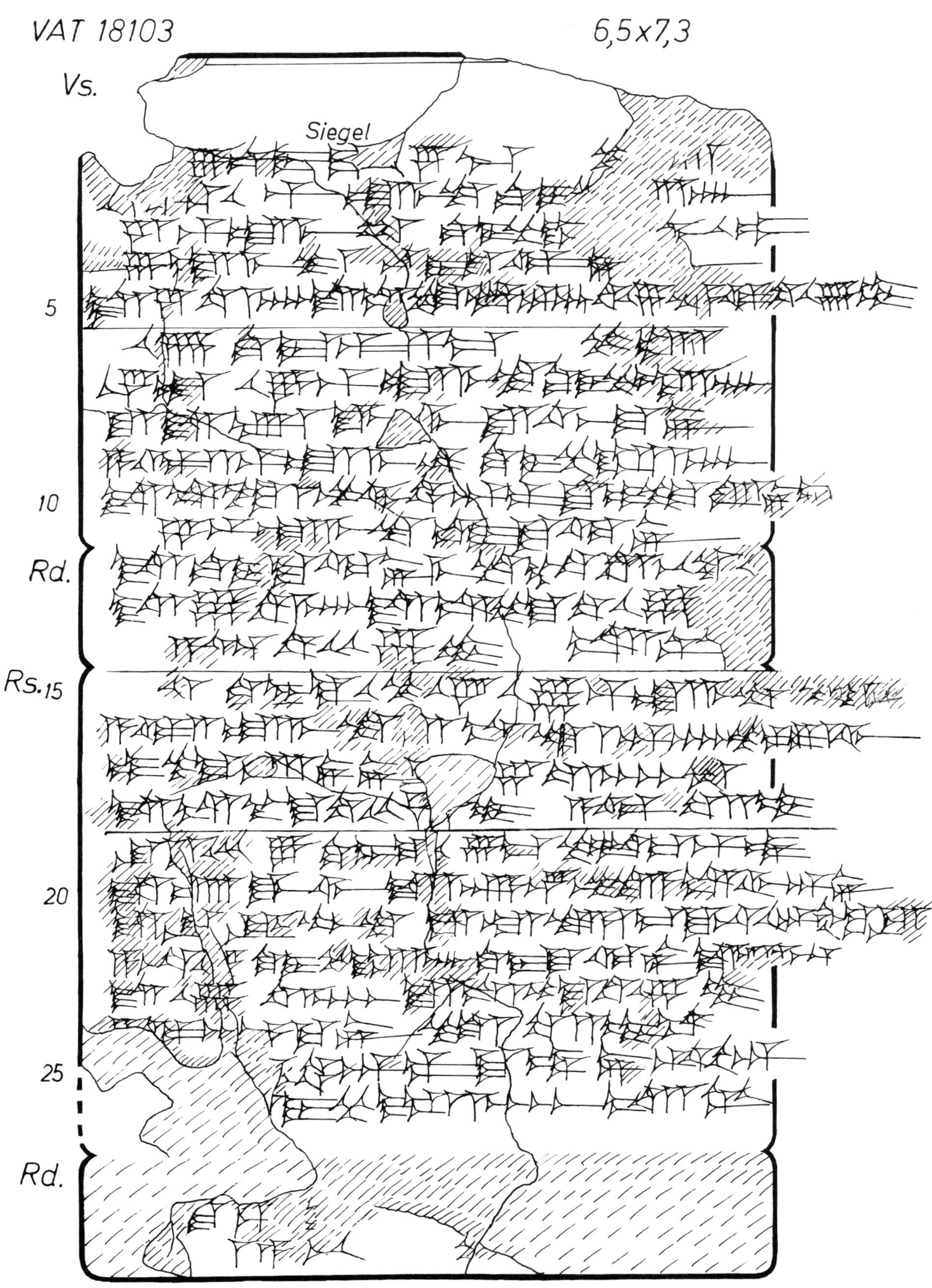


Siegel auf den Seitenrändern

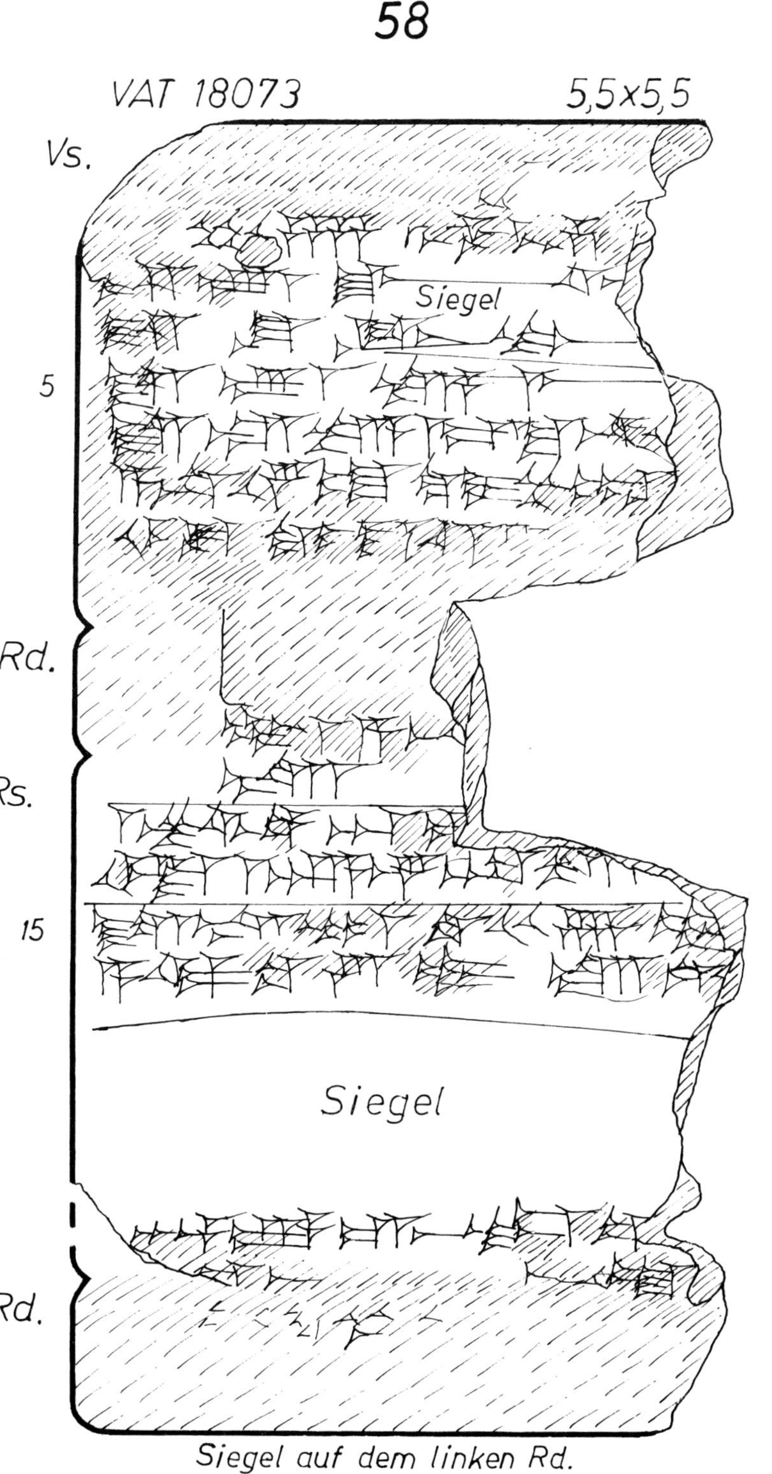

Siegel auf dem linken Rd.

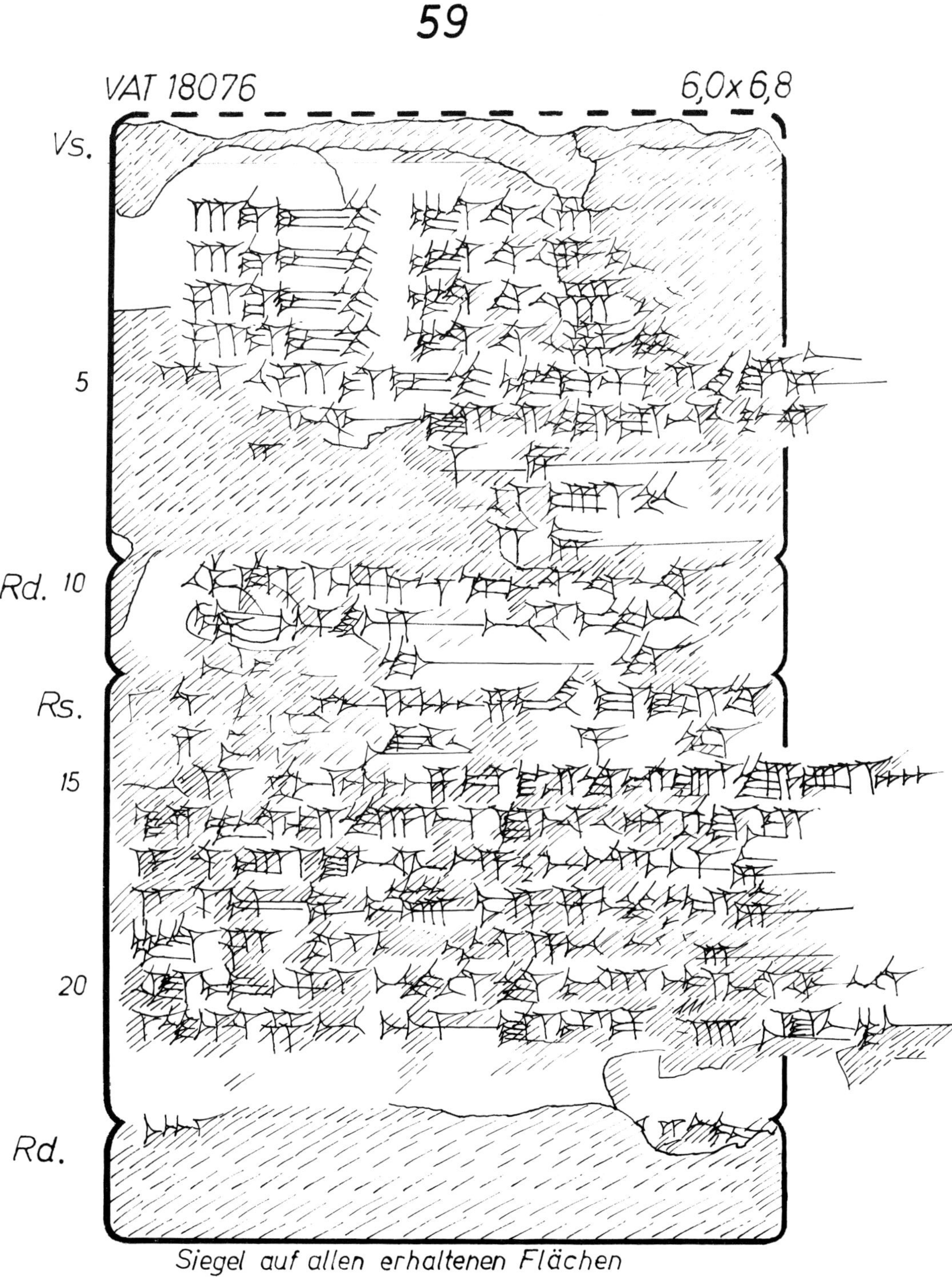

Siegel auf allen erhaltenen Flächen

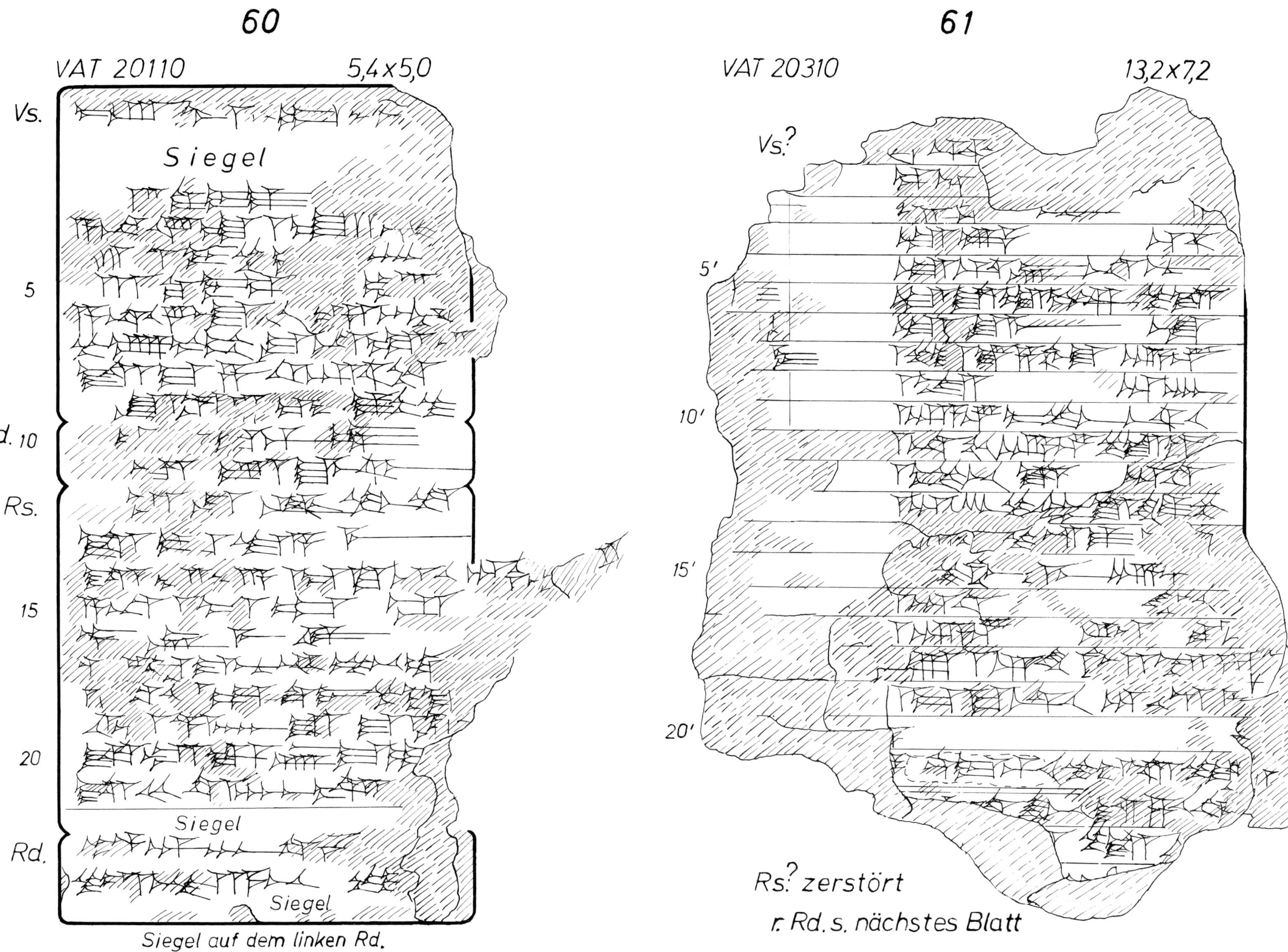
60
VAT 20110
5,4x5,0
Vs.
Siegel
5
Rd. 10
Rs.
15
20
Siegel
Rd.
Siegel
Siegel auf dem linken Rd.
61
VAT 20310
13,2x7,2
Vs.?
5'
10'
15'
20'
Rs.? zerstört
r. Rd. s. nächstes Blatt

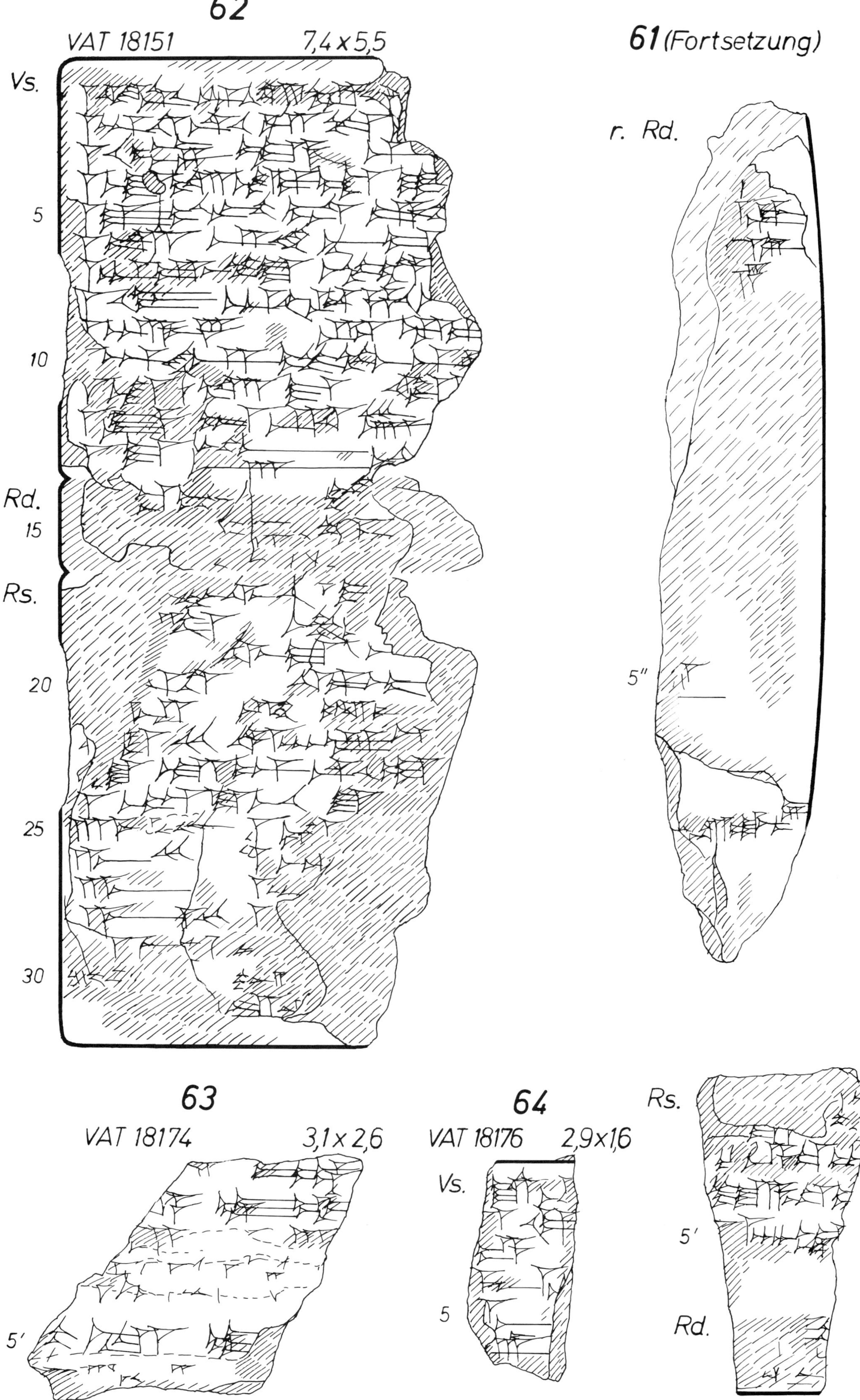
62
VAT 18151
7,4 x 5,5
Vs.
Rd.
Rs.
61 (Fortsetzung)
r. Rd.
63
VAT 18174
3,1 x 2,6
64
VAT 18176
2,9 x 1,6
Vs.
Rs.
Rd.

## 65

VAT 18190+19203 13,0 x 16,5

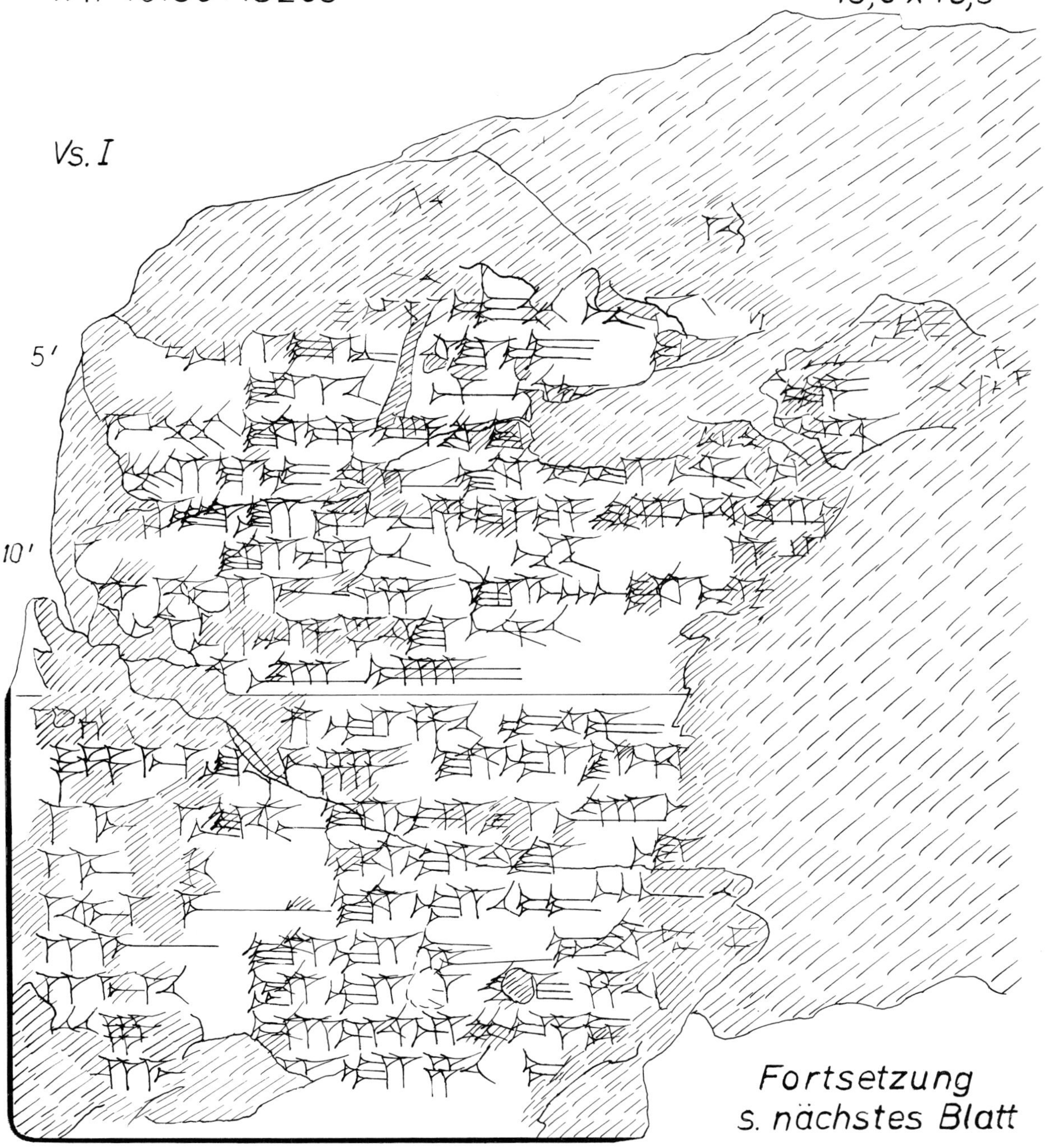

Vs. I

Fortsetzung s. nächstes Blatt

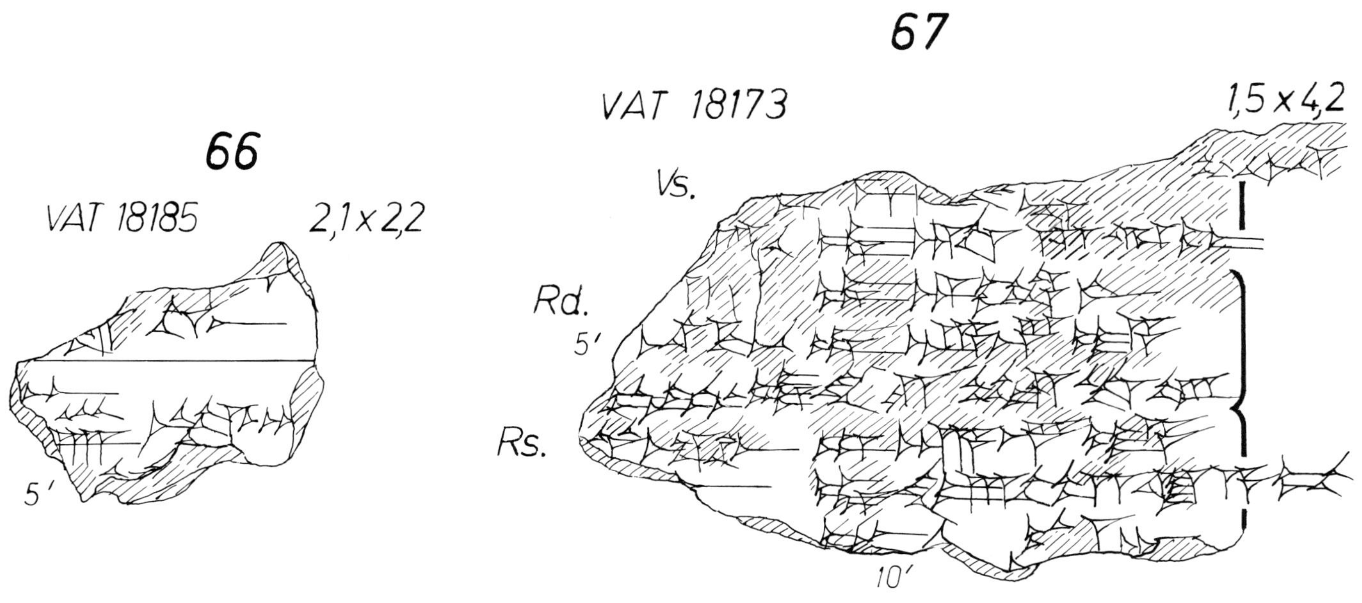

## 65 (Fortsetzung)

Vs. II

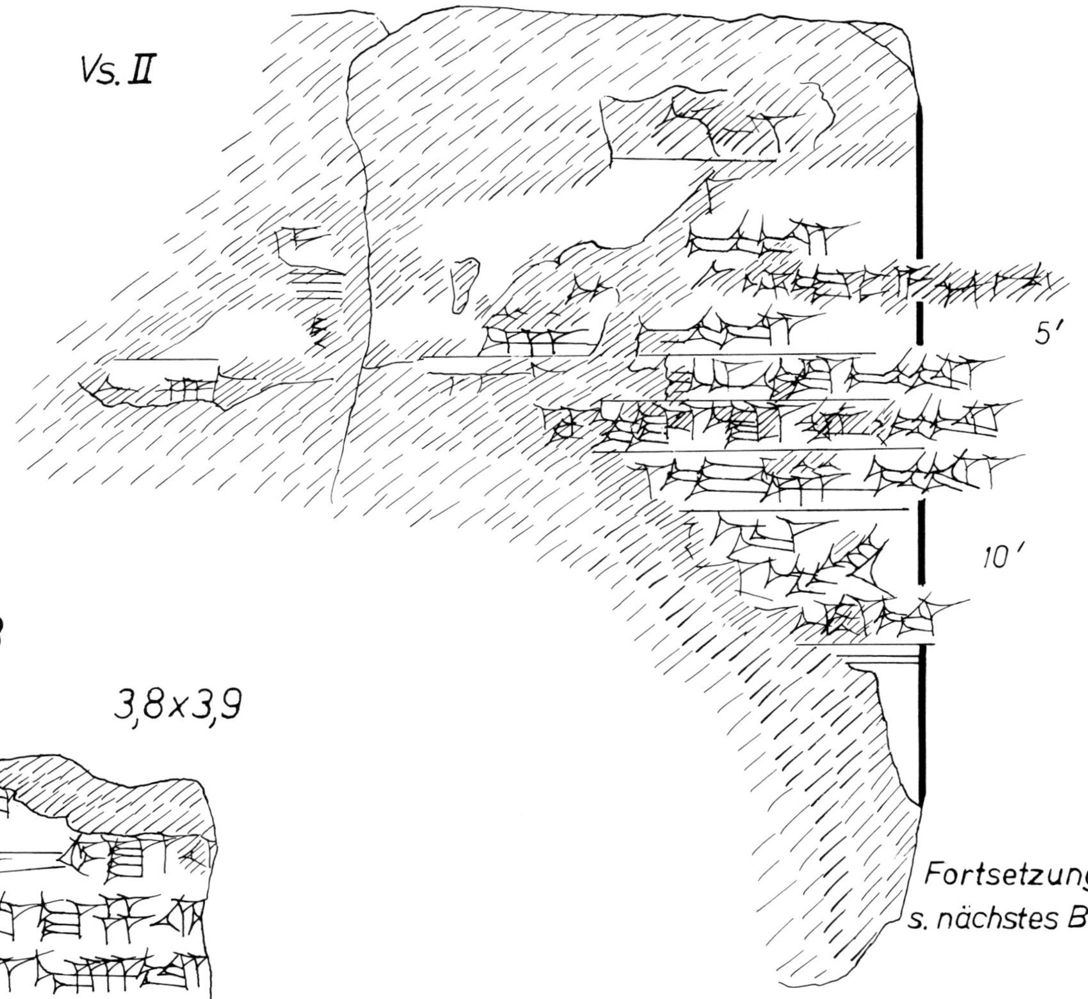

Fortsetzung s. nächstes Blatt

## 68

VAT 18201 3,8 x 3,9

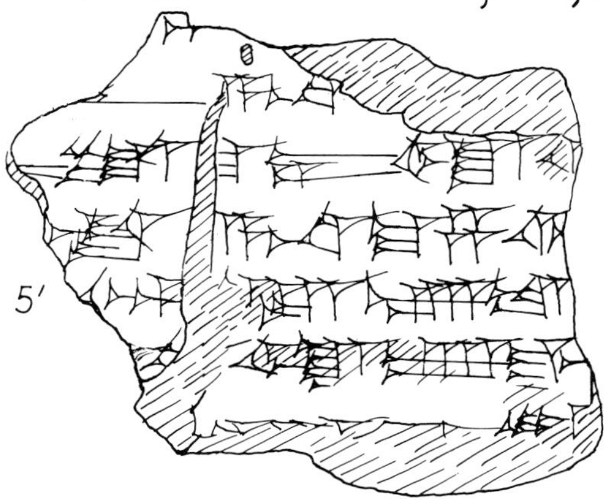

## 69

VAT 18160 6,0 x 7,3

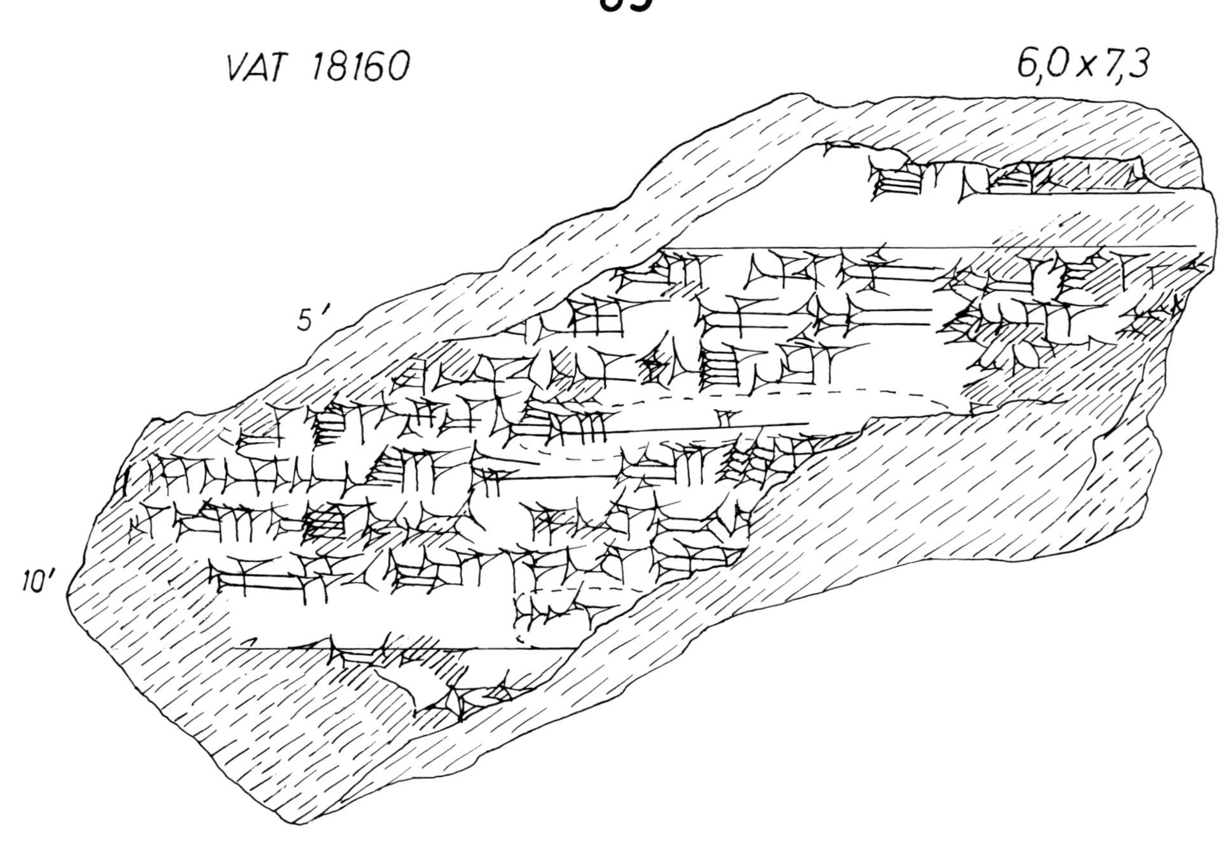

## 65 (Fortsetzung)

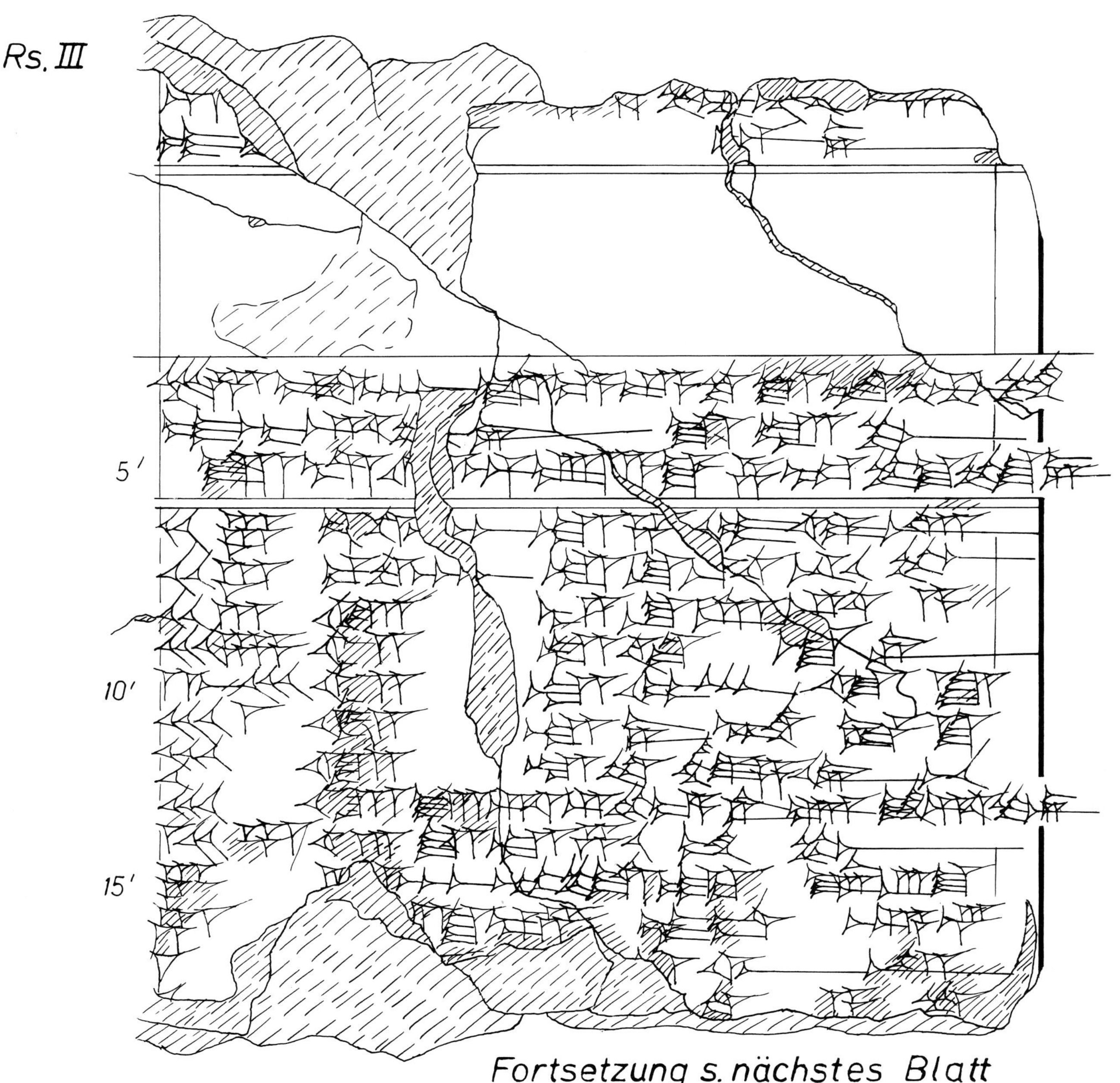


Fortsetzung s. nächstes Blatt

## 70

## 71

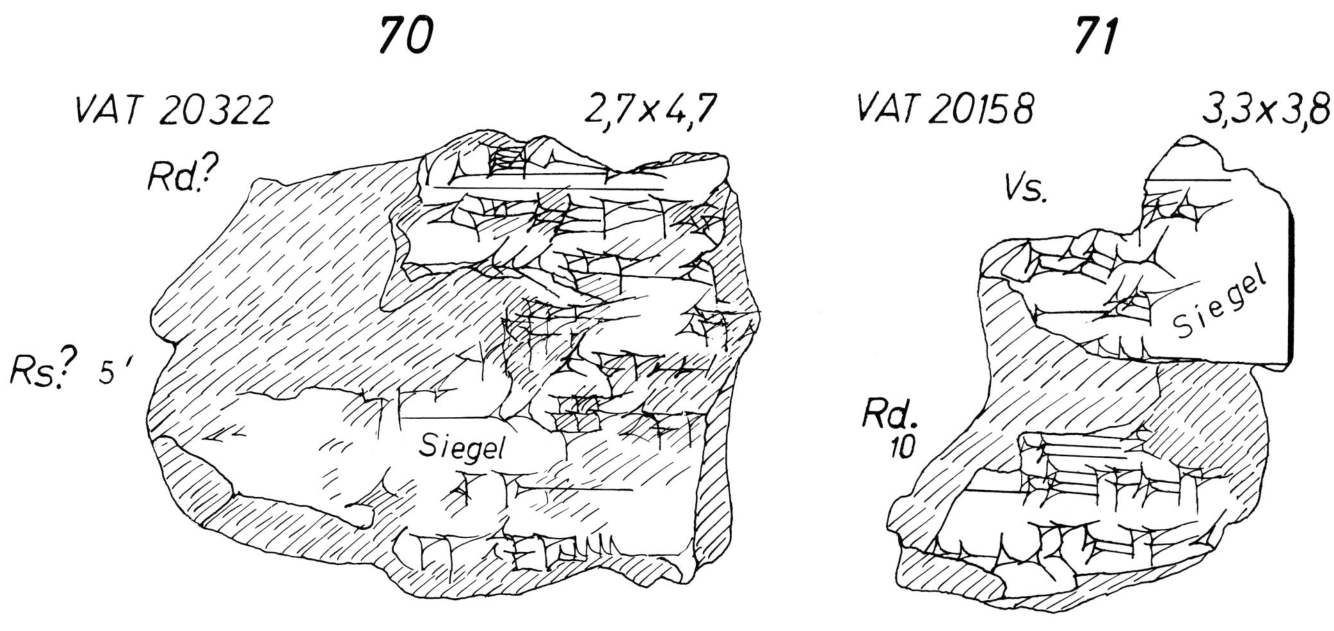

## 65 (Fortsetzung)

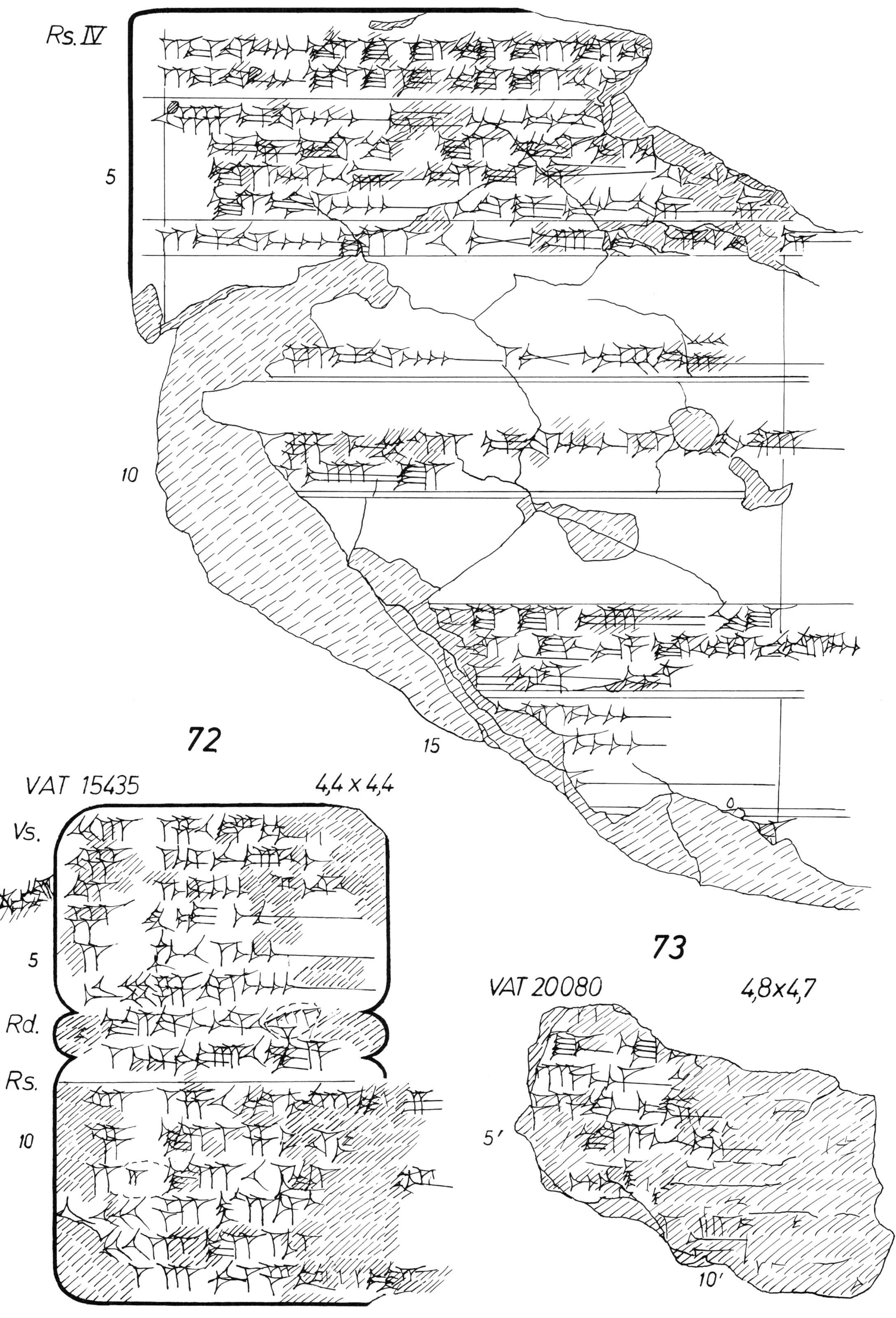

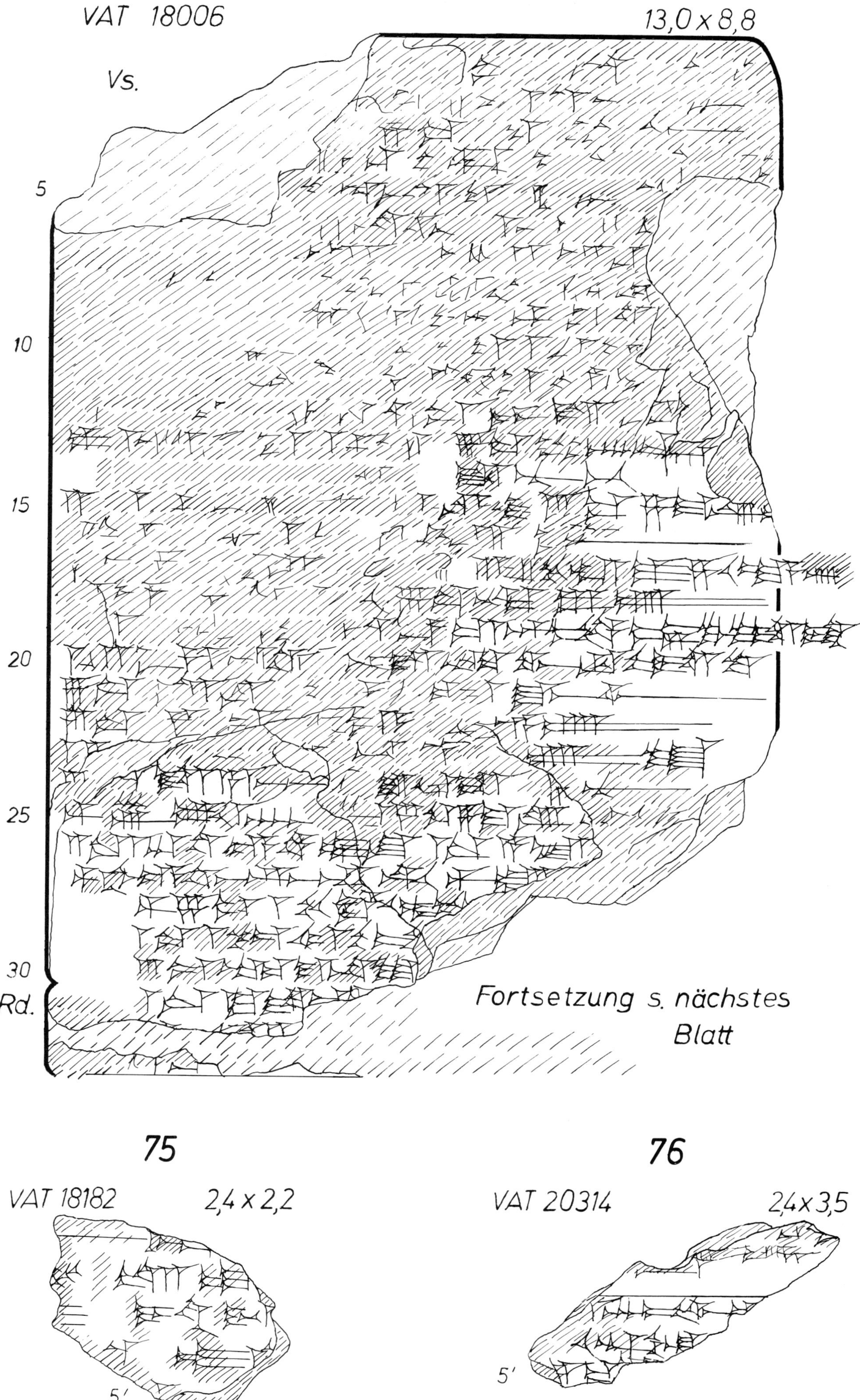
74
VAT 18006
13,0 x 8,8
Vs.
Rd.
Fortsetzung s. nächstes Blatt
75
VAT 18182
2,4 x 2,2
76
VAT 20314
2,4 x 3,5

## 74 (Fortsetzung)

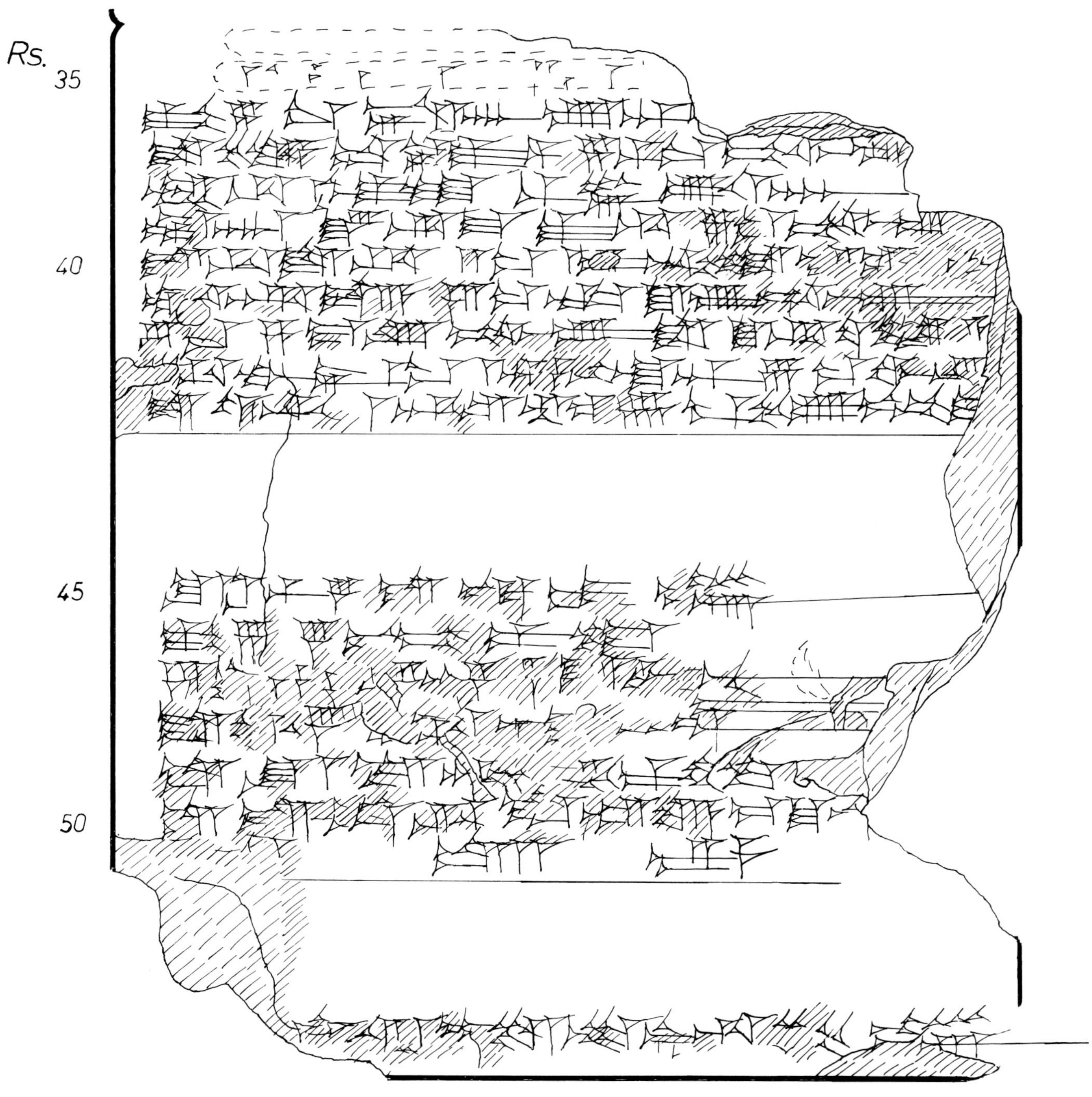


## 77

Rs. und oberer Rd. bis auf Spuren abgerieben

## 78

VAT 18005 11,6 x 7,3

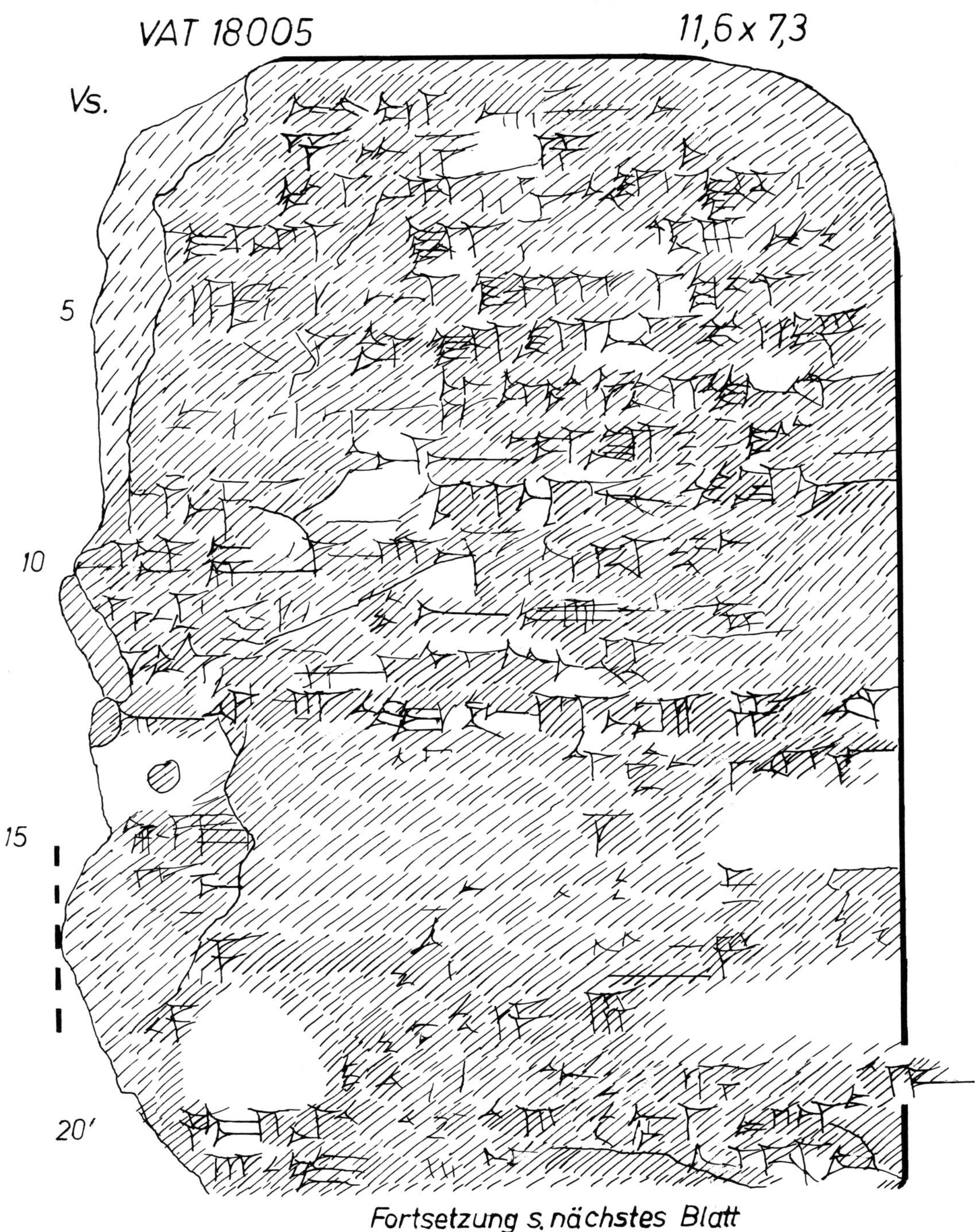


Fortsetzung s. nächstes Blatt

## 79

VAT 20124 3,5x4,9

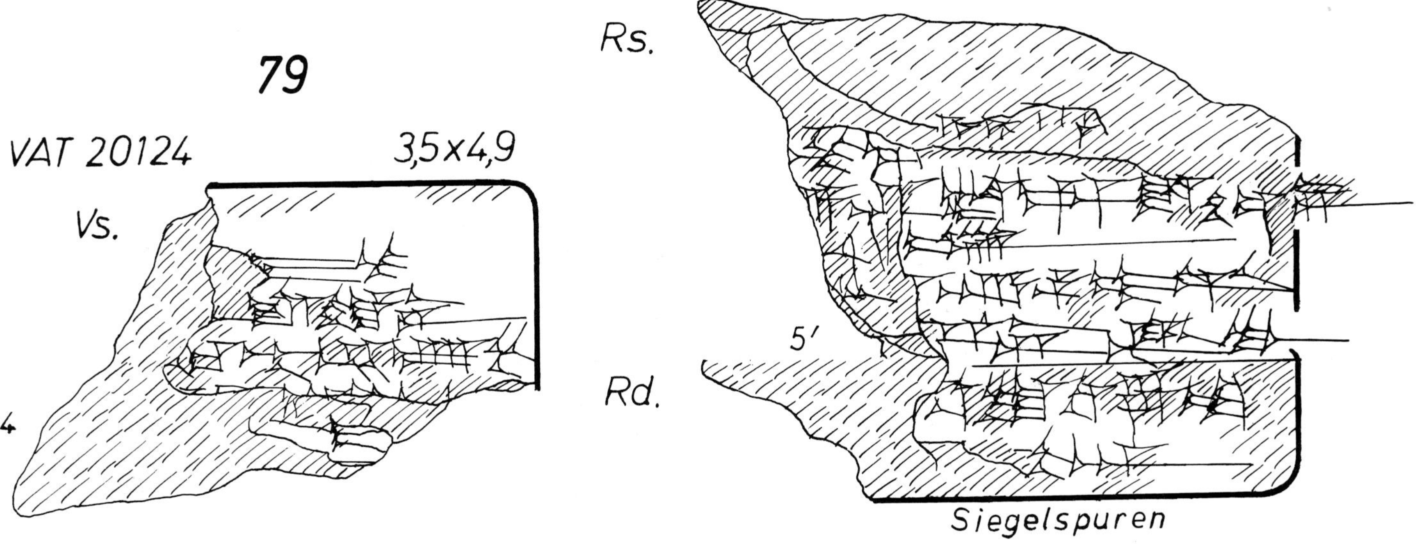

Rd.
Rs.
Rs.
80
VAT 20129
3,5x3,7
Vs.
Siegel
Rs.
Rd.

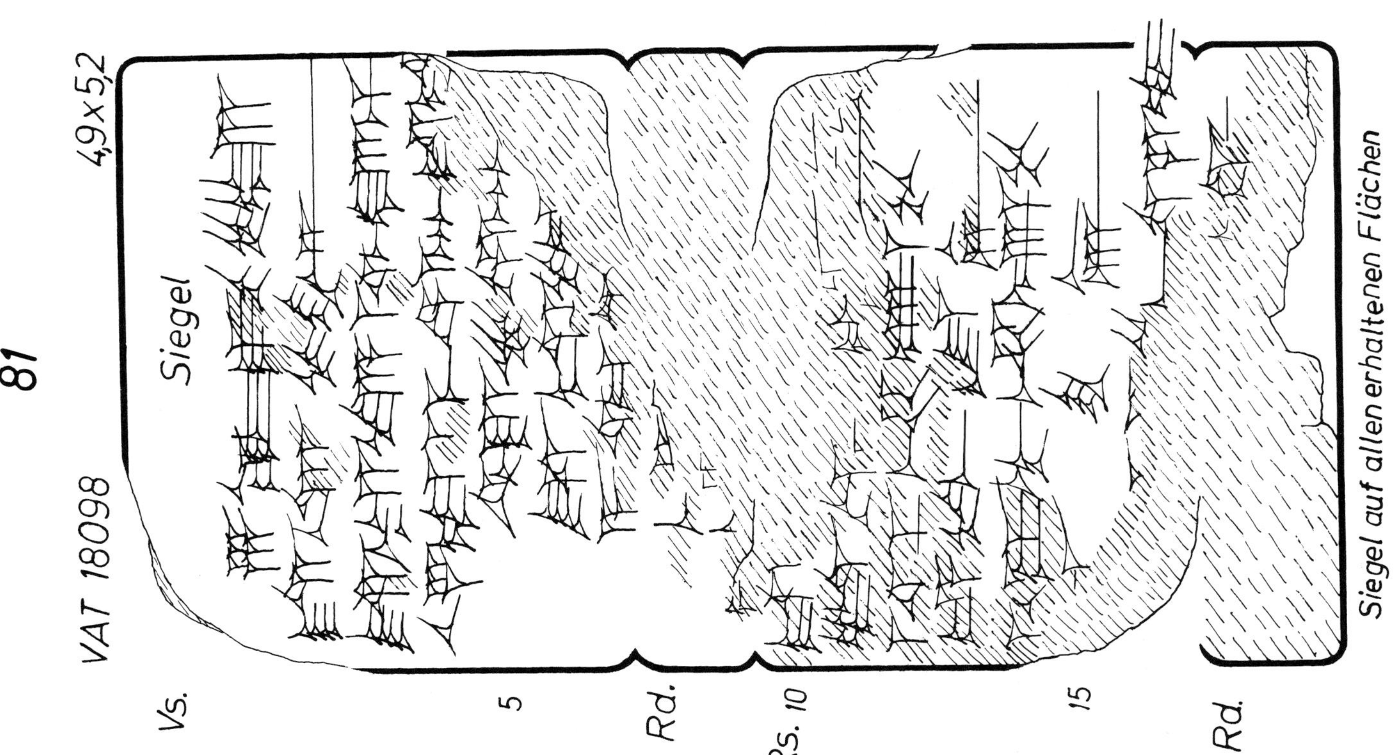
81
VAT 18098
4,9x52
Siegel
Vs.
Rd.
Rs.
Rd.
Siegel auf allen erhaltenen Flächen

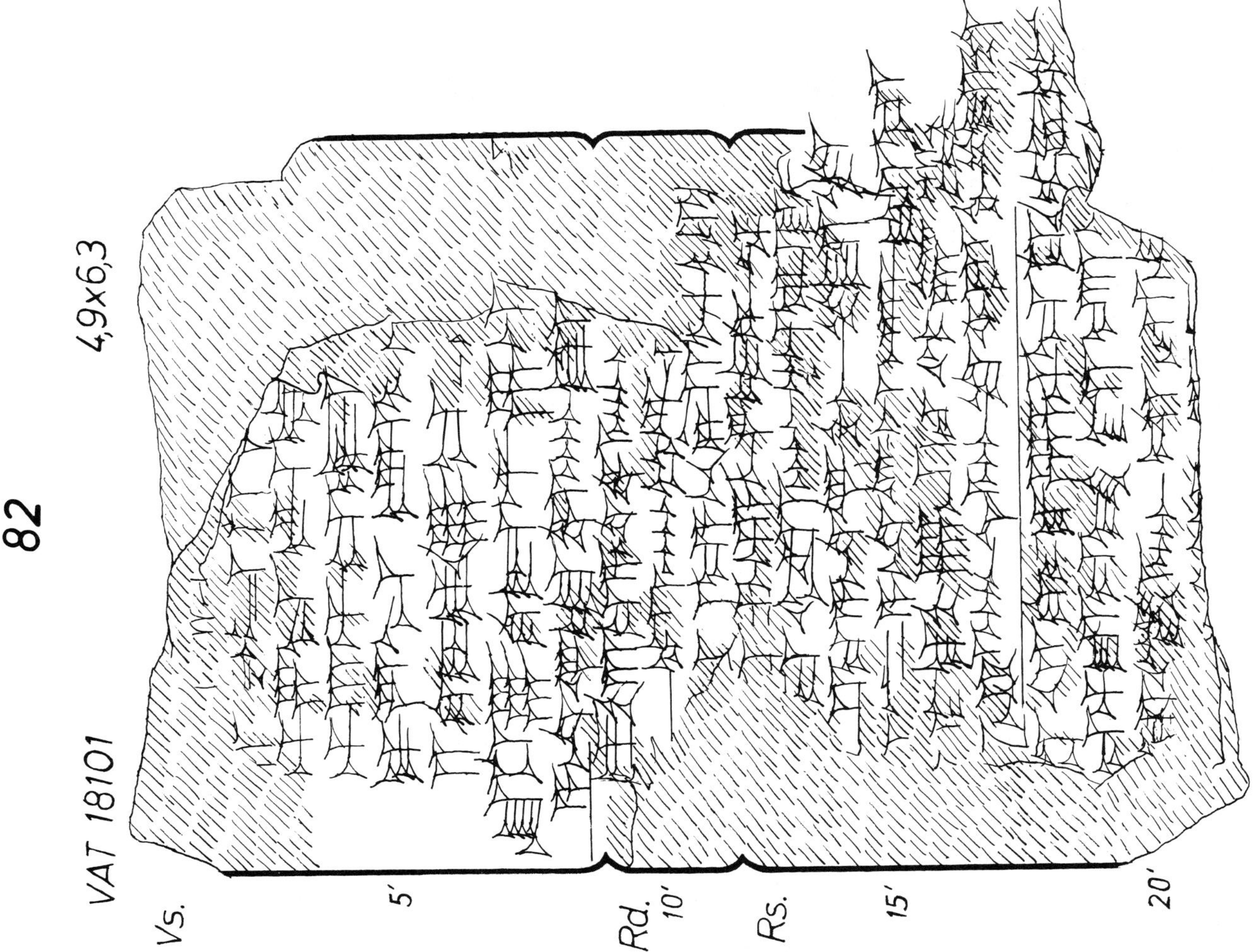
82
VAT 18101
4,9x6,3
Vs.
Rd.
Rs.

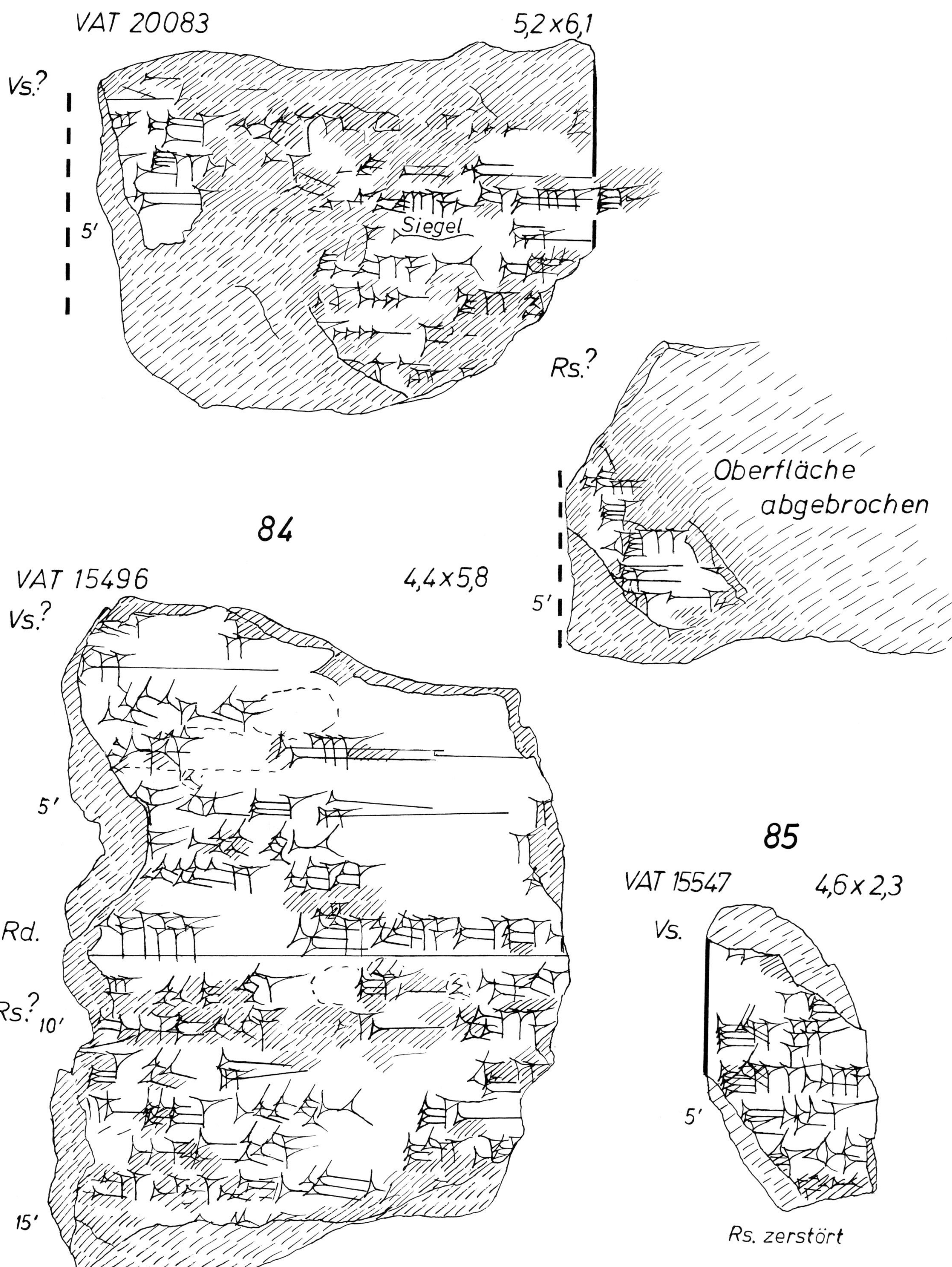
83
VAT 20083
5,2 x 6,1
Vs.?
Siegel
Rs.?
Oberfläche
abgebrochen
84
VAT 15496
4,4 x 5,8
Vs.?
Rd.
Rs.?
85
VAT 15547
4,6 x 2,3
Vs.
Rs. zerstört

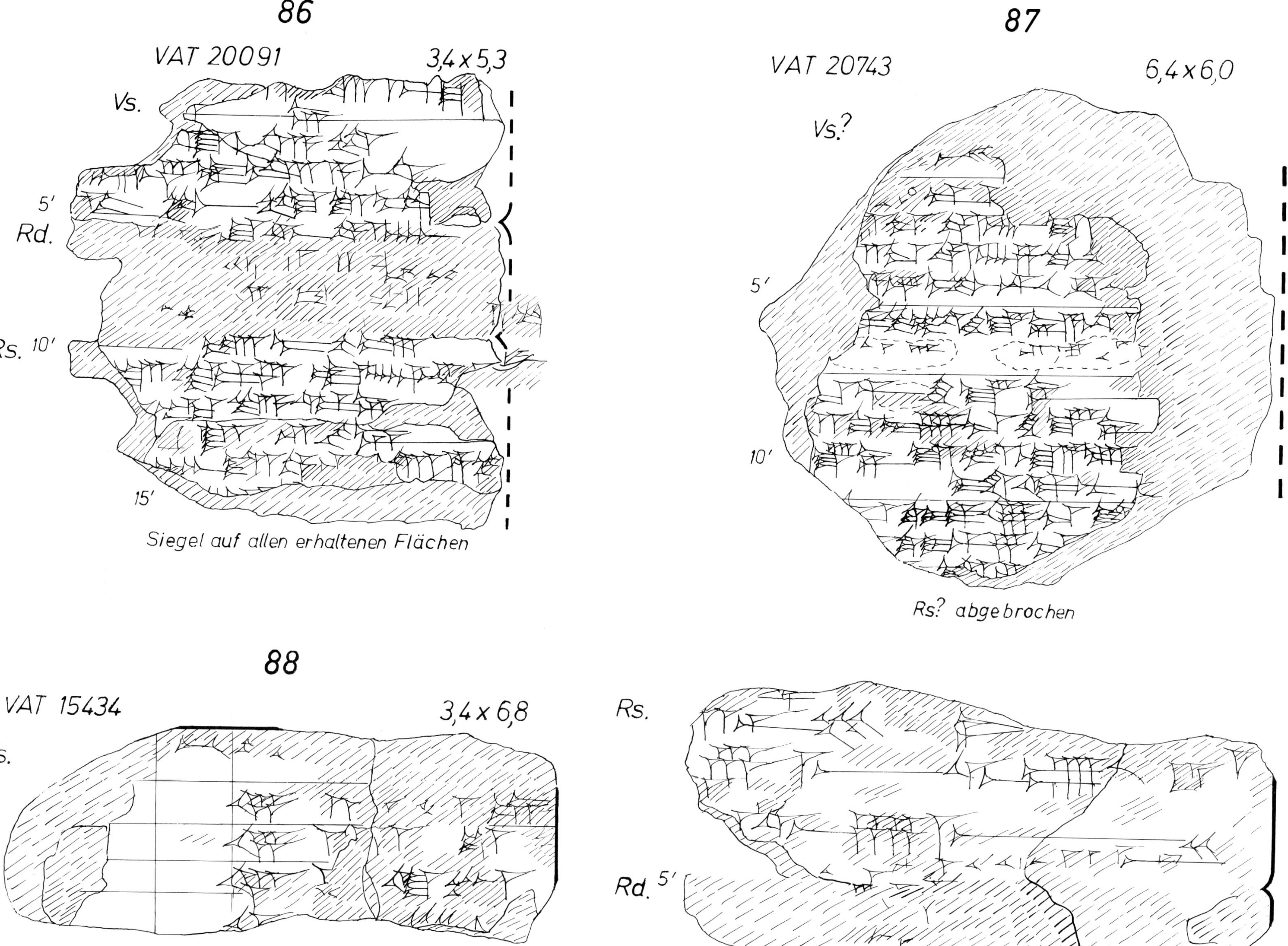

86
VAT 20091
3,4x5,3
Vs.
Rd.
Rs.
Siegel auf allen erhaltenen Flächen
87
VAT 20743
6,4x6,0
Vs.?
Rs.? abgebrochen
88
VAT 15434
3,4x6,8
Vs.
Rs.
Rd.

# 89

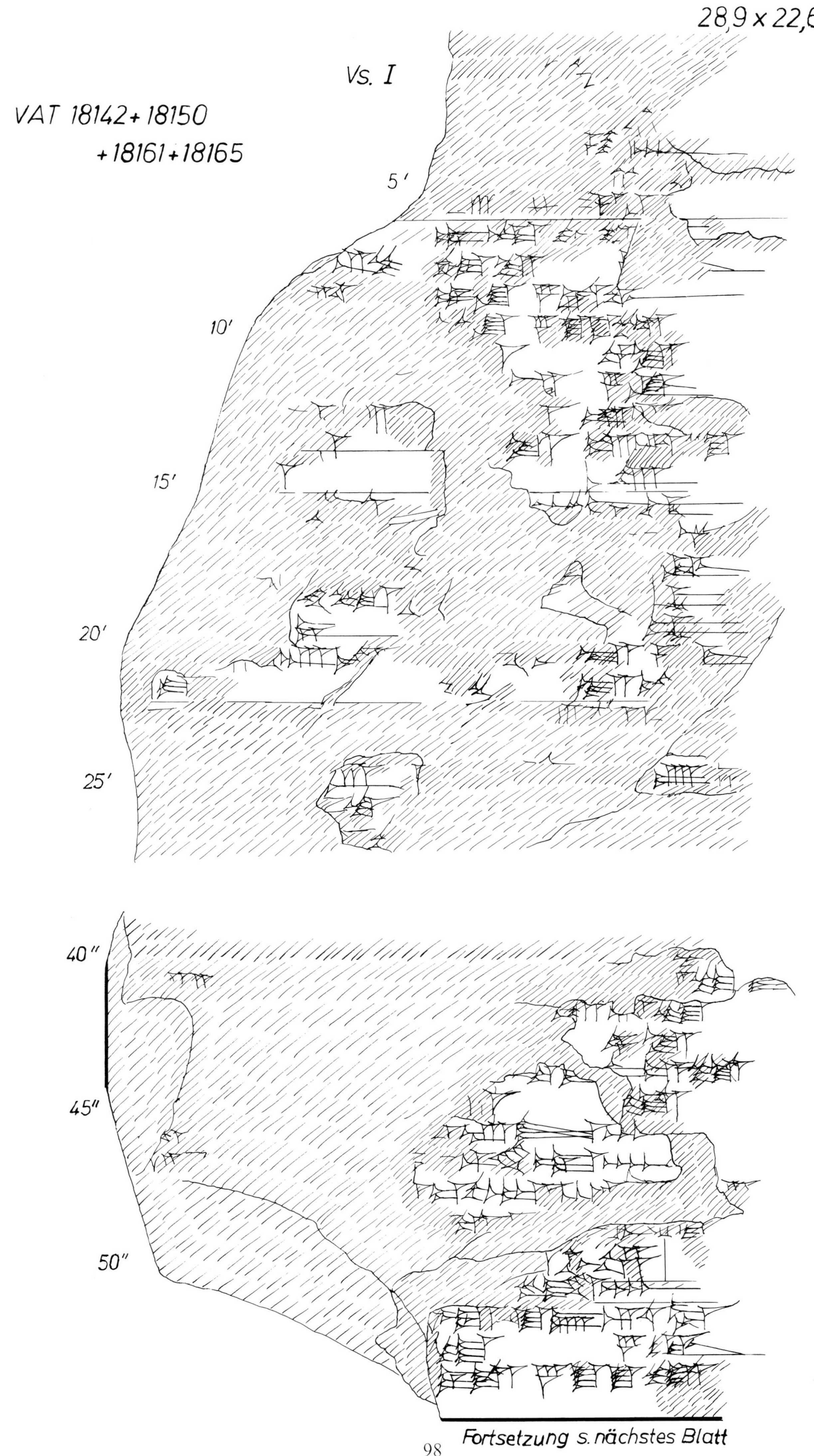


Fortsetzung s. nächstes Blatt

# 89 (Fortsetzung)

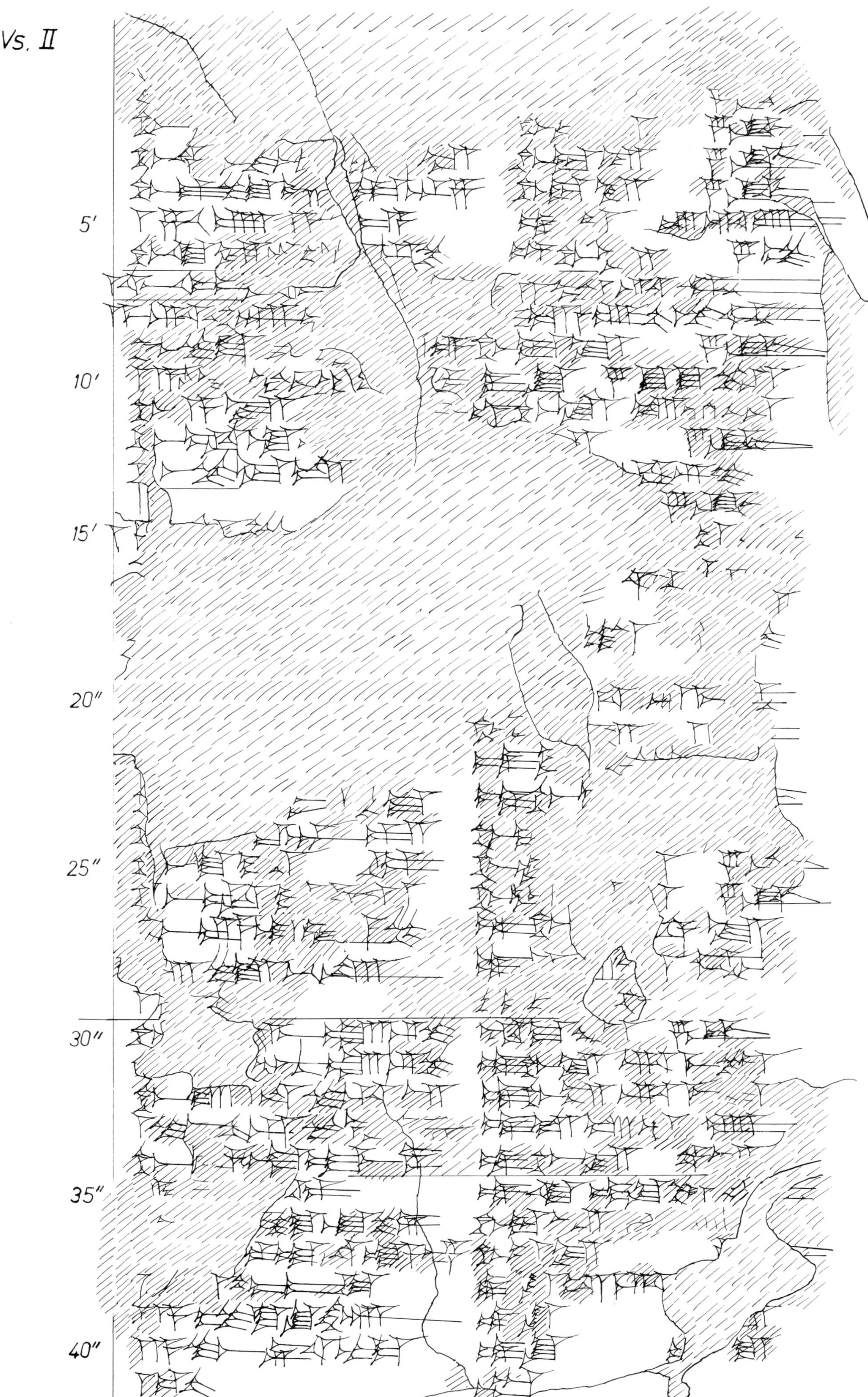


Fortsetzung s. nächstes Blatt

## 89 (Fortsetzung)

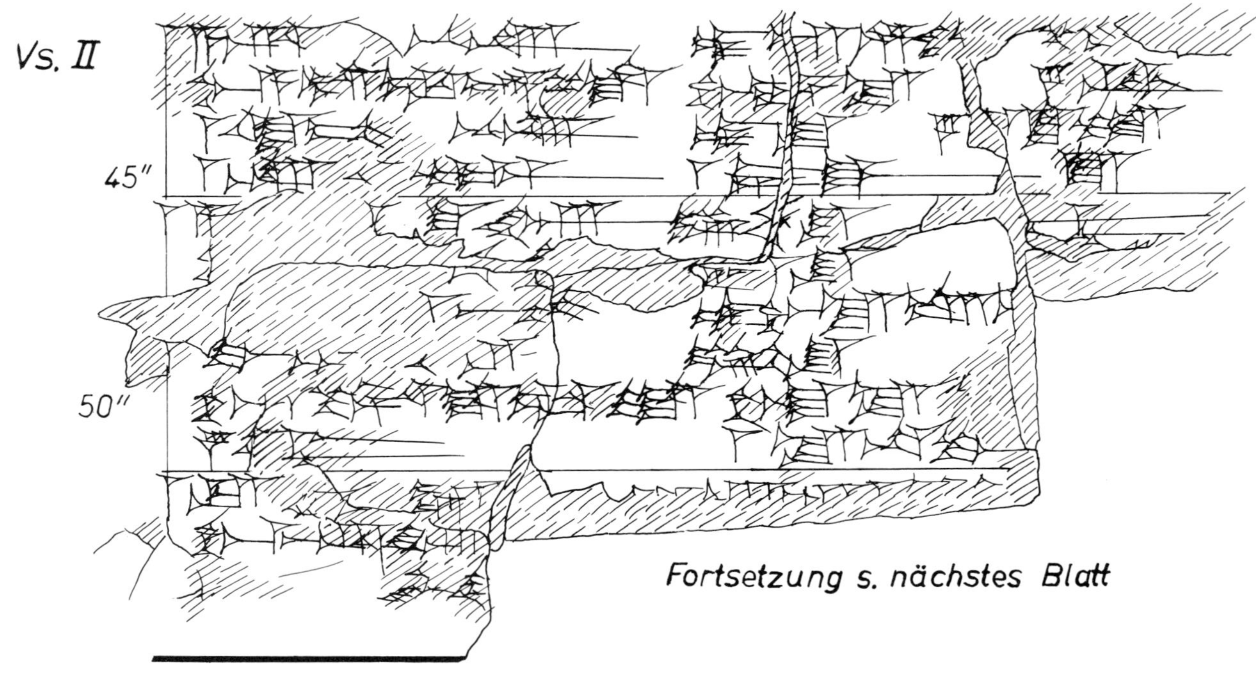


## 90

VAT 15438 3,7x3,9

Vs.?

Rd.

Rs.?

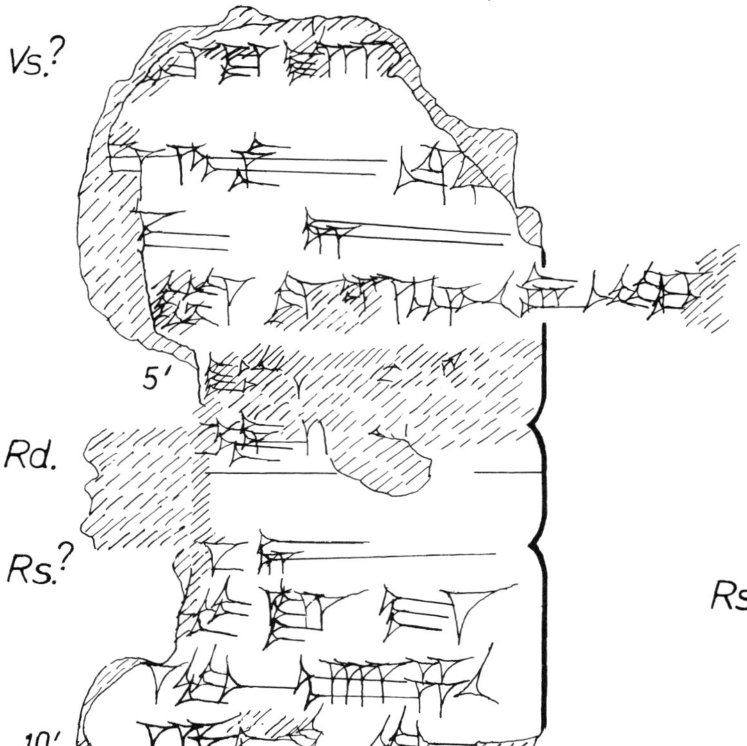

## 91

VAT 20237 5,1x4,9

Vs.

Rd.

Rs.

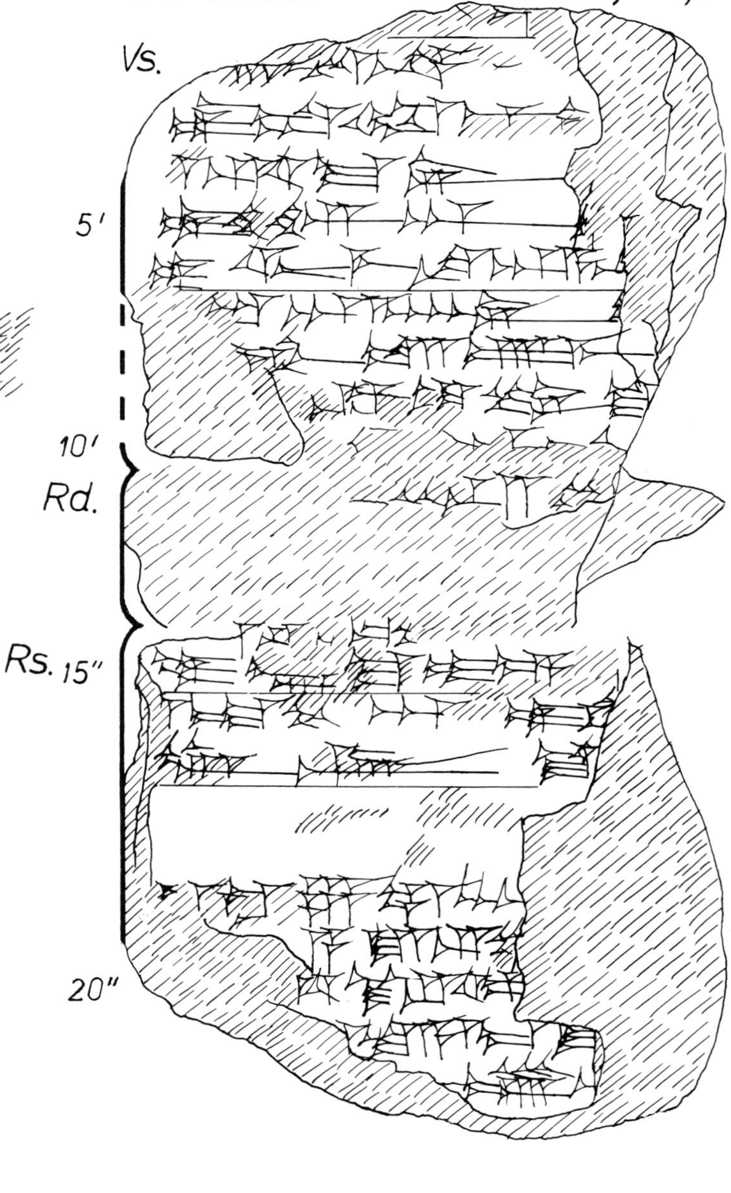

# 89 (Fortsetzung)

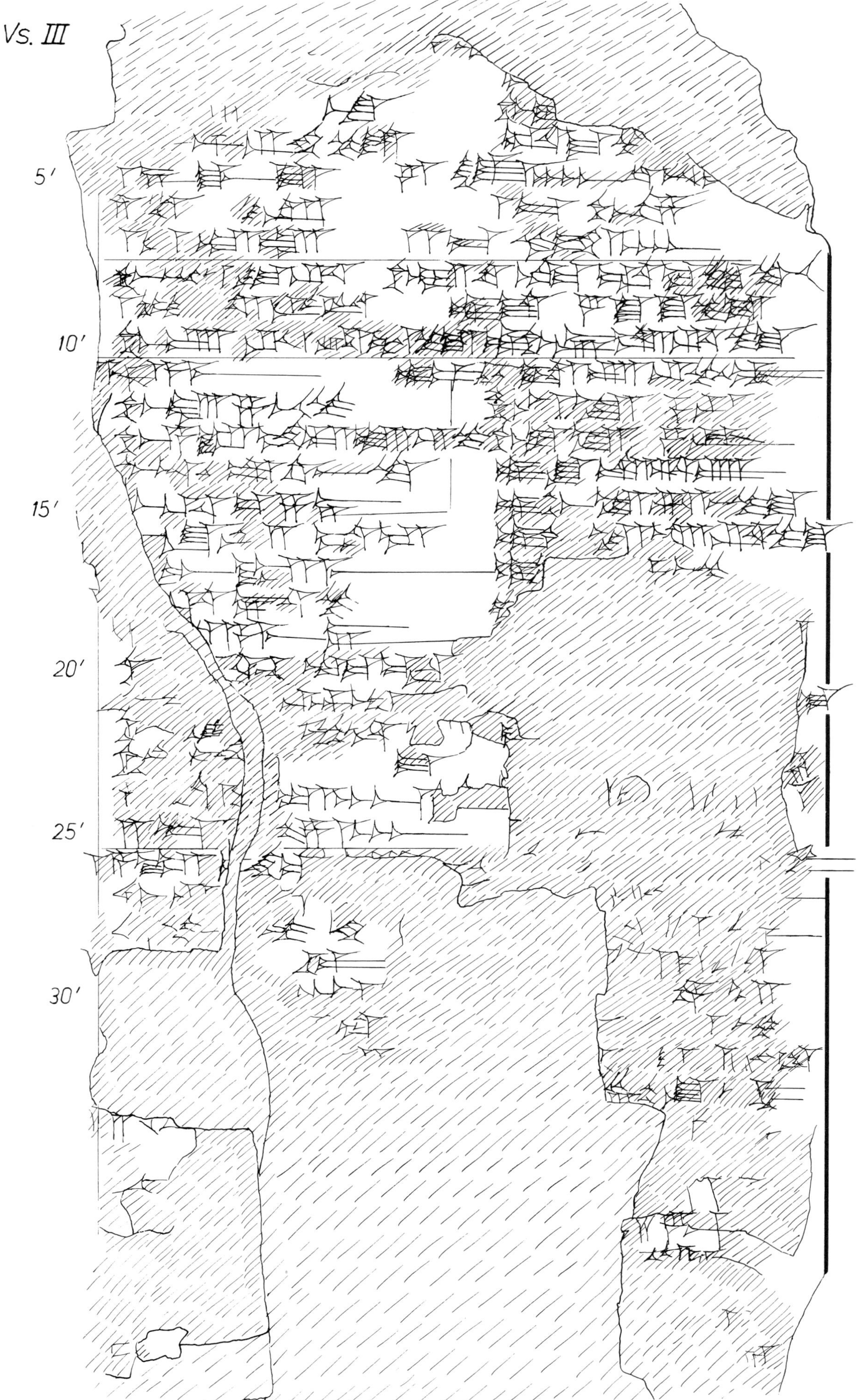


Fortsetzung s. nächstes Blatt

# 89 (Fortsetzung)

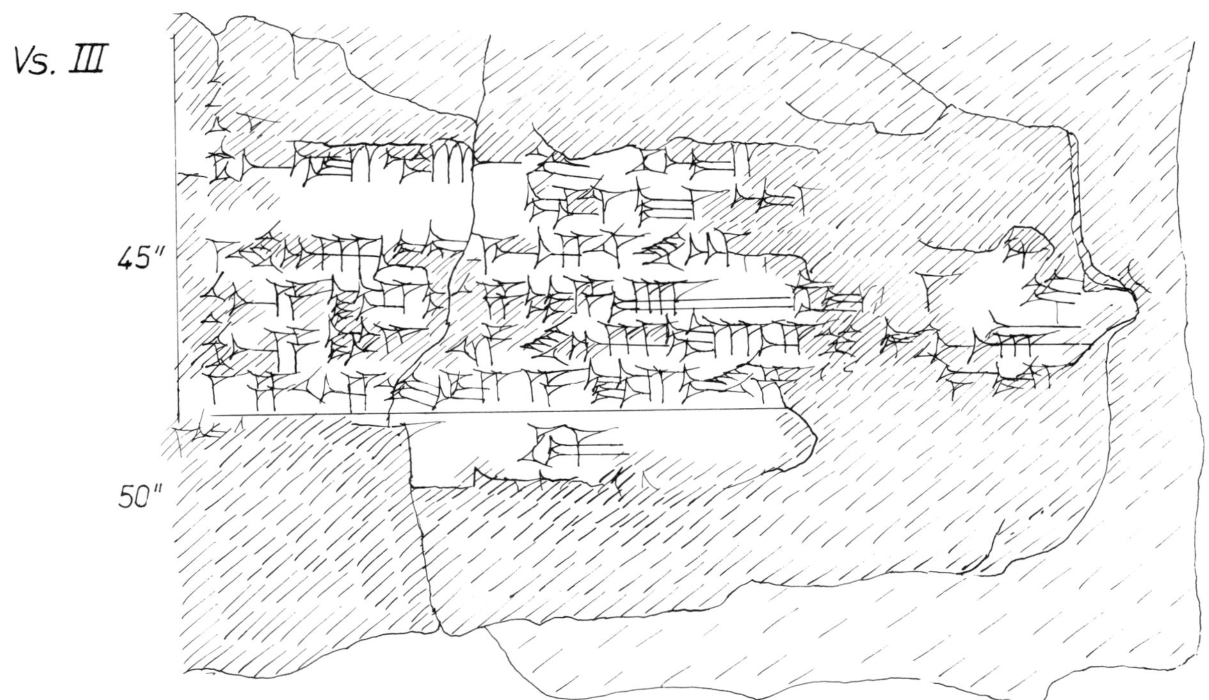


Fortsetzung s. nächstes Blatt

# 92

VAT 18191 4,5 x 4,7

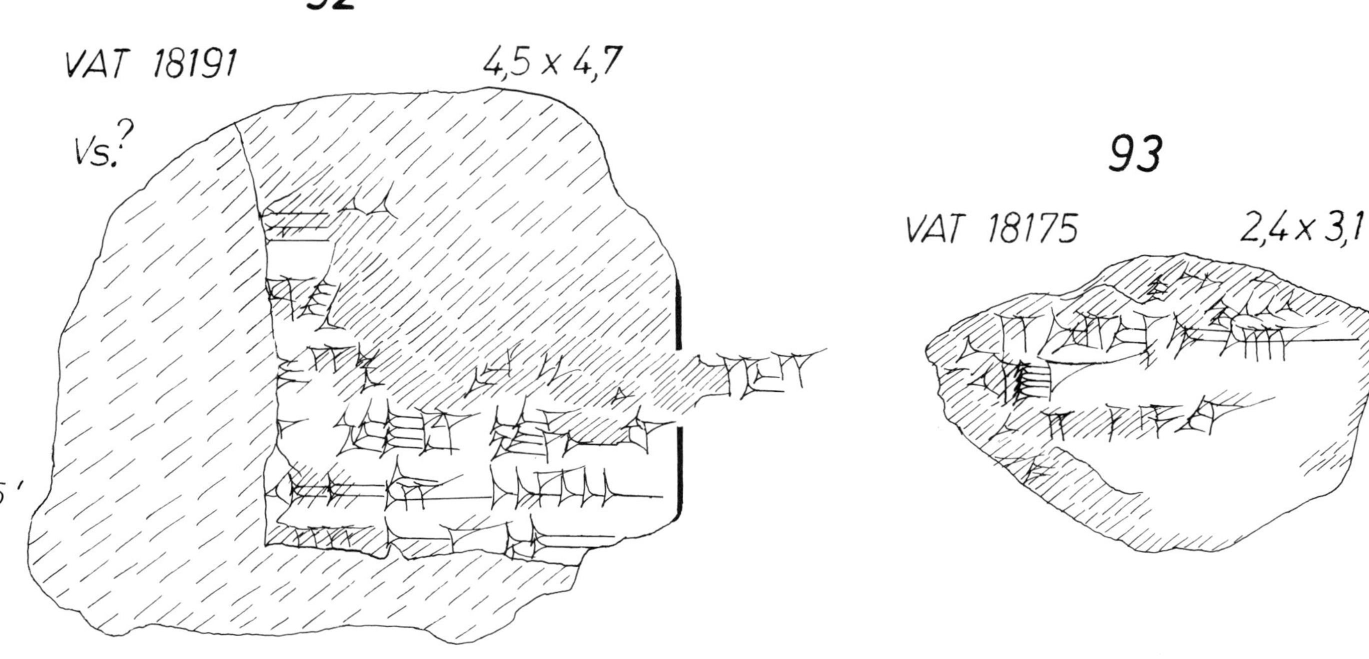


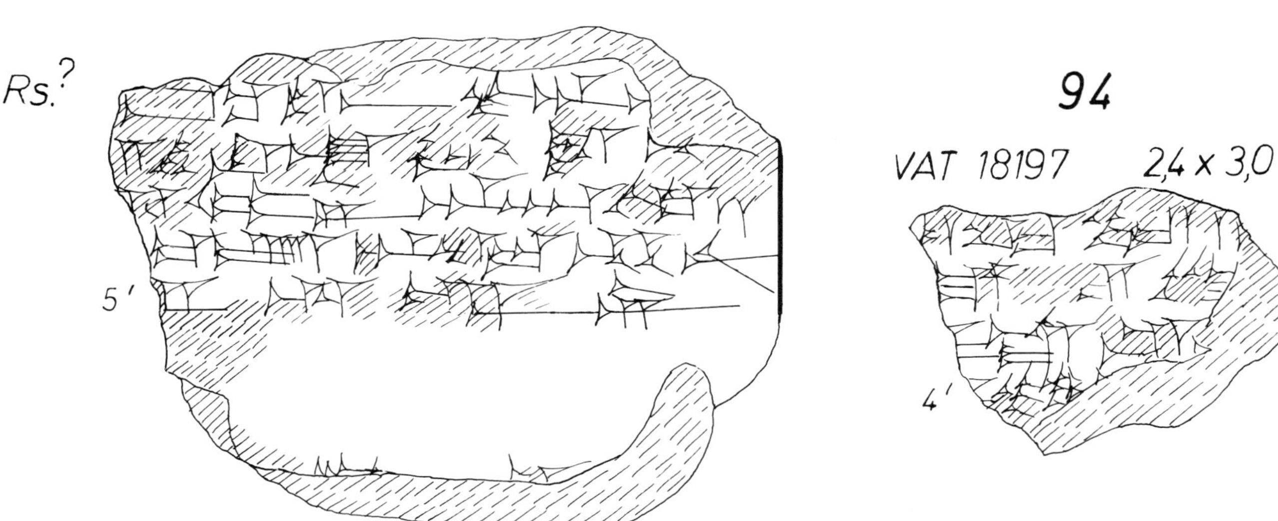

# 89 (Fortsetzung)

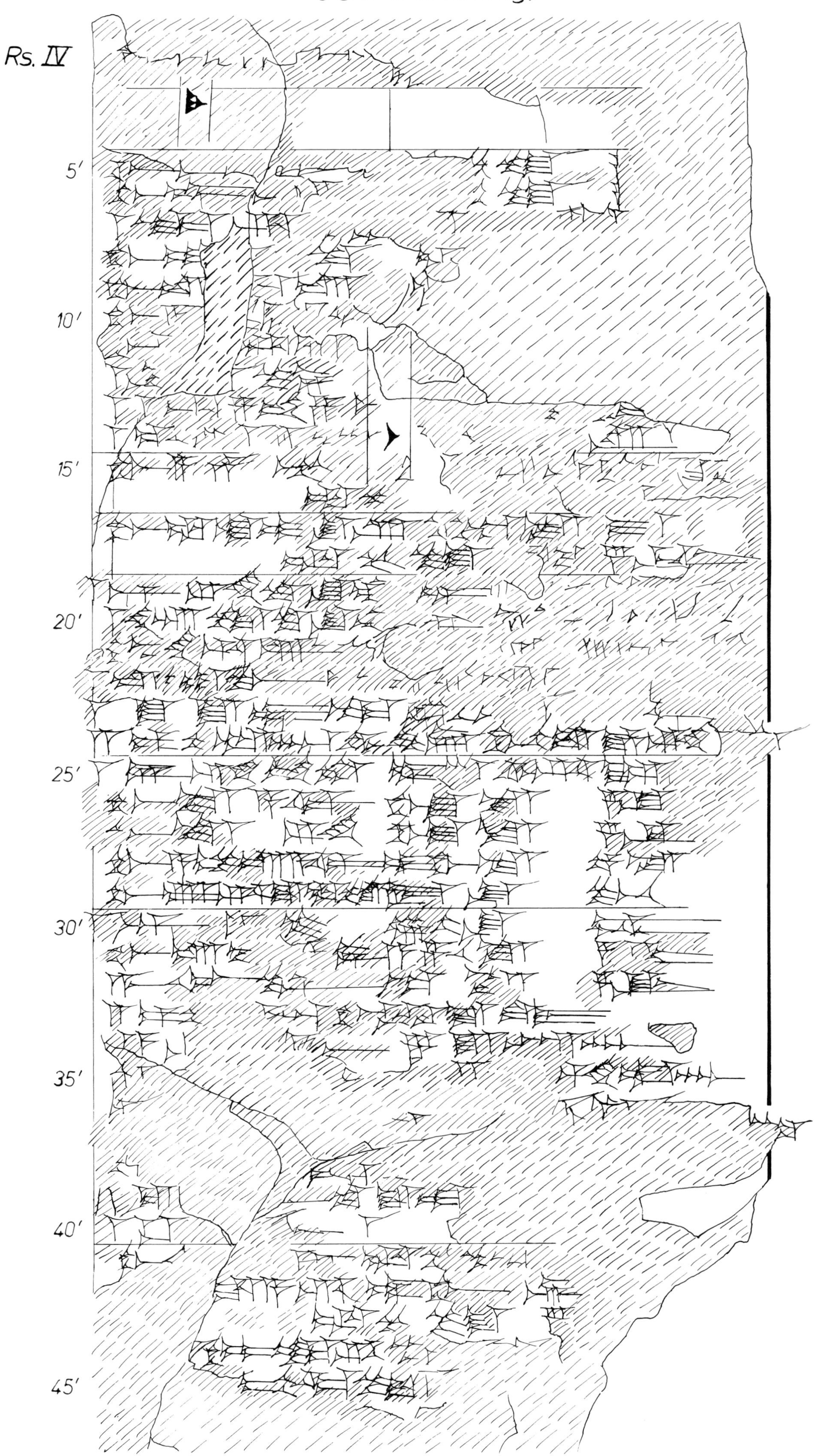

Fortsetzung s. nächstes Blatt

# 89 (Fortsetzung)

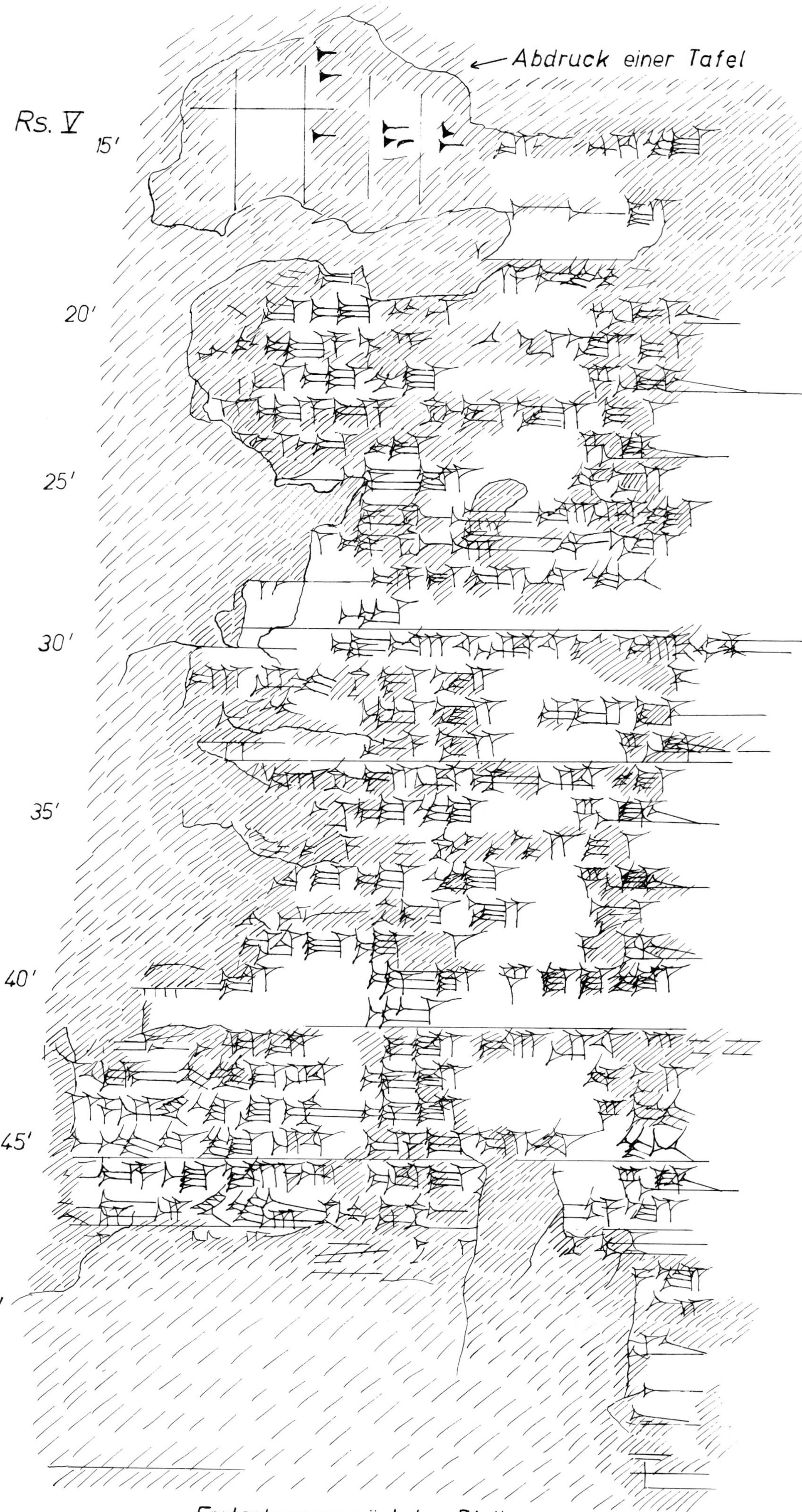


Fortsetzung s. nächstes Blatt

## 89 (Fortsetzung)

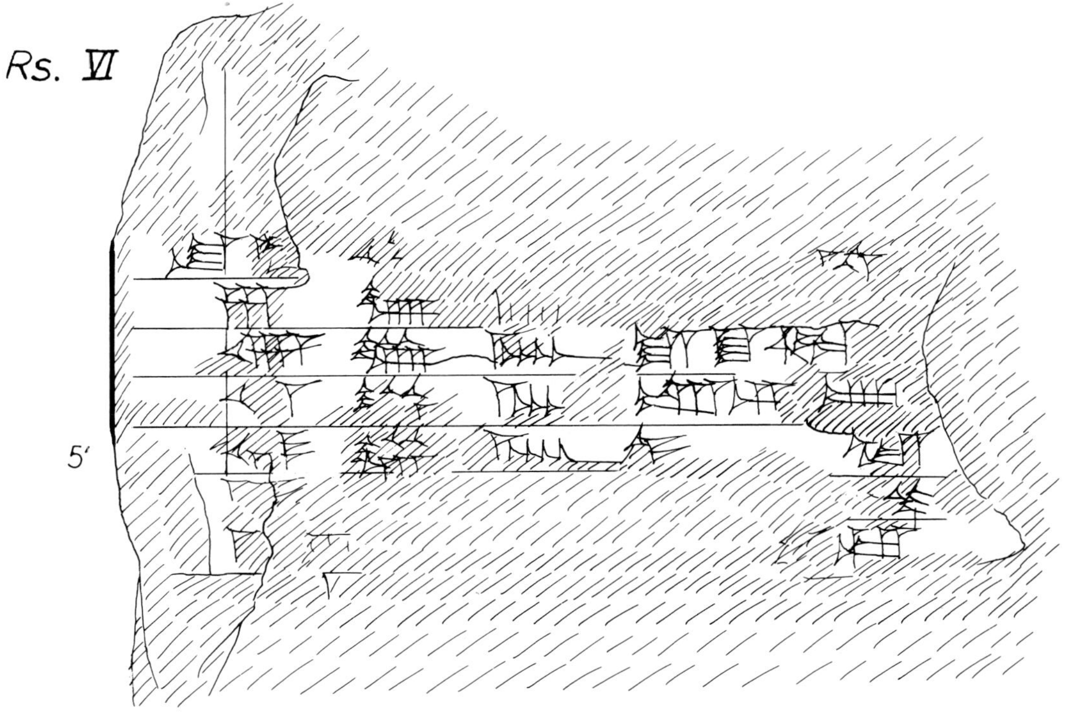


## 95

VAT 18158 10,9 x 10,8

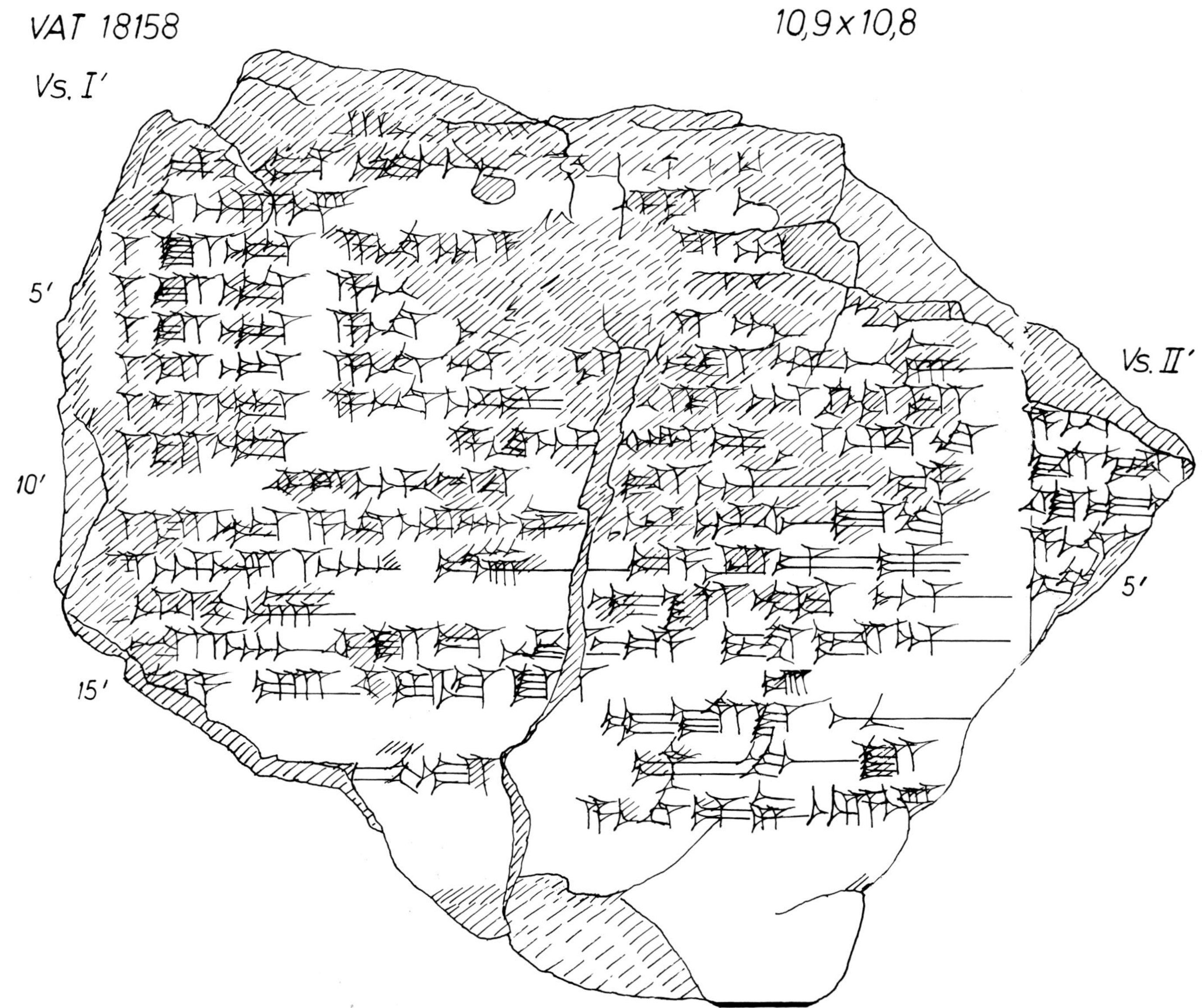


Rs. unbeschrieben bzw. zerstört

# 96

VAT 18189 9,4x7,0

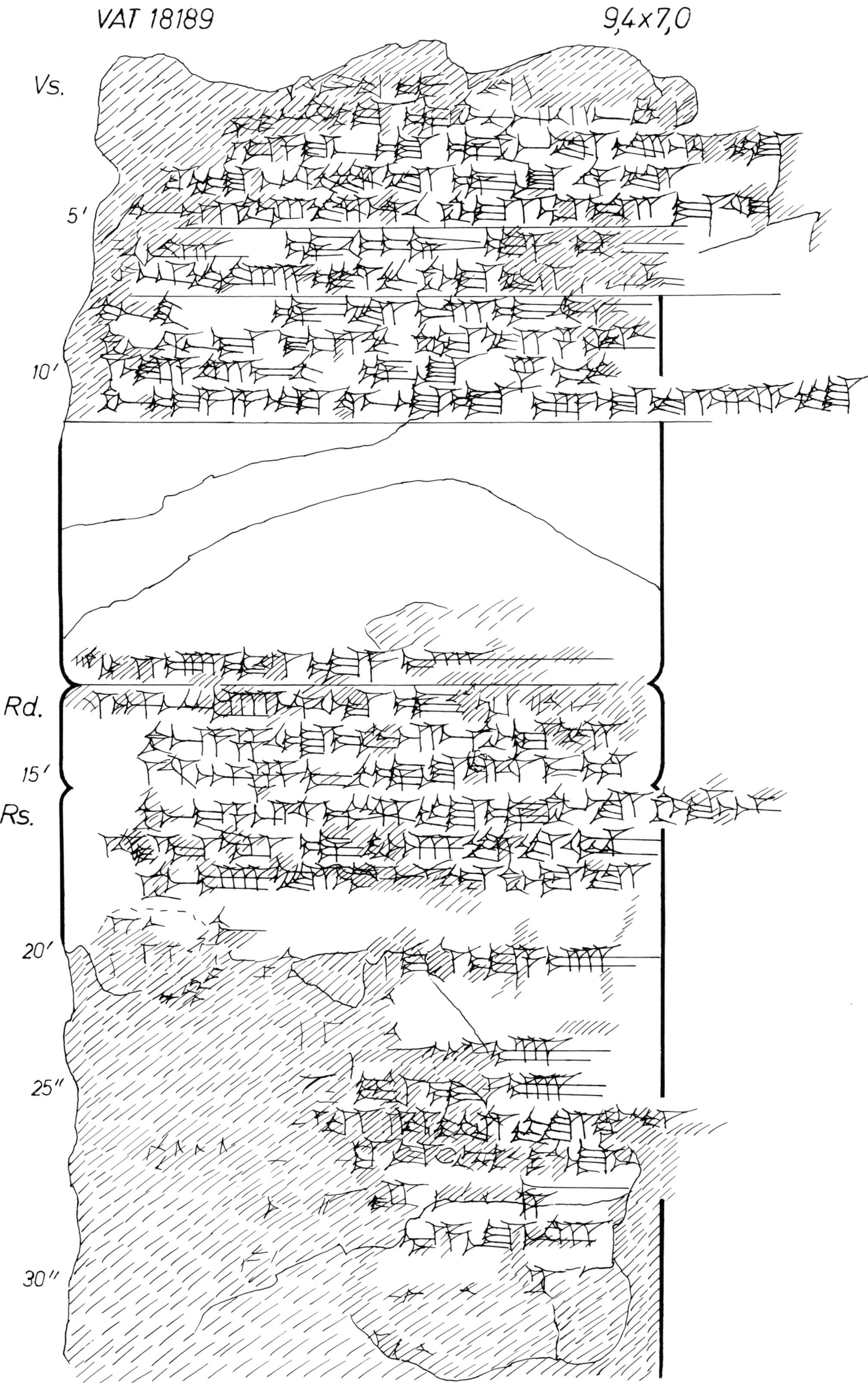

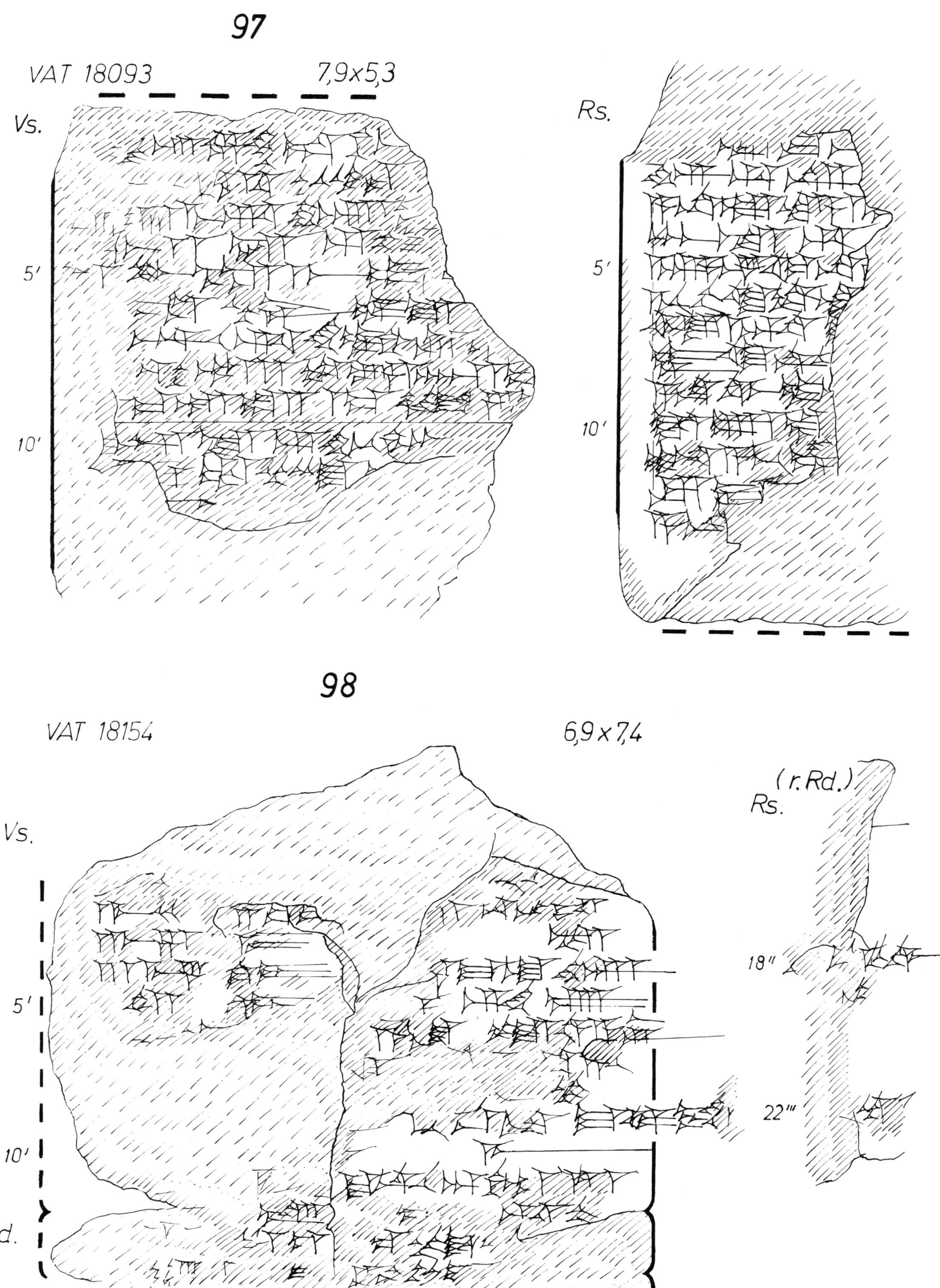
97
VAT 18093
7,9x5,3
Vs.
Rs.
98
VAT 18154
6,9x7,4
Vs.
Rd.
(r.Rd.)
Rs.

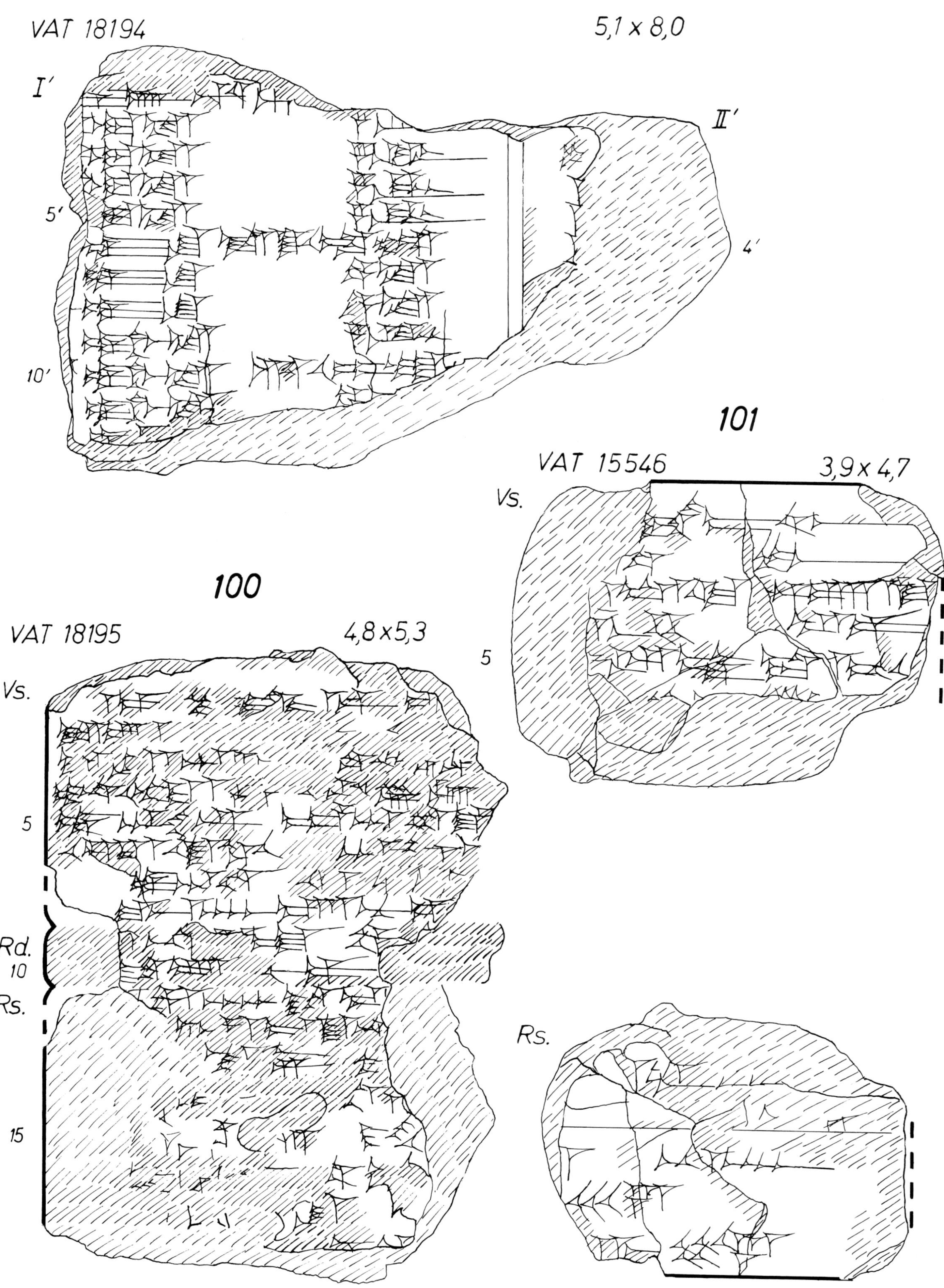
99
VAT 18194
5,1 x 8,0
I'
II'
5'
4'
10'
101
VAT 15546
3,9 x 4,7
Vs.
5
100
VAT 18195
4,8 x 5,3
Vs.
5
Rd.
10
Rs.
15
Rs.

# 102

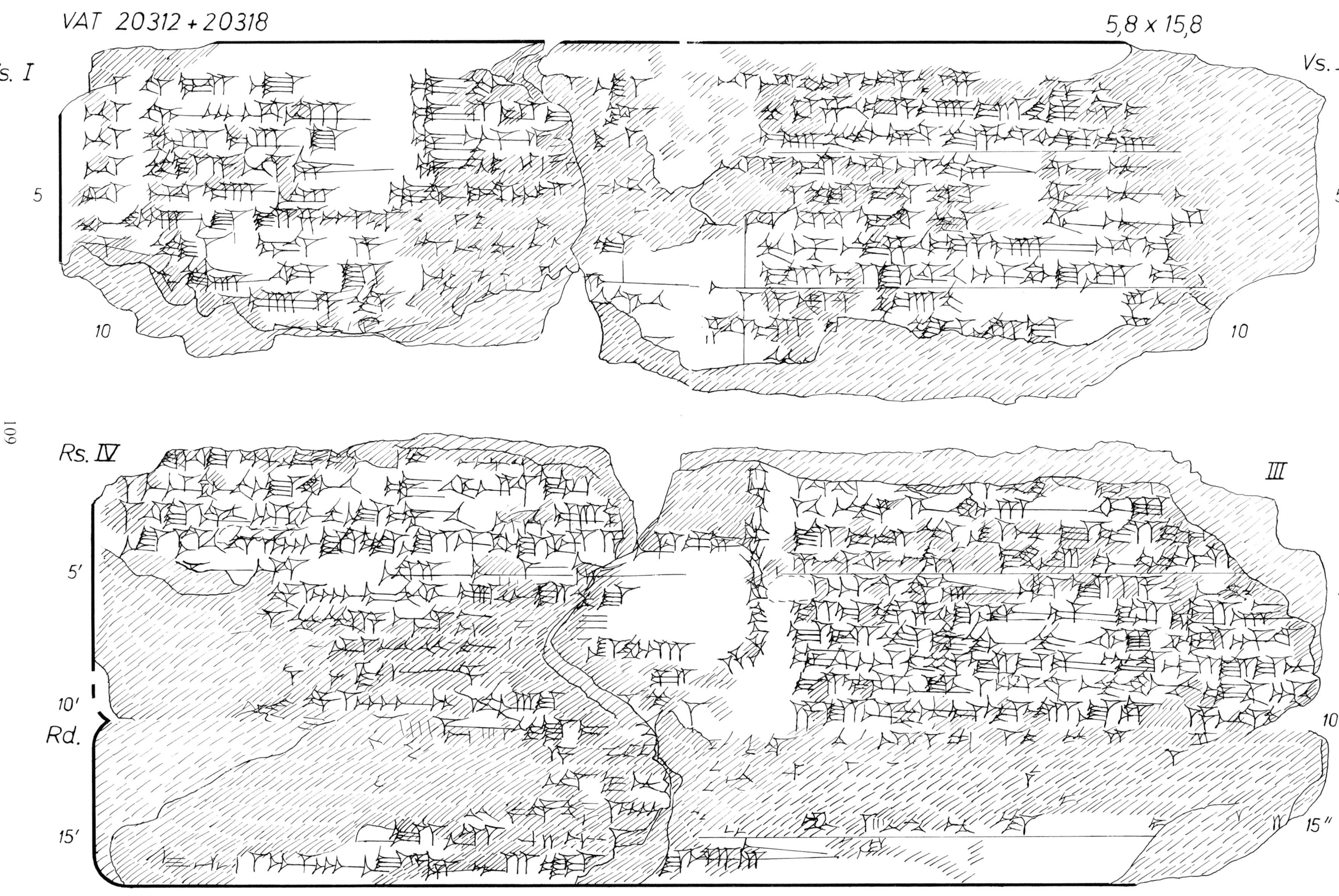

## 103

VAT 18159 17,1 x 9,2

Vs.

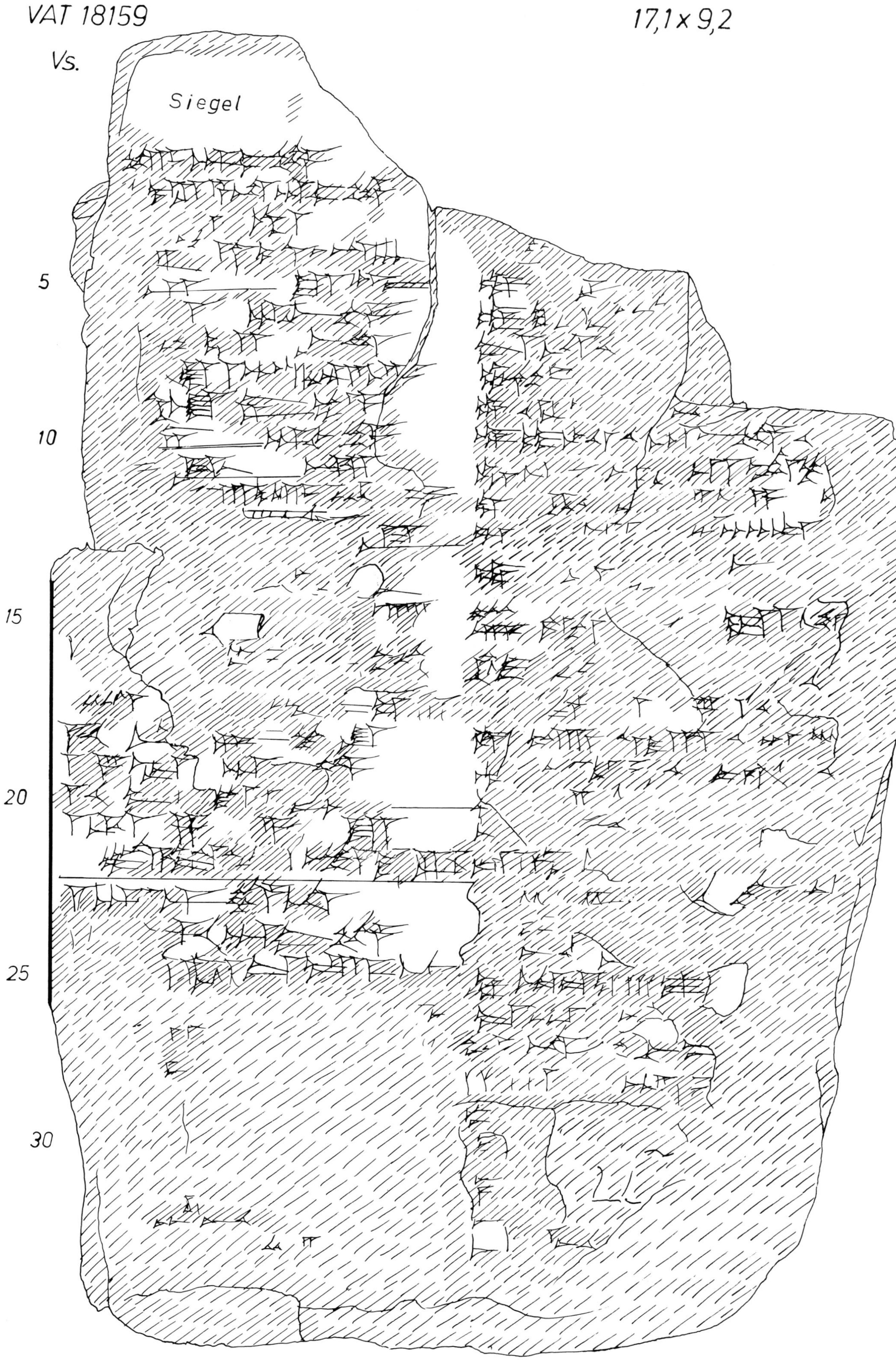


Fortsetzung s. nächstes Blatt

## 103 (Fortsetzung)

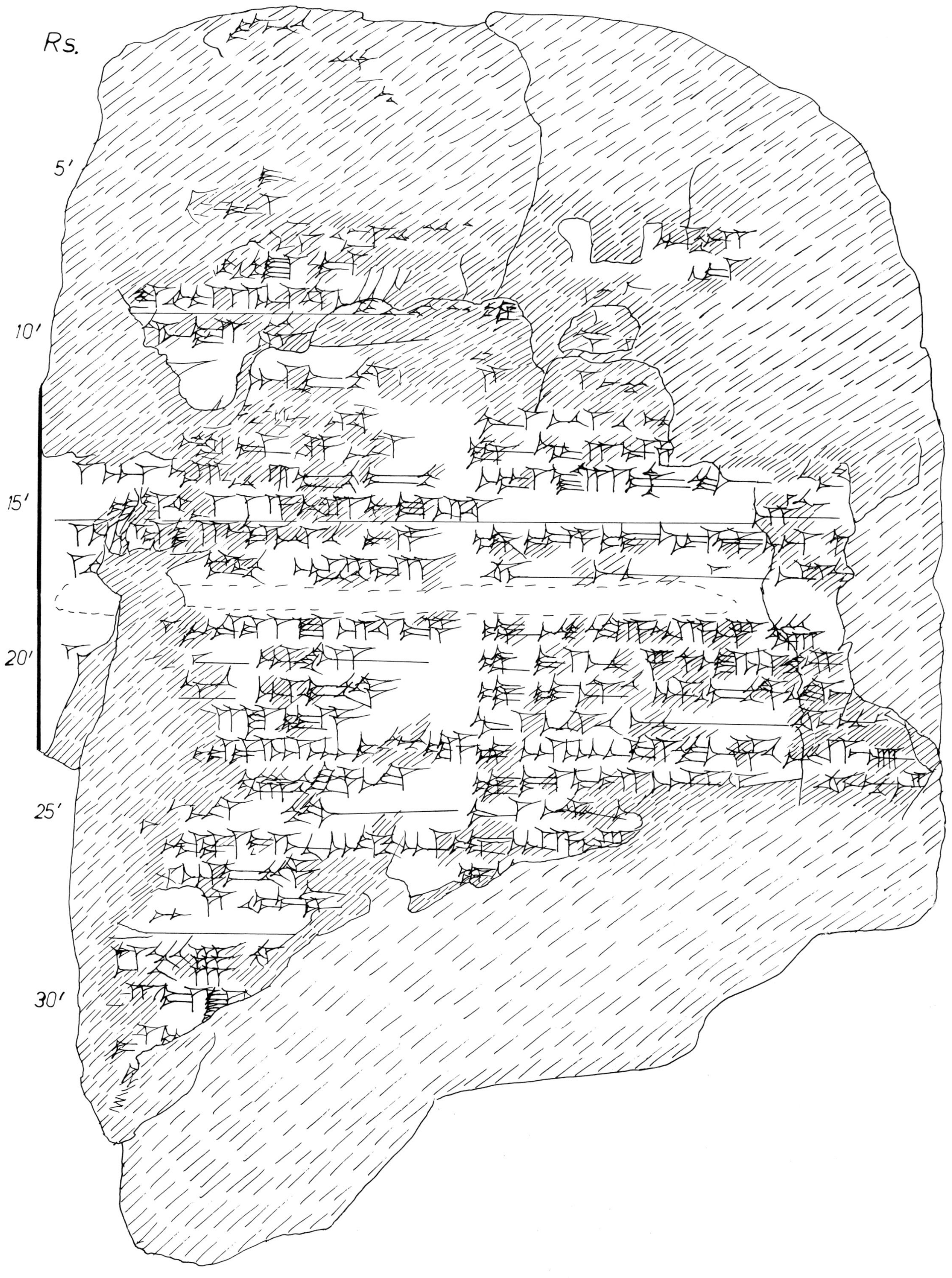

## 104

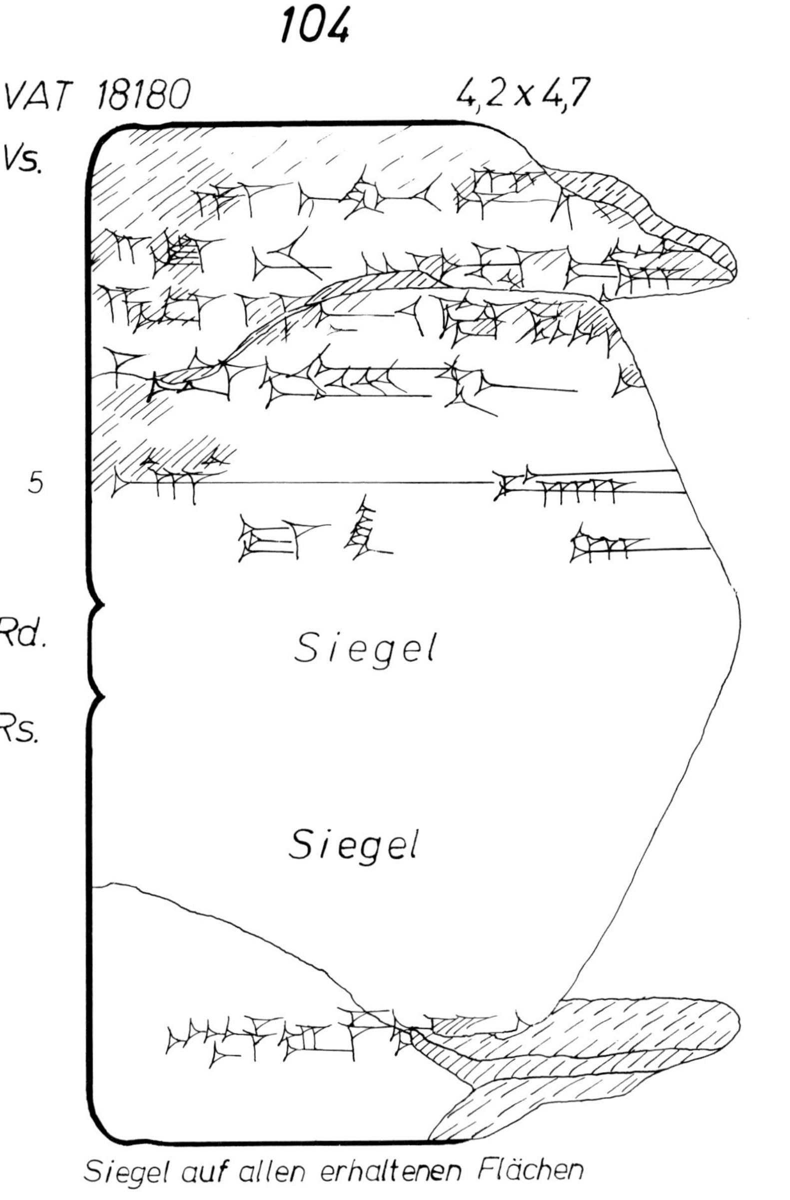


Siegel auf allen erhaltenen Flächen

## 105

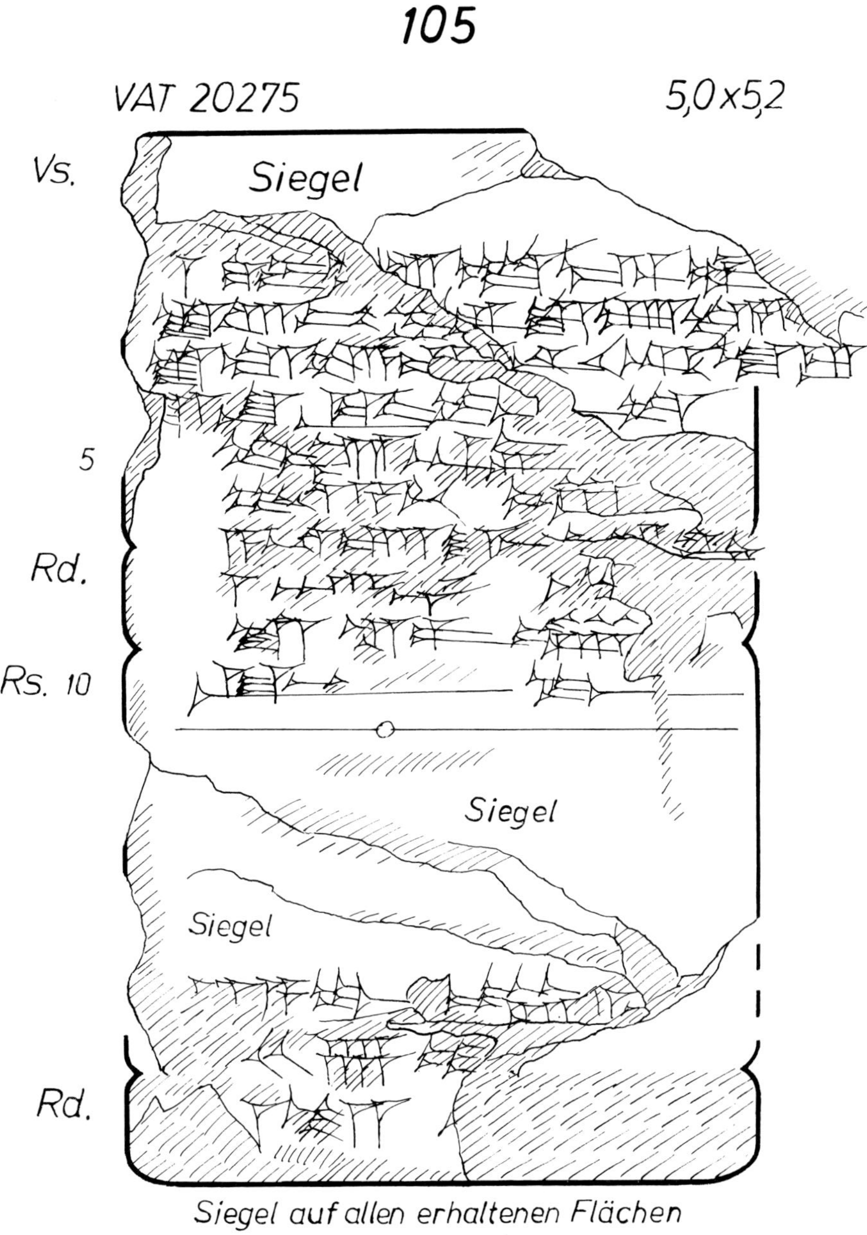


Siegel auf allen erhaltenen Flächen

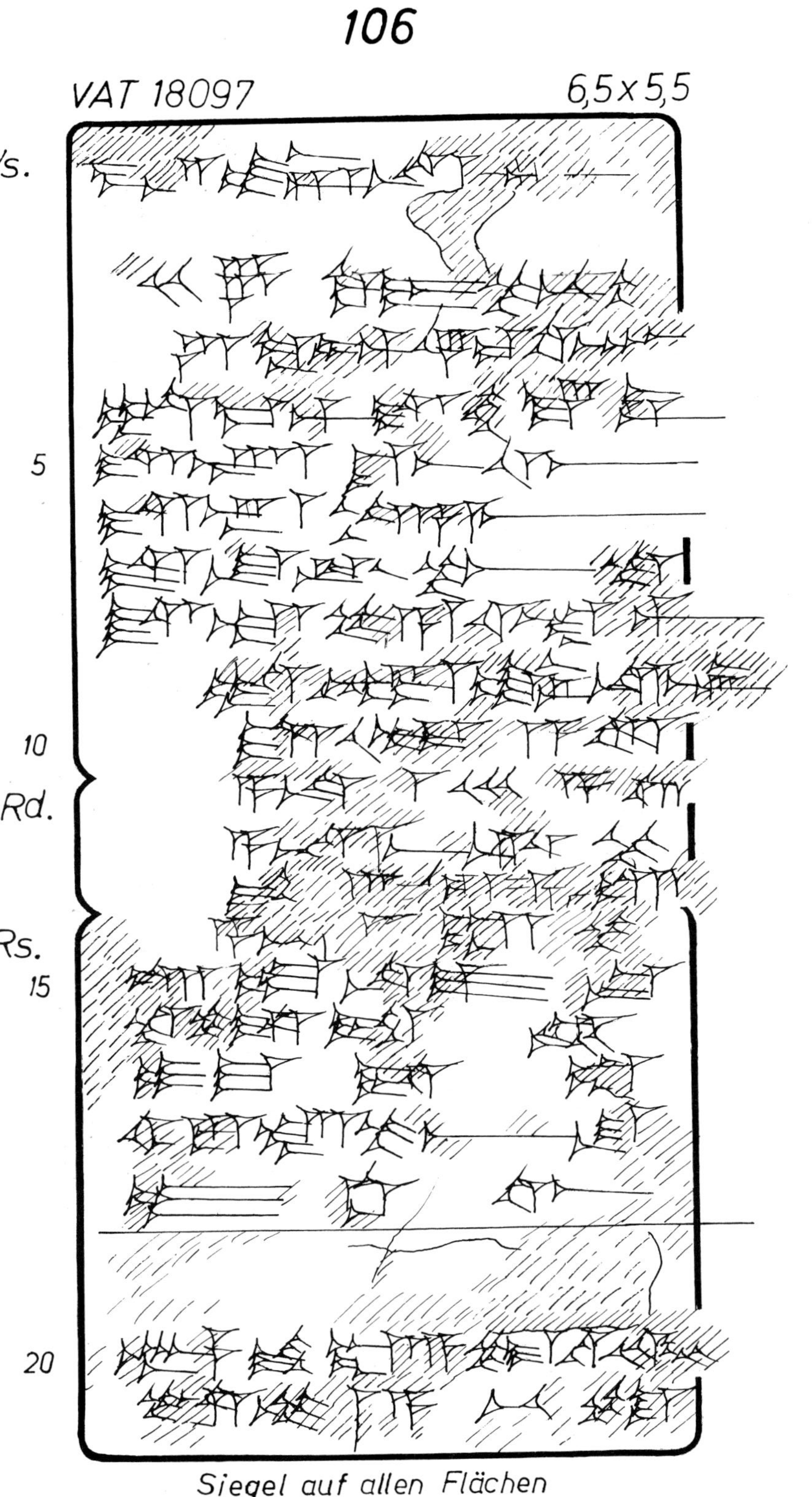


Siegel auf allen Flächen

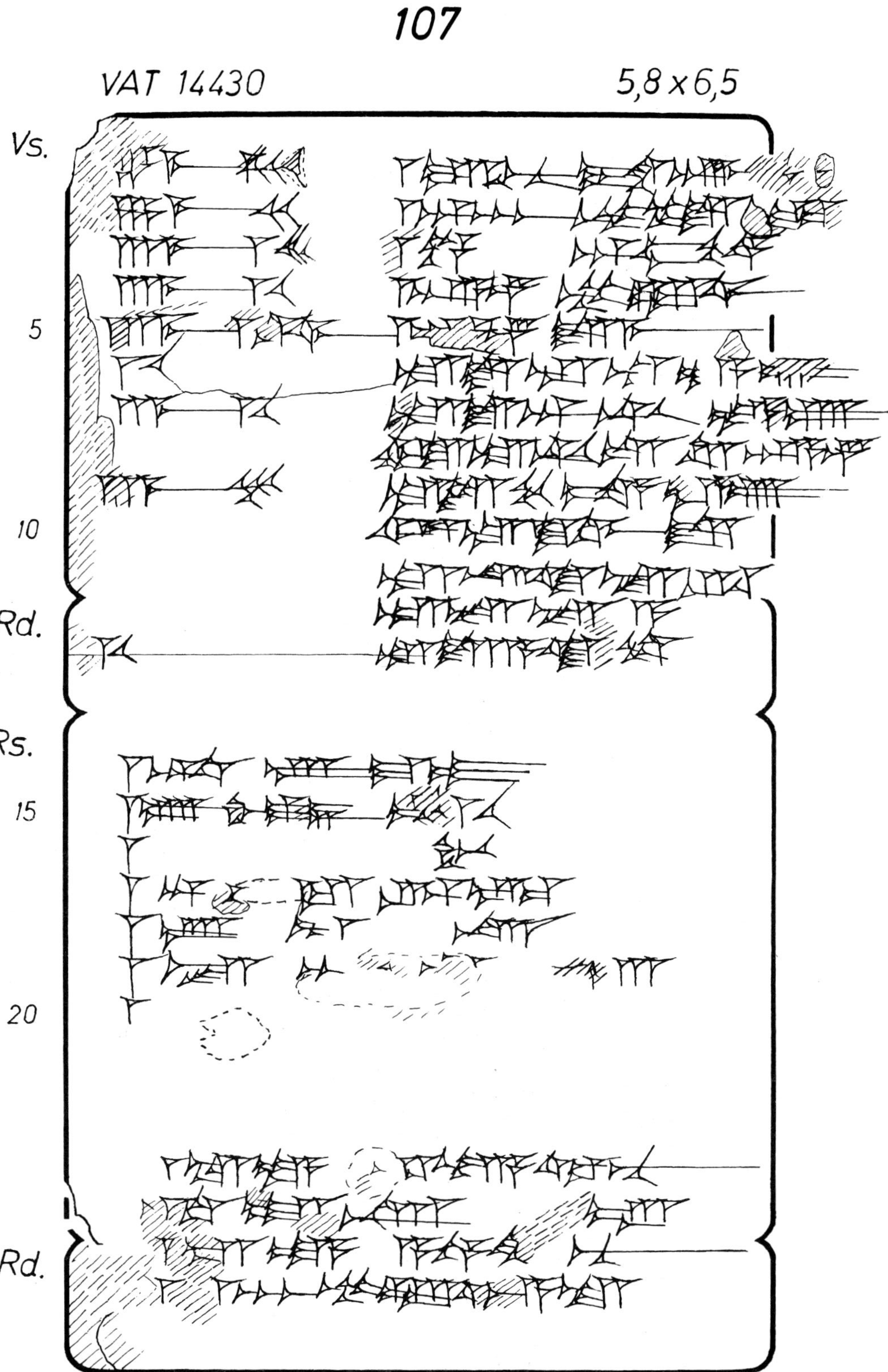

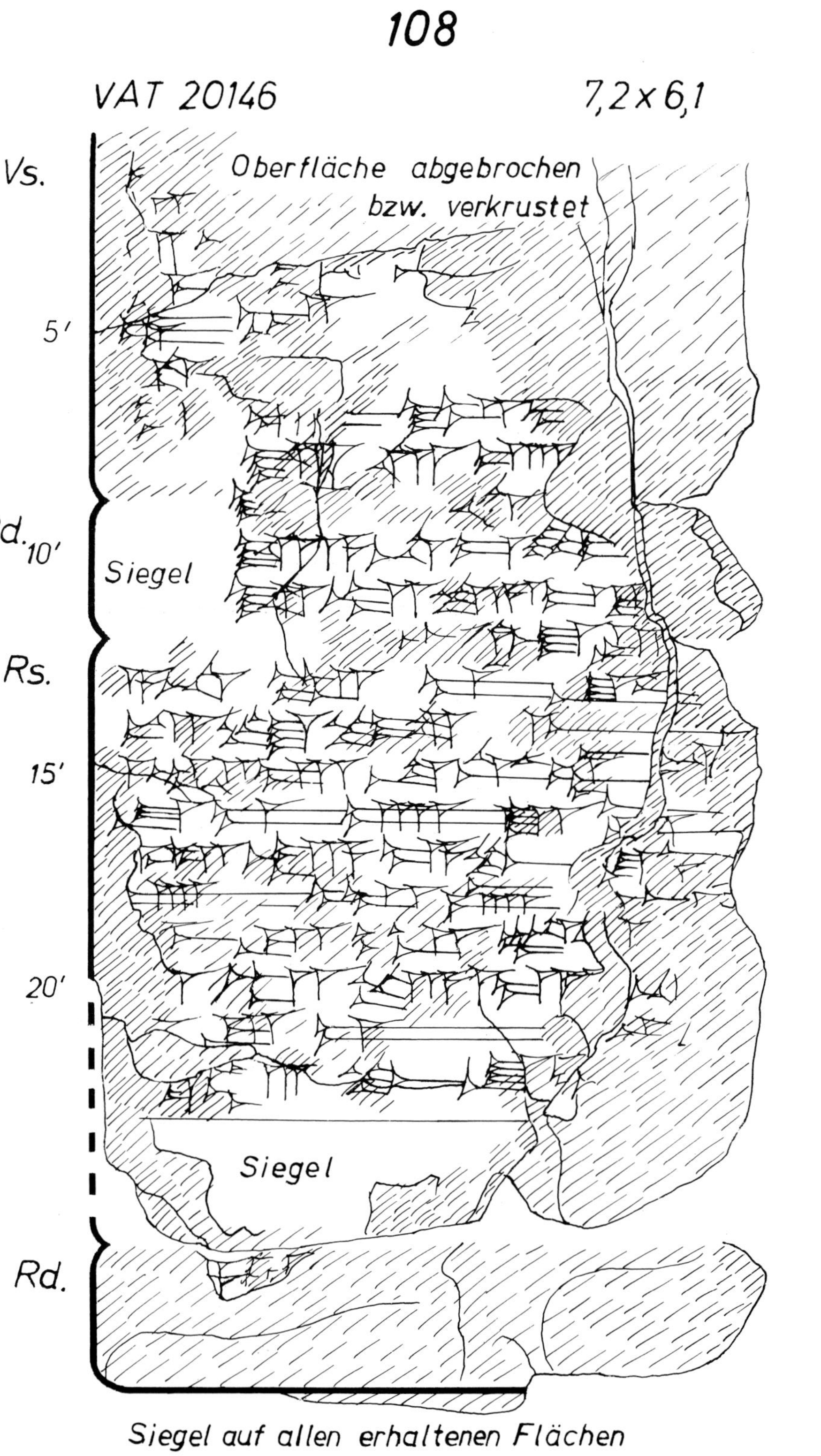
108
VAT 20146
7,2 x 6,1
Oberfläche abgebrochen
bzw. verkrustet
Siegel
Siegel
Siegel auf allen erhaltenen Flächen
Vs.
5'
Rd. 10'
Rs.
15'
20'
Rd.

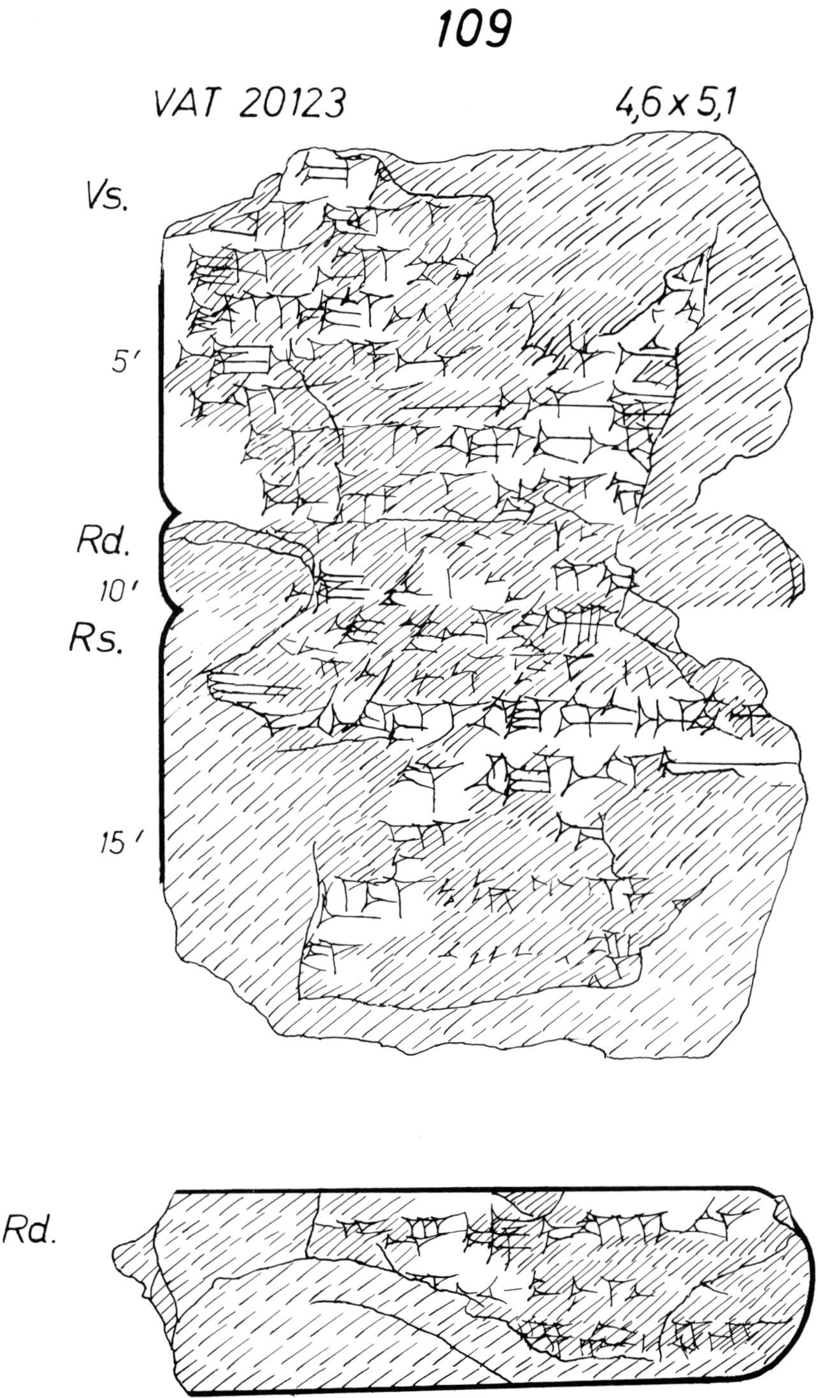
109
VAT 20123
4,6 x 5,1
Vs.
5'
Rd.
10'
Rs.
15'
l. Rd.

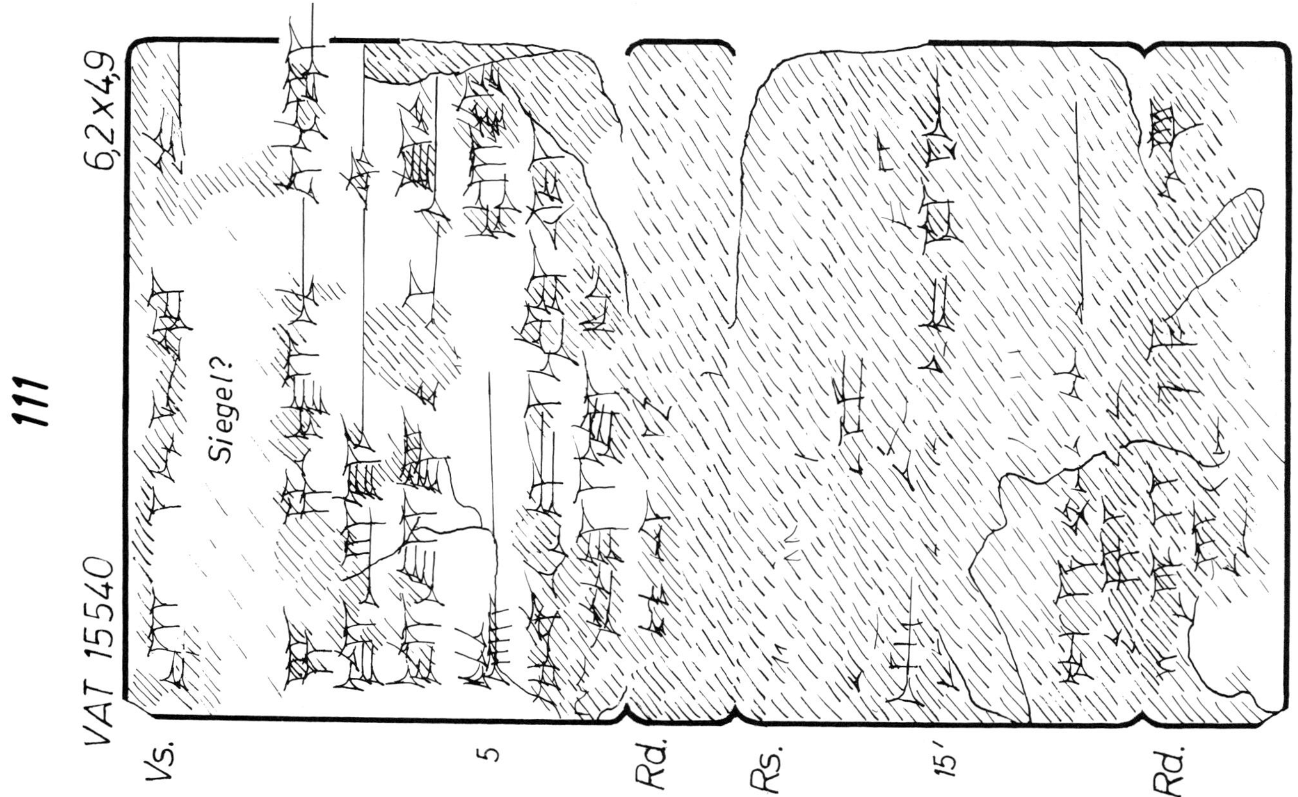
111
VAT 15540
6,2 x 4,9
Siegel?
Vs.
Rd.
Rs.
Rd.

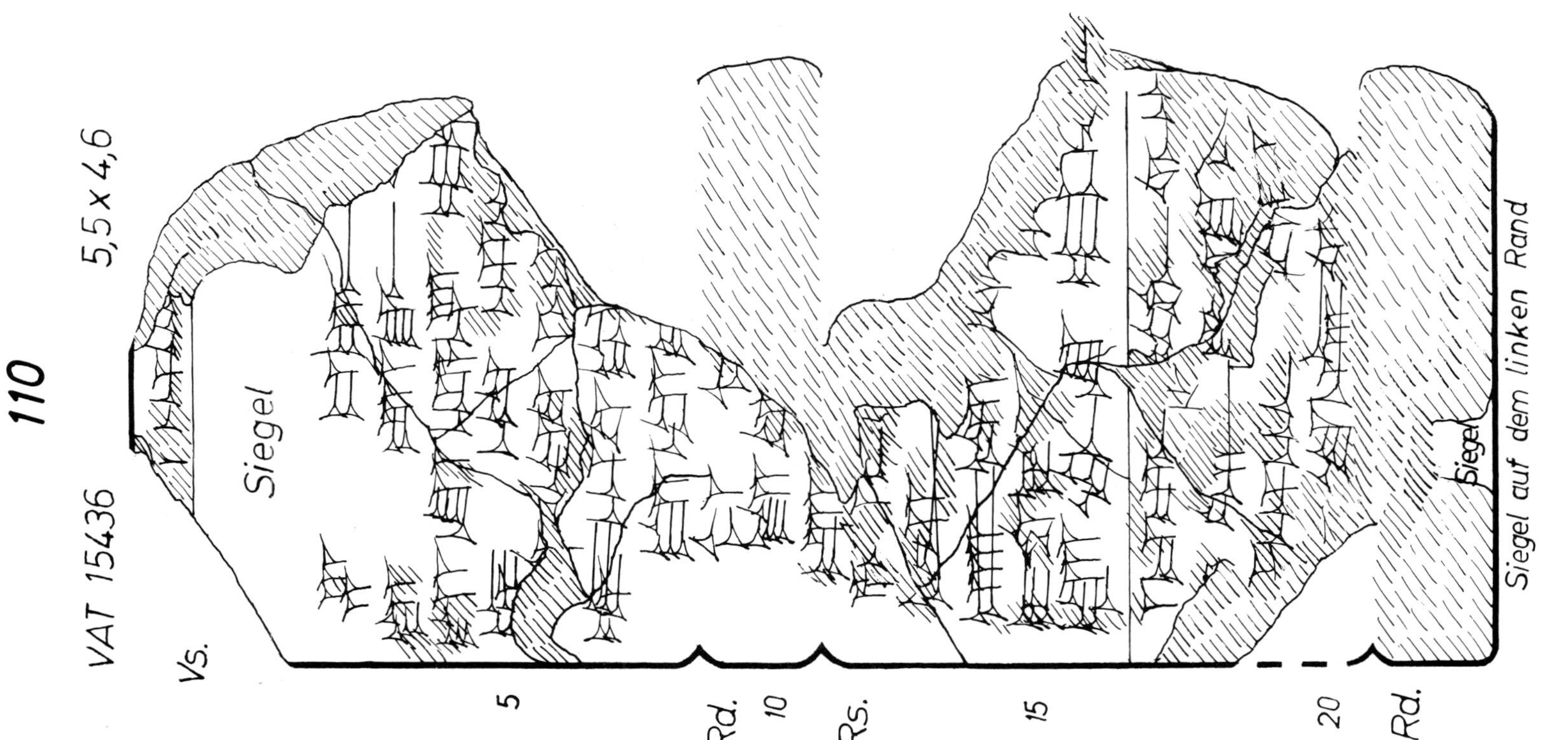
110
VAT 15436
5,5 x 4,6
Siegel
Vs.
Rd.
Rs.
Rd.
Siegel
Siegel auf dem linken Rand

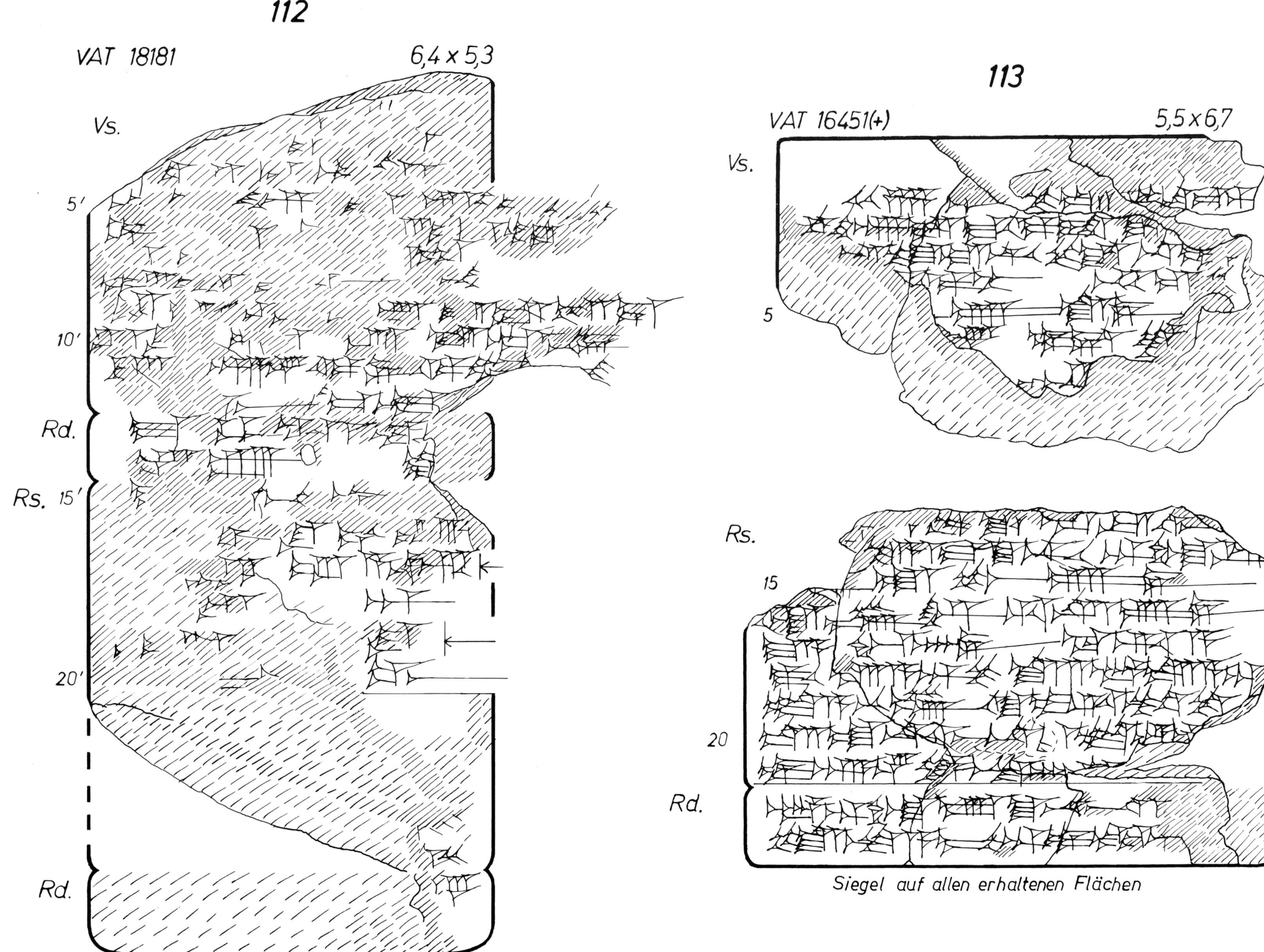

112
VAT 18181
6,4 x 5,3
Vs.
Rd.
Rs.
Rd.
113
VAT 16451(+)
5,5 x 6,7
Vs.
Rs.
Rd.
Siegel auf allen erhaltenen Flächen

## 114

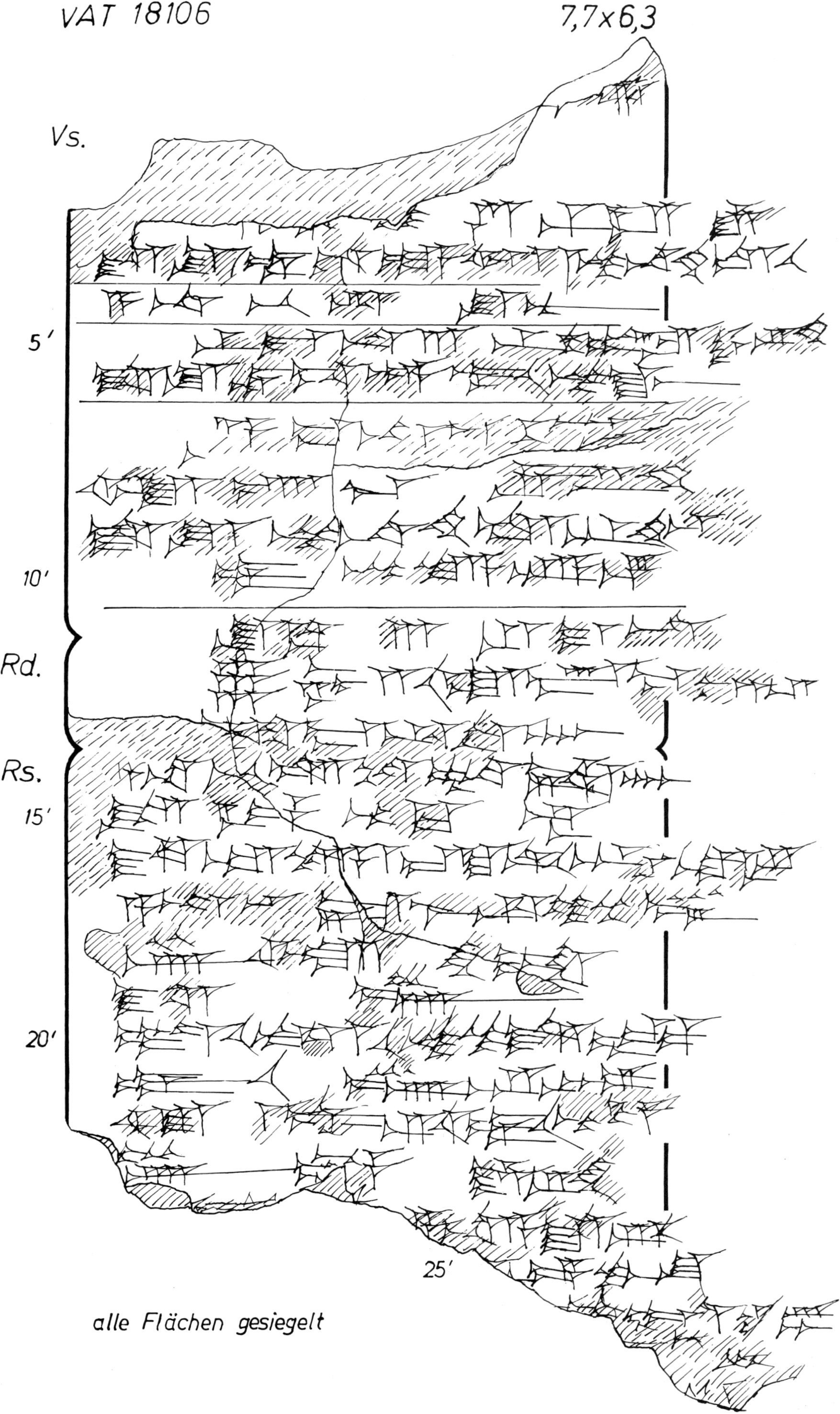

## 115

VAT 20313 10,3 x 9,9

Vs. I

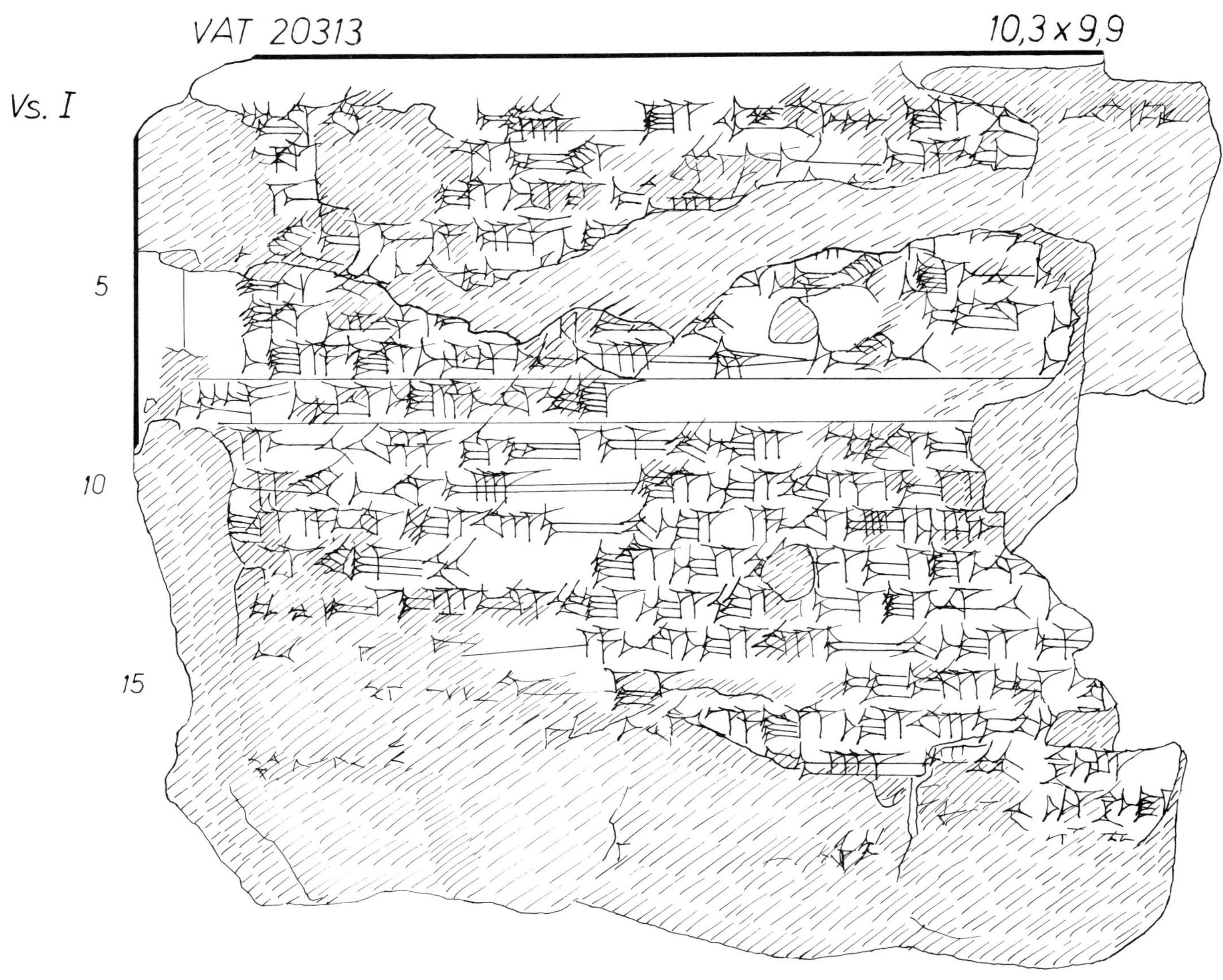

Tafeloberfläche zerstört

Rs. IV

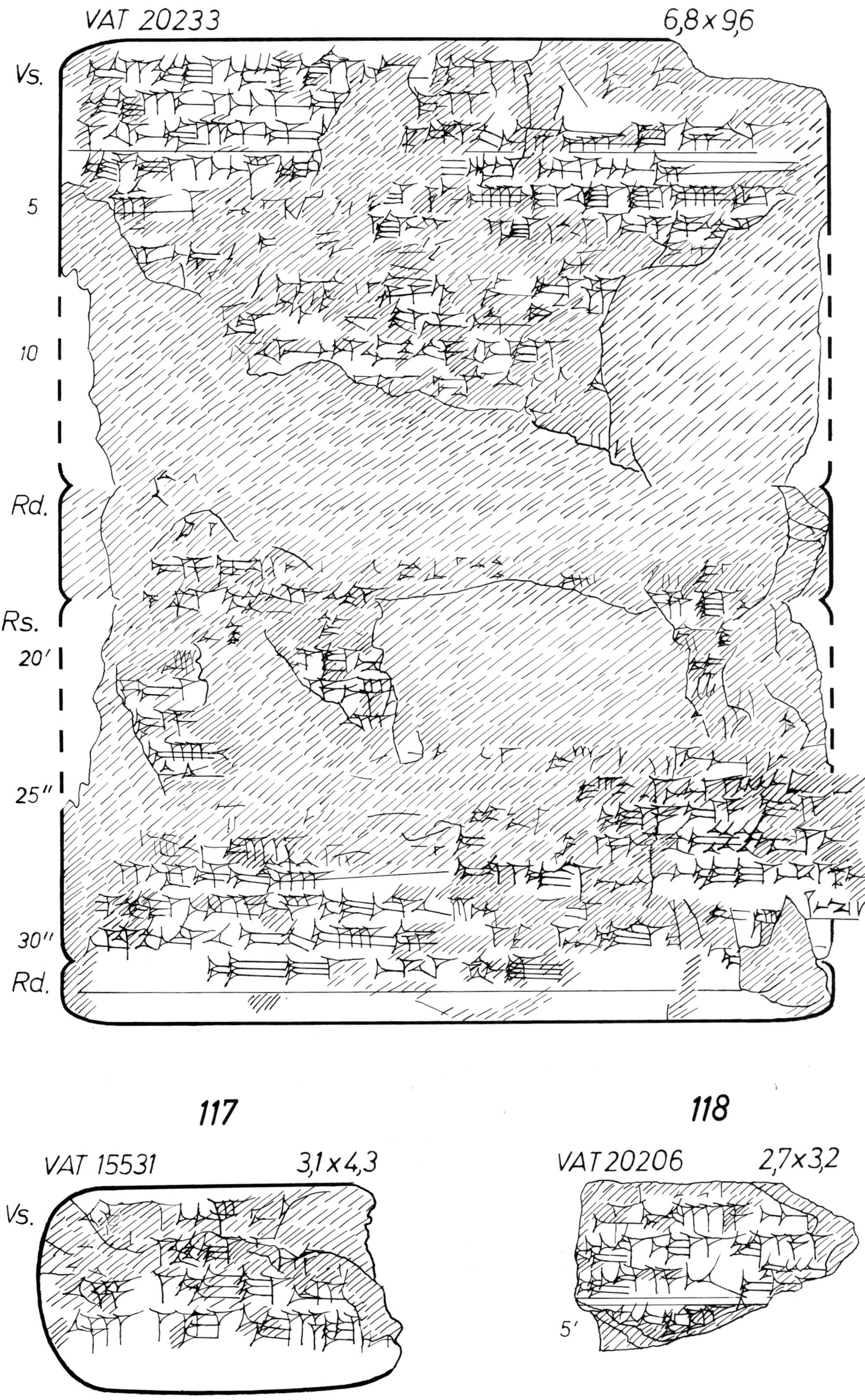
116
VAT 20233
6,8 x 9,6
Vs.
Rd.
Rs.
Rd.
117
VAT 15531
3,1 x 4,3
Vs.
Rs. unbeschrieben
118
VAT 20206
2,7 x 3,2

## 119

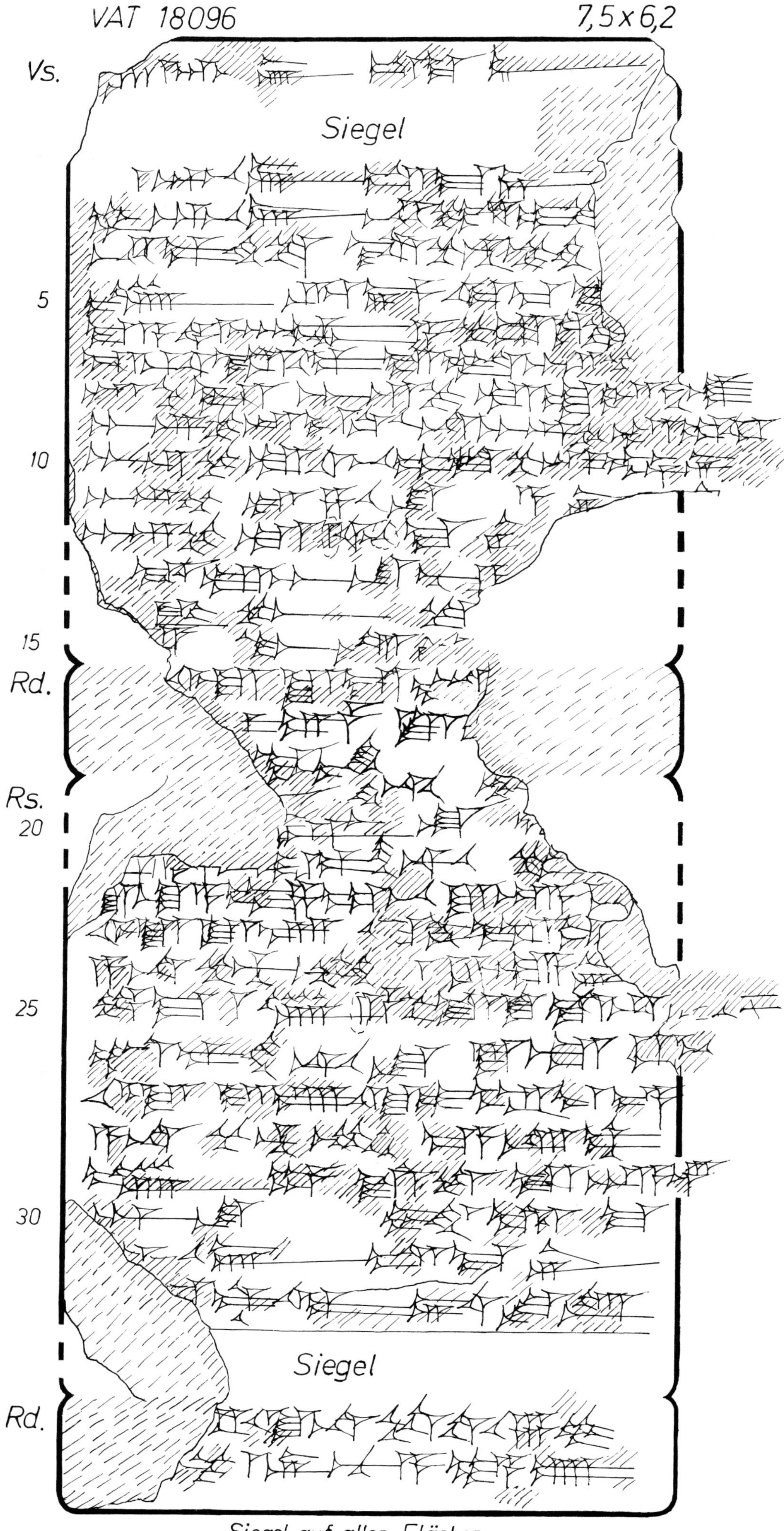


Siegel auf allen Flächen

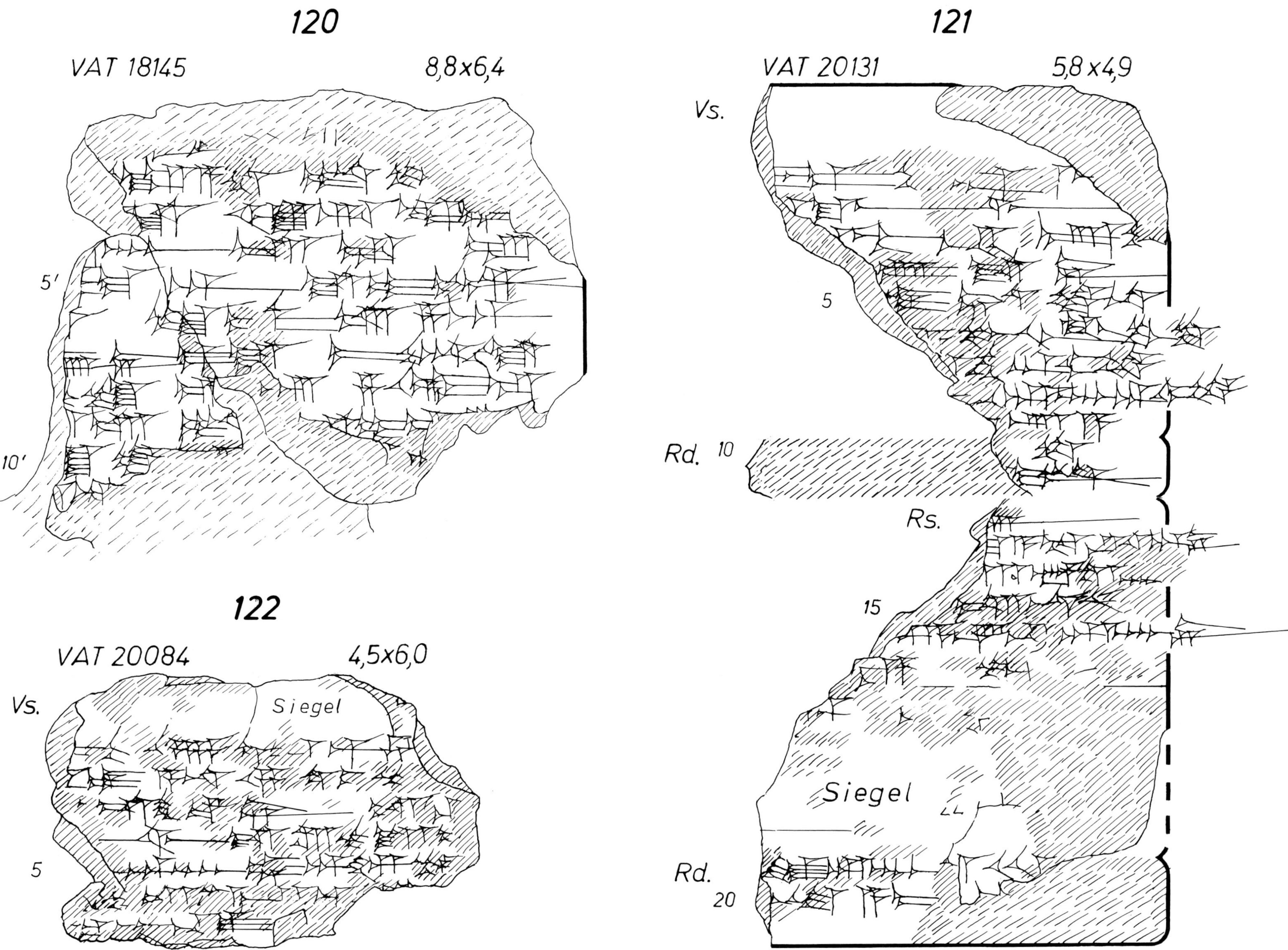
120
VAT 18145
8,8x6,4
121
VAT 20131
5,8x4,9
Vs.
Rd.
Rs.
Siegel
Rd.
122
VAT 20084
4,5x6,0
Vs.
Siegel

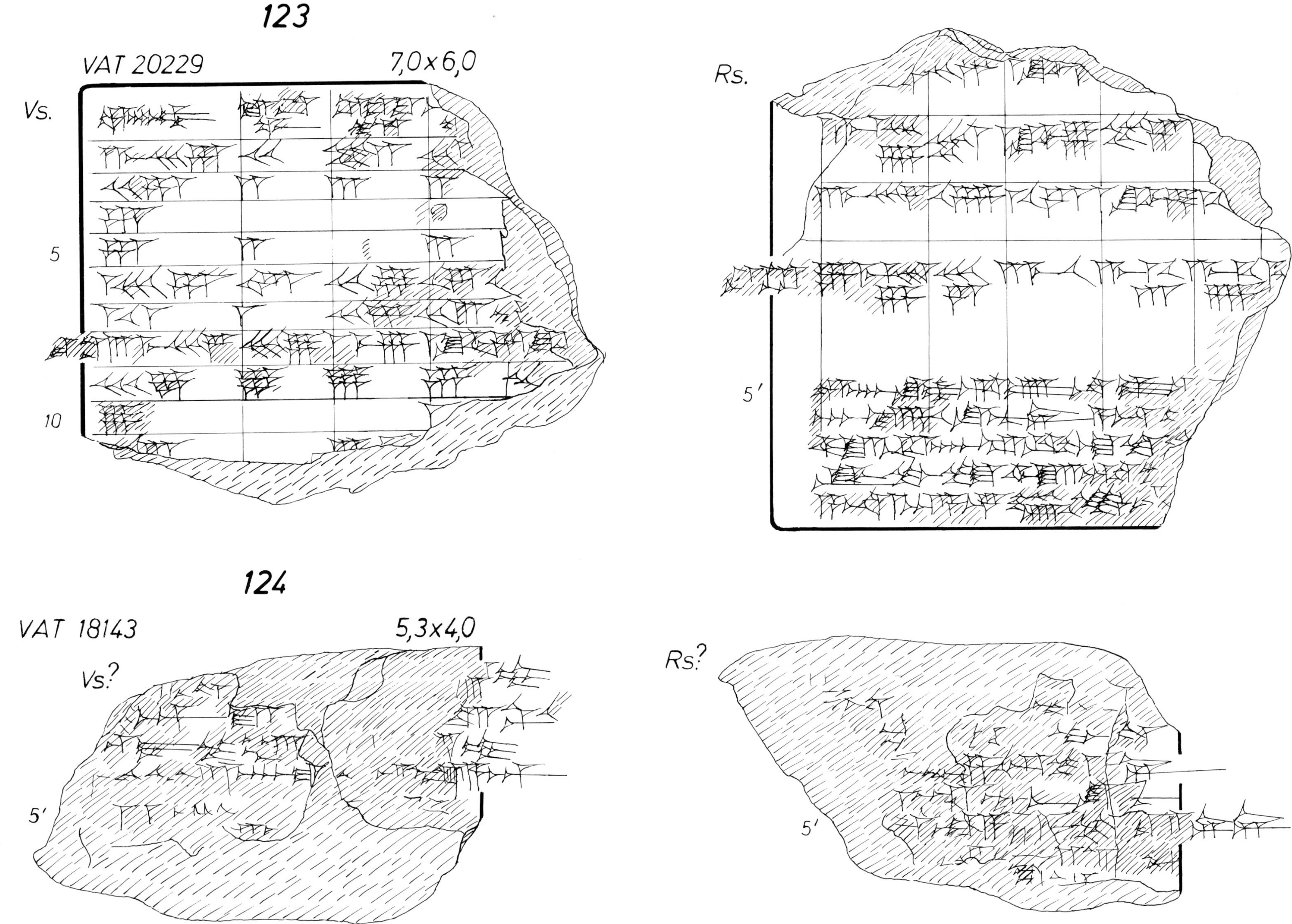
123
VAT 20229
7,0x6,0
Vs.
Rs.
124
VAT 18143
5,3x4,0
Vs?
Rs?

# 125

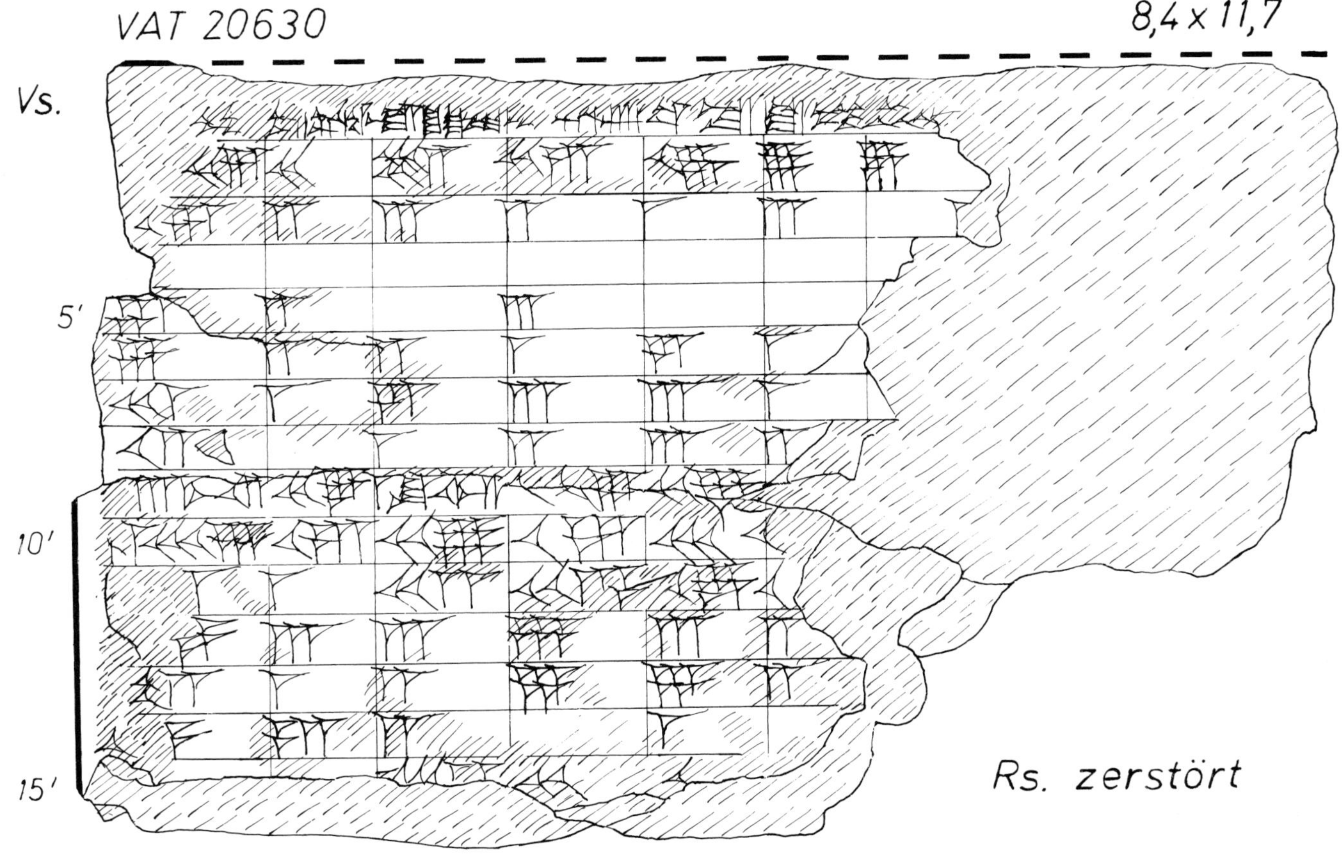


# 126

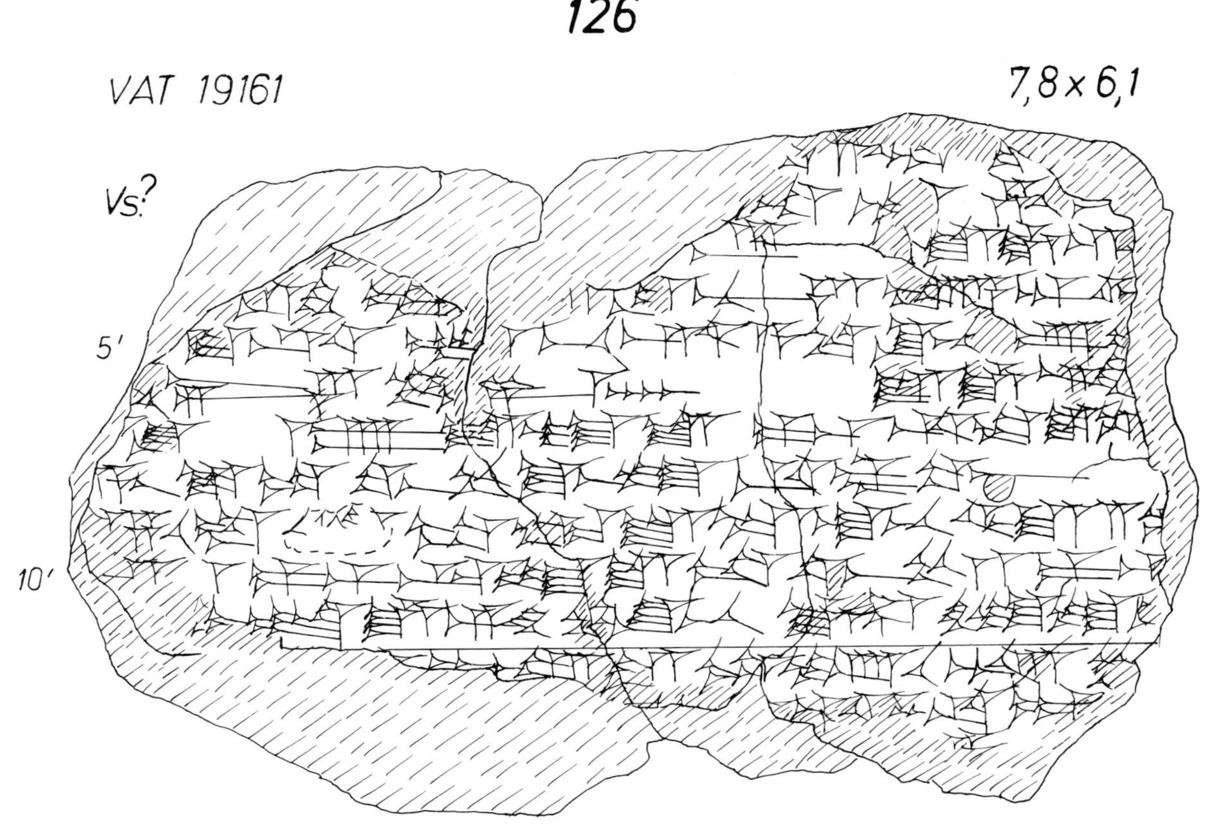


auf der Rs. Spuren in etwa 8 Zeilen

# 127

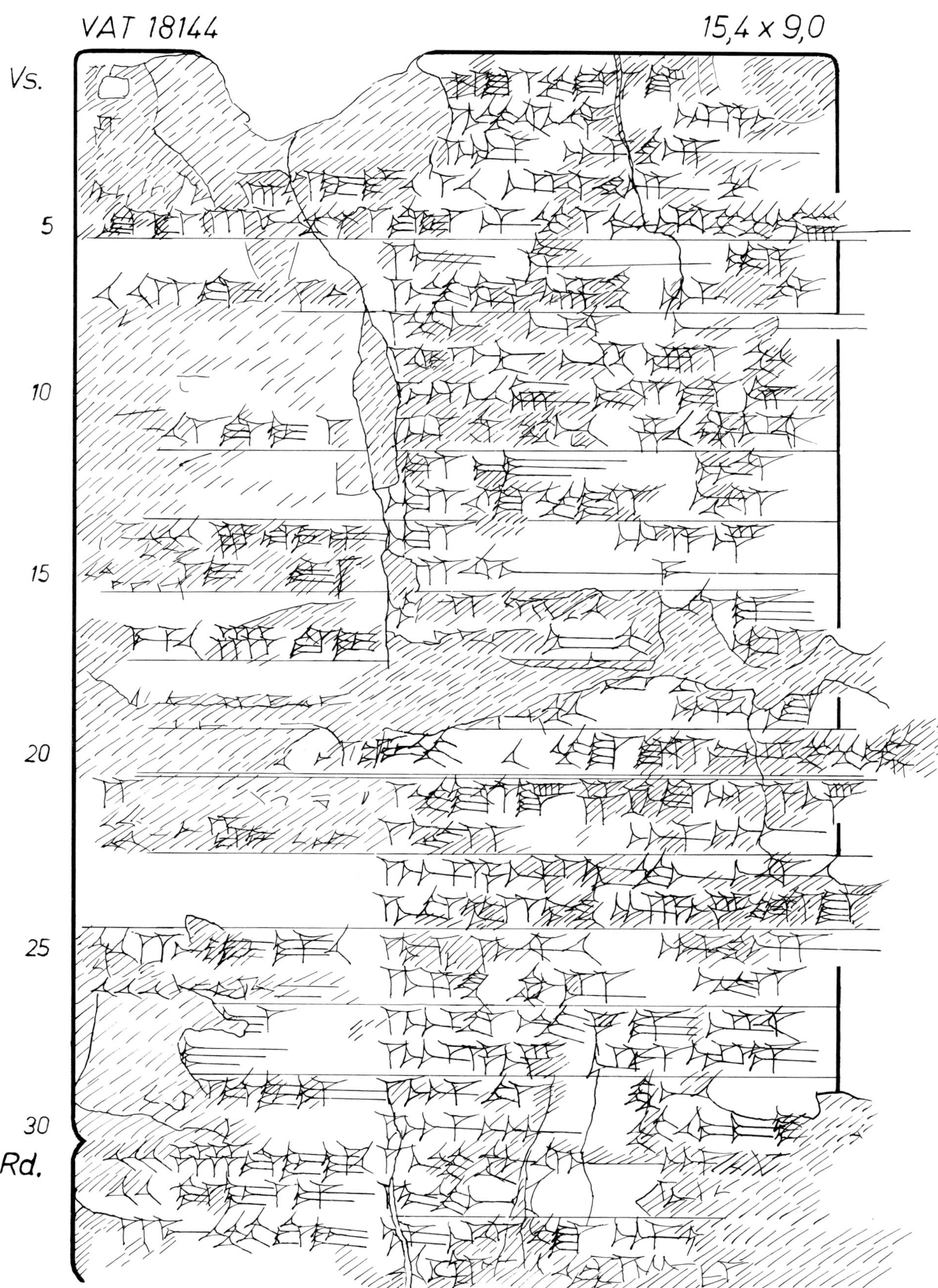


Fortsetzung s. nächstes Blatt

# **127** *(Fortsetzung)*

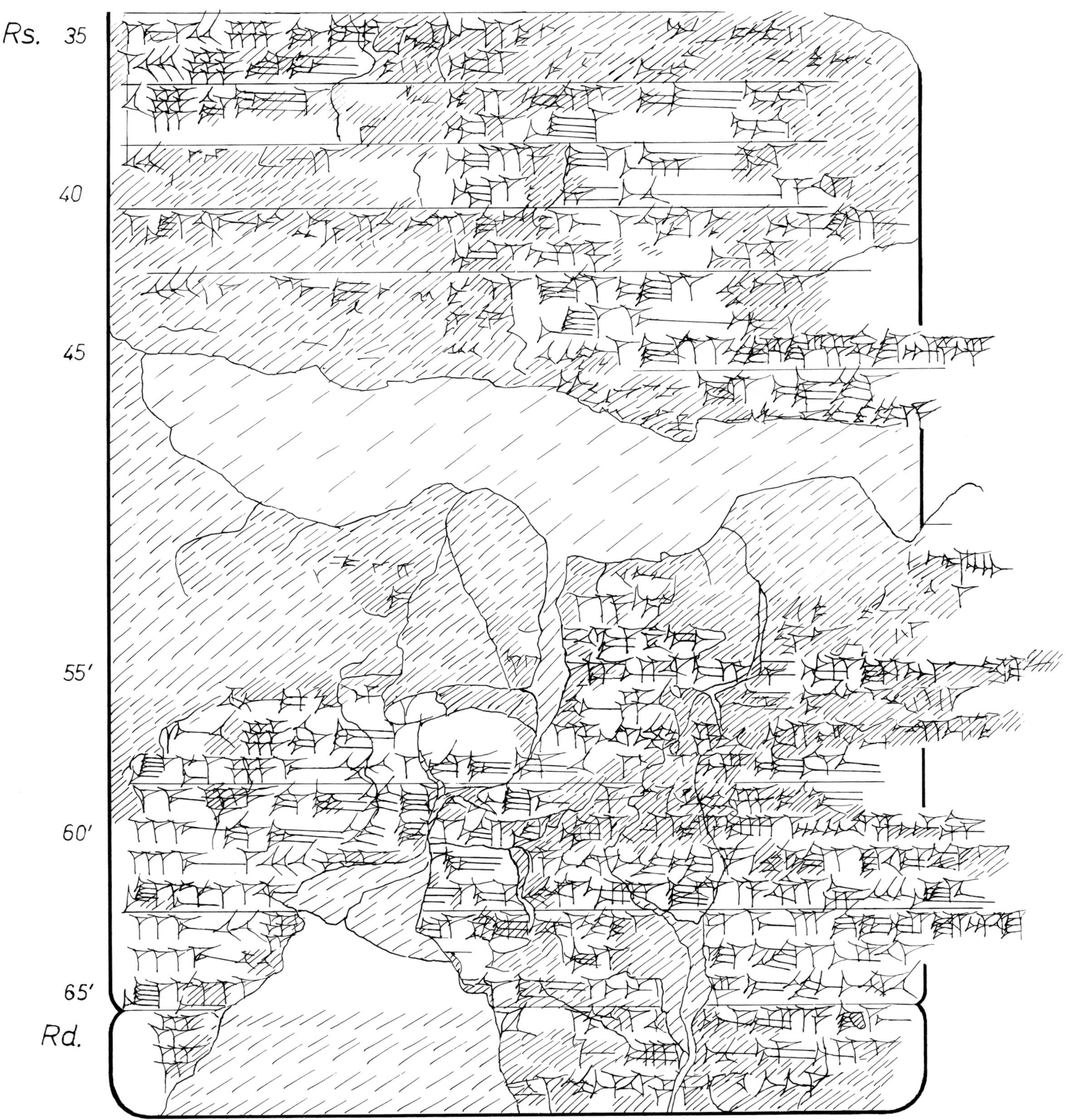


*Fortsetzung s. nächstes Blatt*

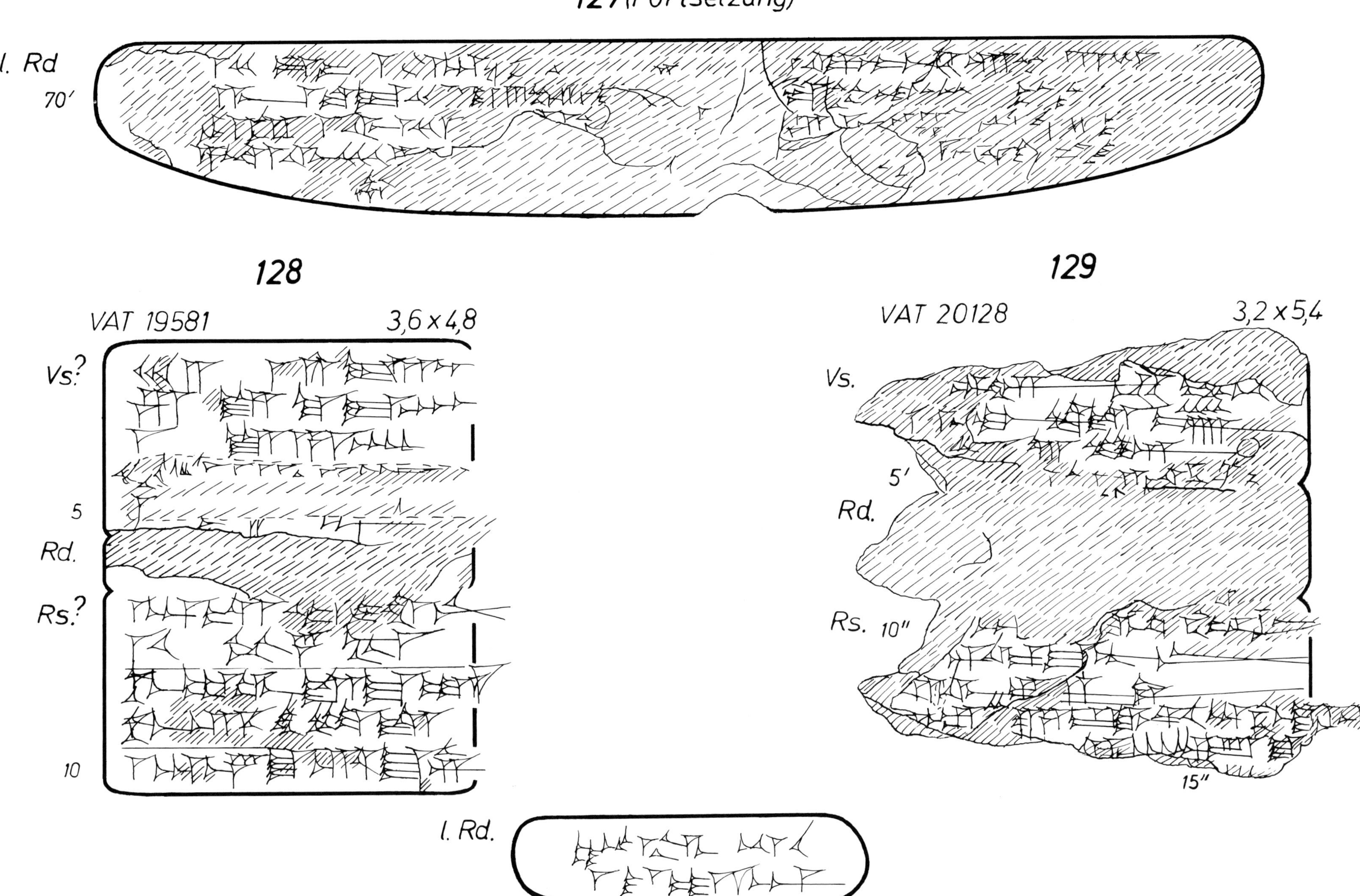
127 (Fortsetzung)
l. Rd
70′
128
VAT 19581
3,6 x 4,8
Vs.?
5
Rd.
Rs.?
10
l. Rd.
129
VAT 20128
3,2 x 5,4
Vs.
5′
Rd.
Rs. 10″
15″

VAT 18138

7,8 x 9,1

Vs.?

Rd.

Rs.?

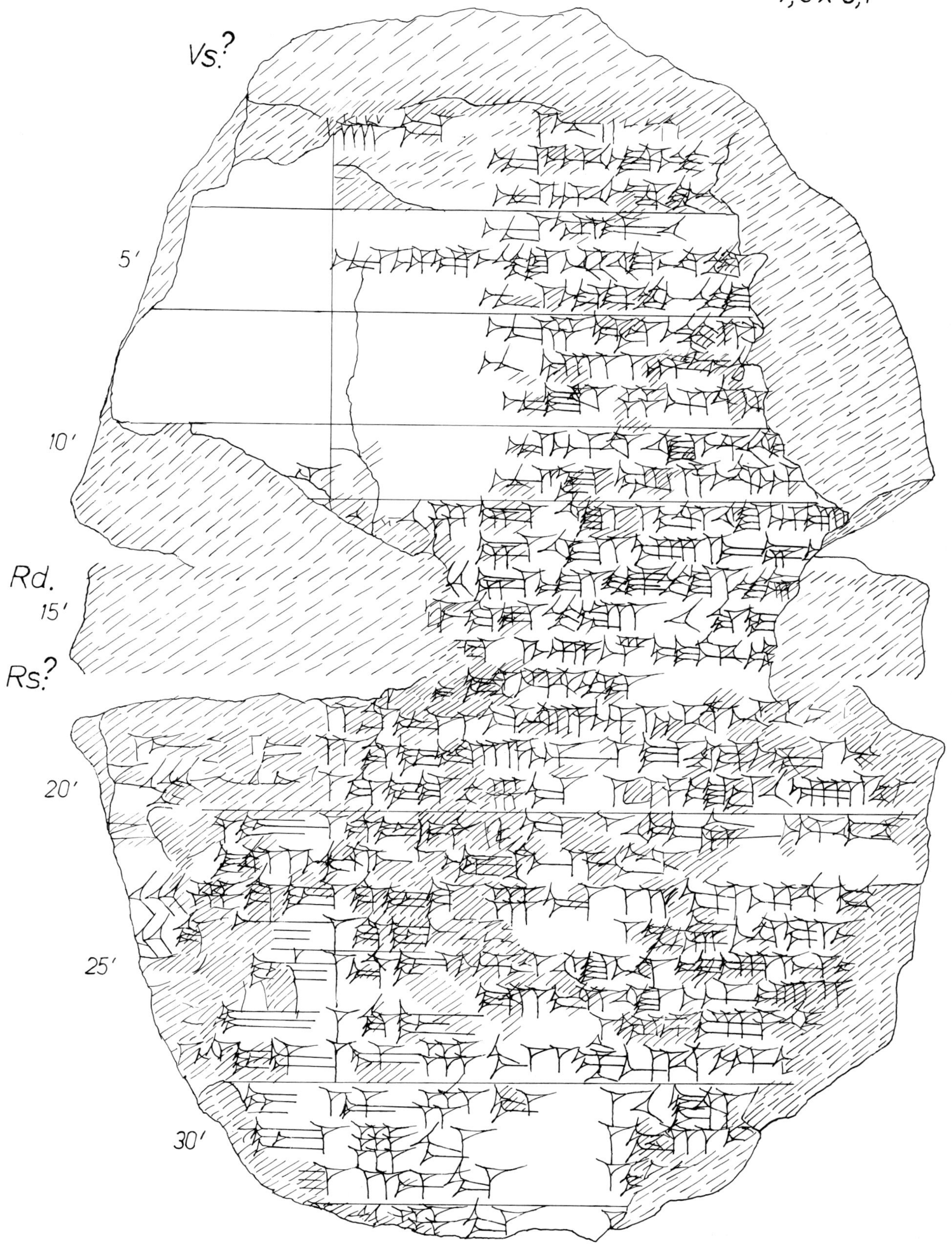

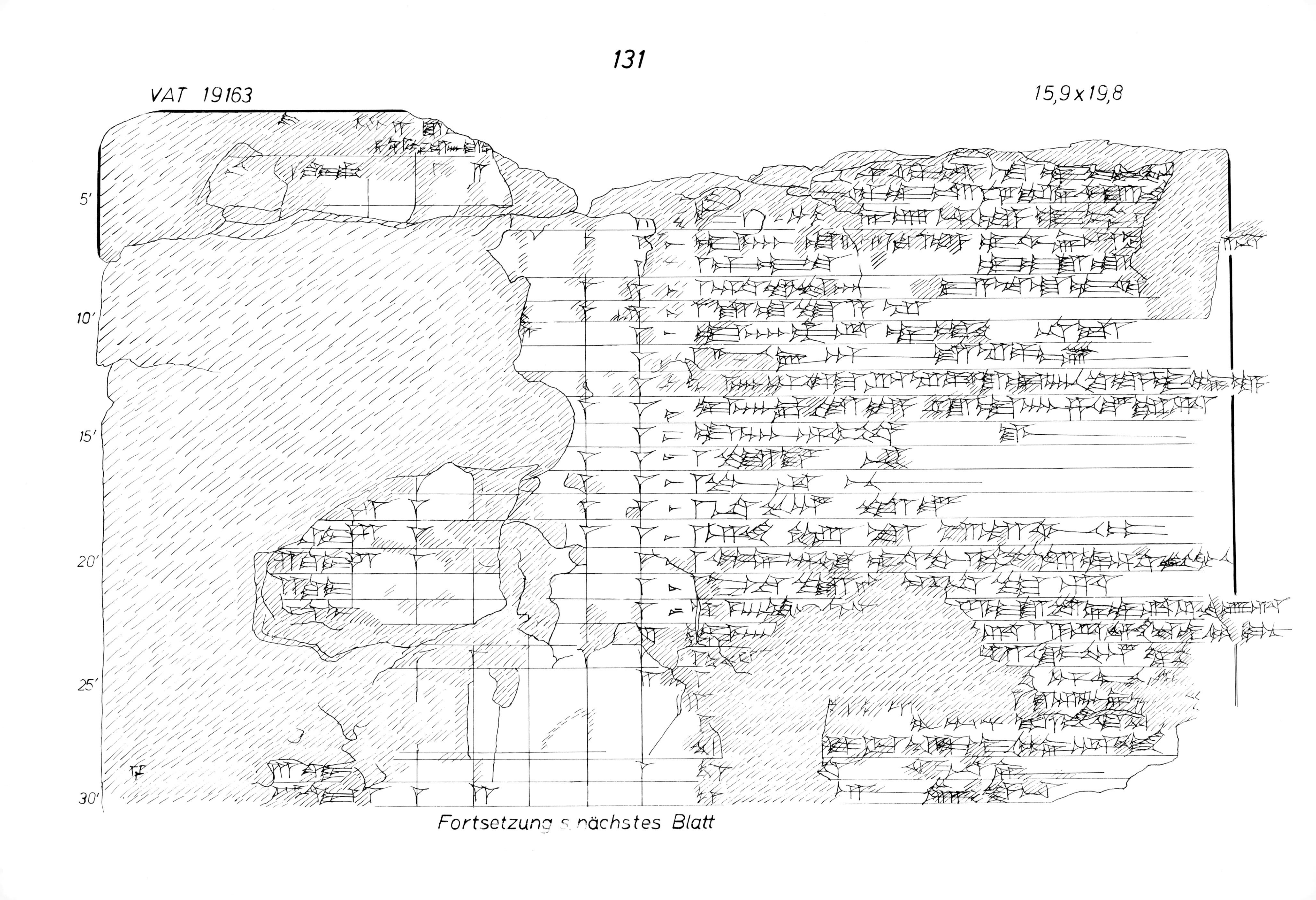

VAT 19163

15,9 x 19,8

Fortsetzung s. nächstes Blatt

131 (Fortsetzung)

Fortsetzung s. nächstes Blatt

## 132

VAT 14431 5,9x4,7

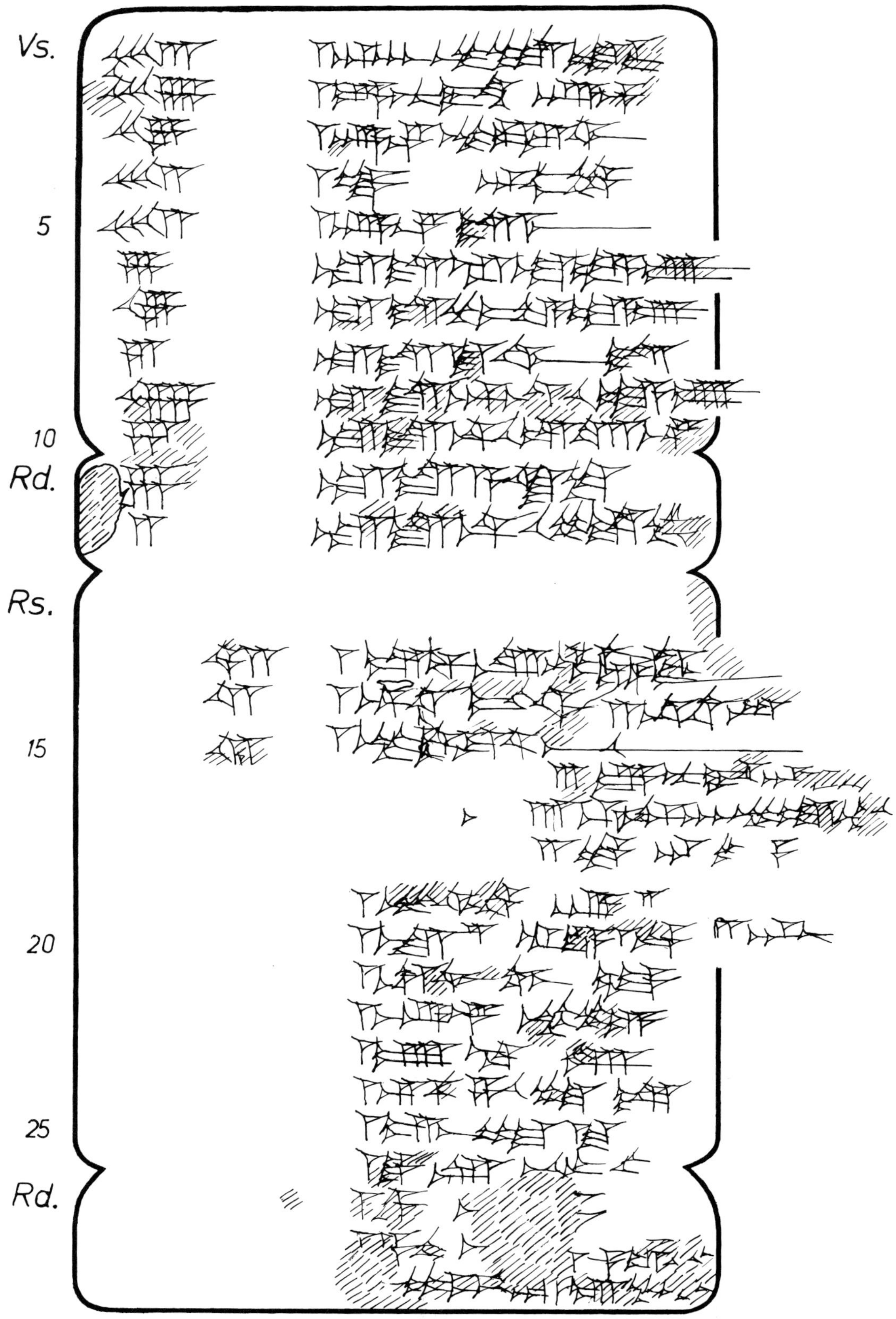

Vs.

Rd.

Rs.

Rd.

## 131 (Fortsetzung)

l. Rd.

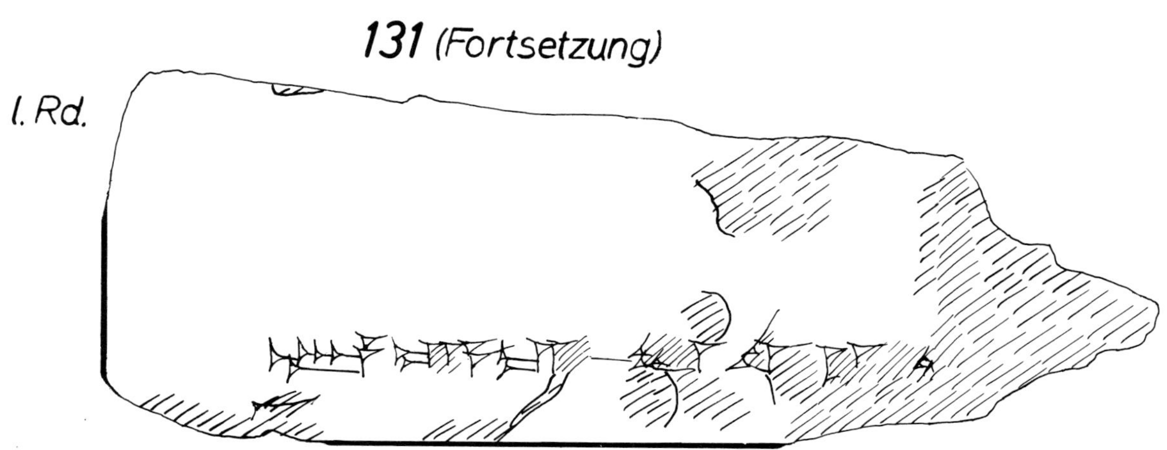

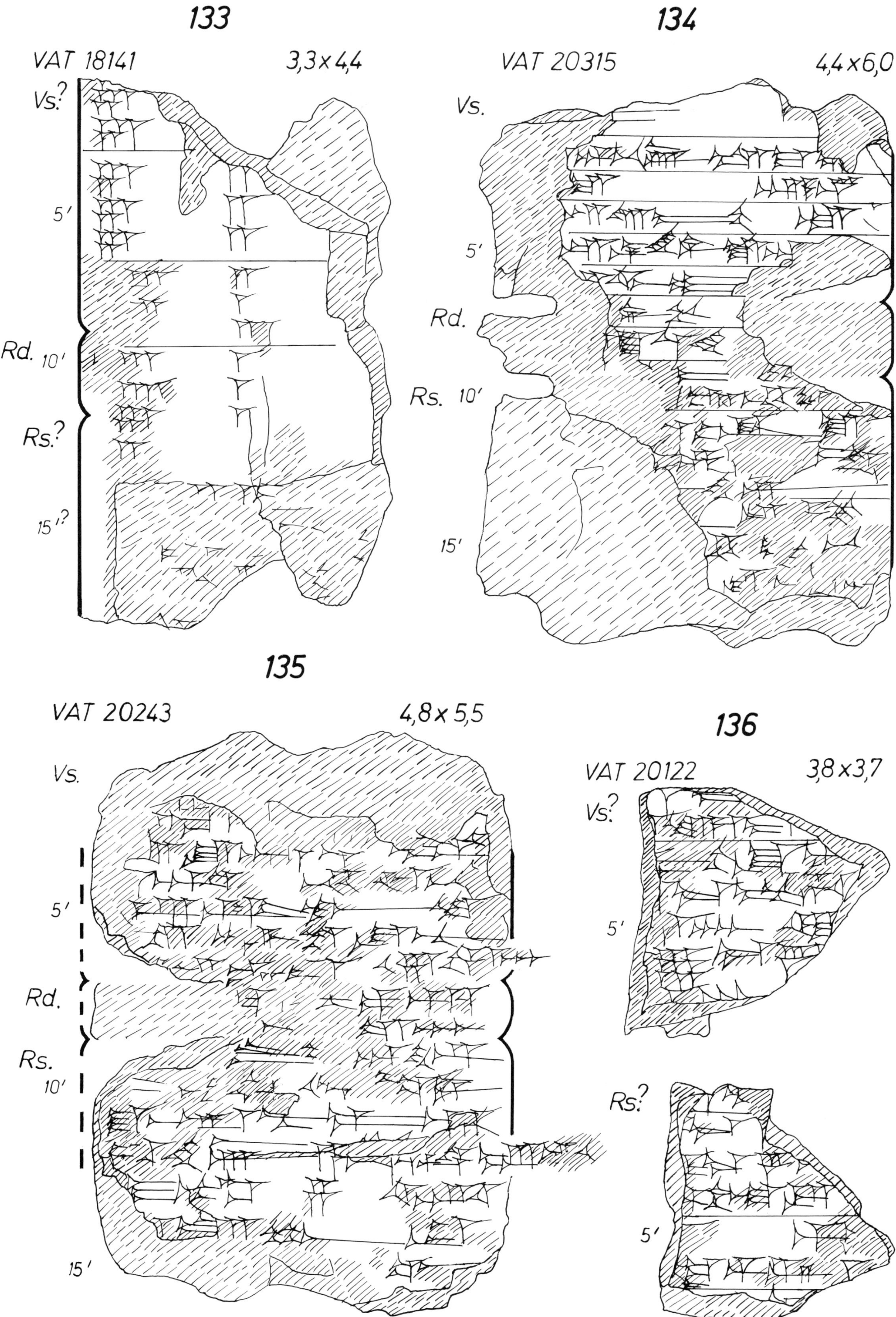
133
VAT 18141
3,3 x 4,4
Vs.?
Rd.
Rs.?
134
VAT 20315
4,4 x 6,0
Vs.
Rd.
Rs.
135
VAT 20243
4,8 x 5,5
Vs.
Rd.
Rs.
136
VAT 20122
3,8 x 3,7
Vs.?
Rs.?

**137**

VAT 20151 7,6 × 5,7

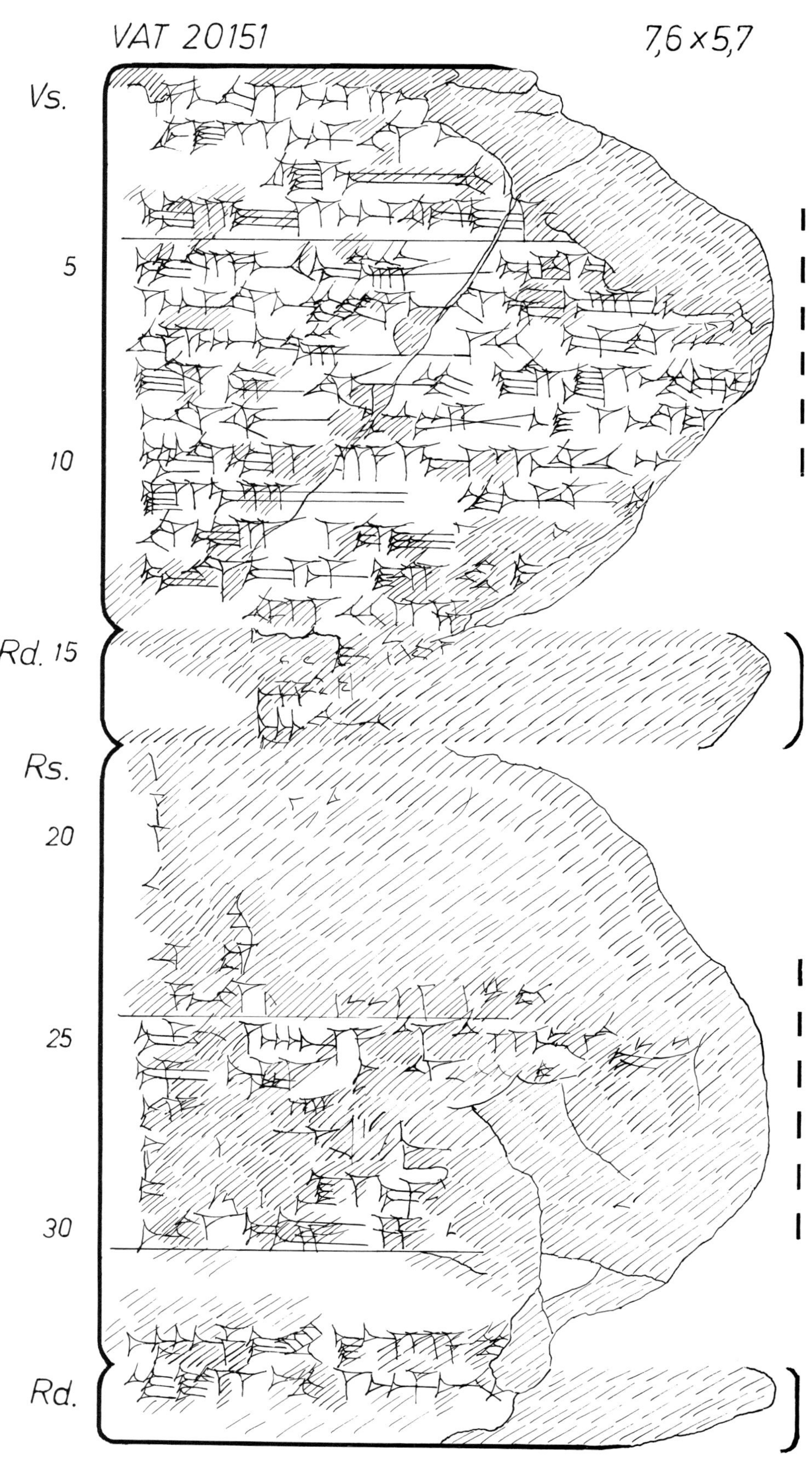

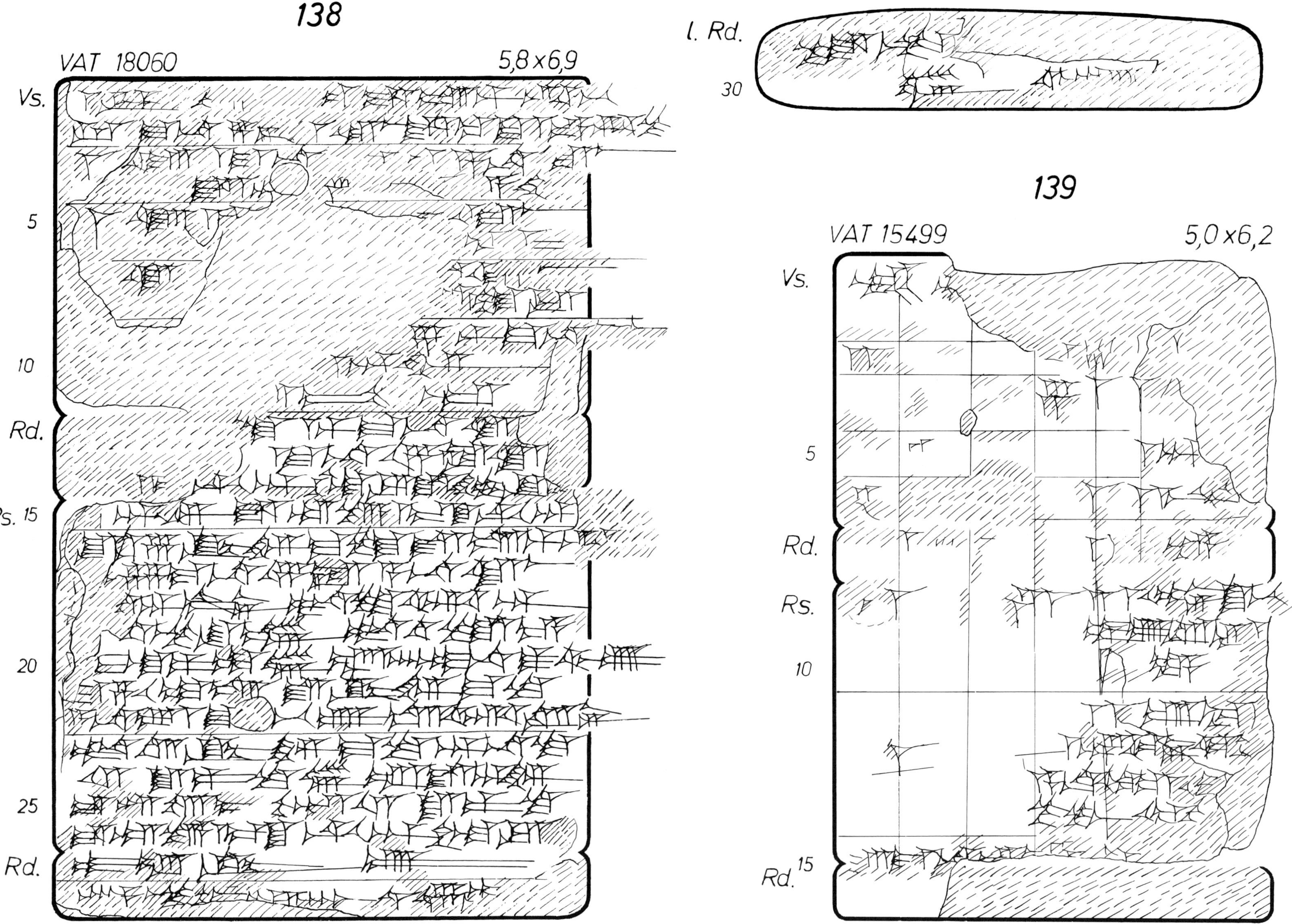
138
VAT 18060
5,8x6,9
Vs.
Rd.
Rs.
Rd.
l. Rd.
139
VAT 15499
5,0x6,2
Vs.
Rd.
Rs.
Rd.

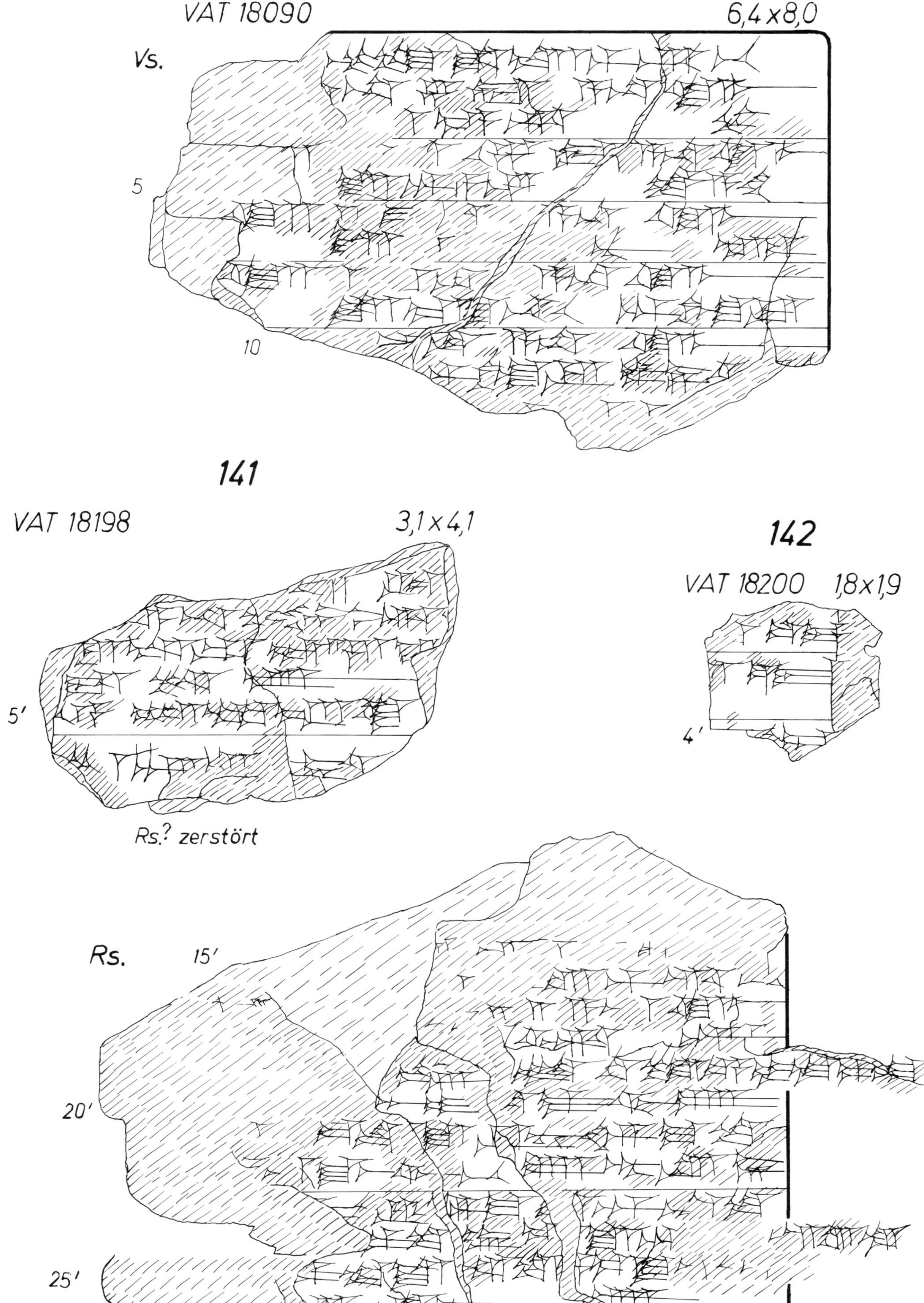

140
VAT 18090
6,4 x 8,0
Vs.
Rs.
141
VAT 18198
3,1 x 4,1
Rs.? zerstört
142
VAT 18200
1,8 x 1,9

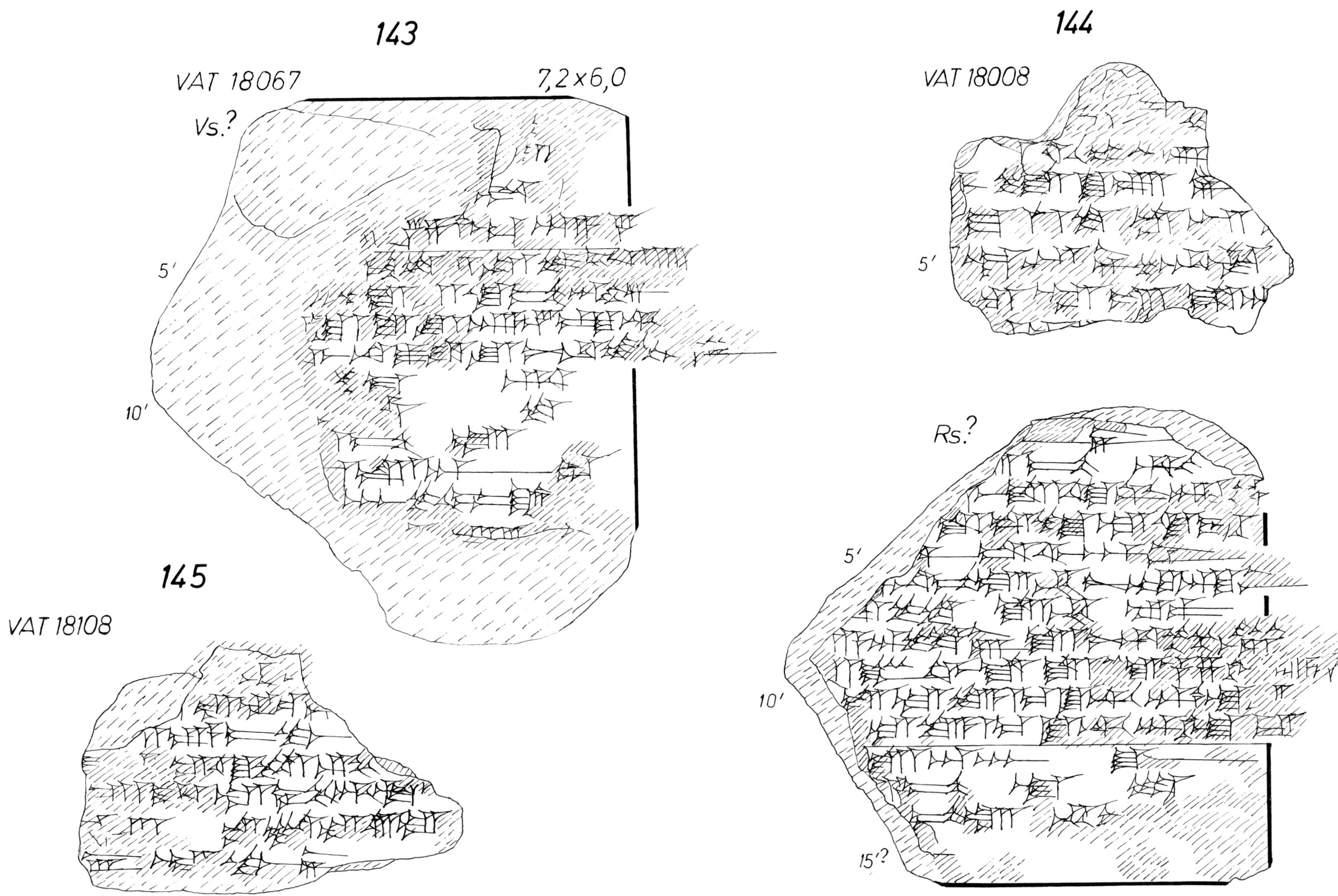
143
VAT 18067
7,2 x 6,0
Vs.?
144
VAT 18008
Rs.?
145
VAT 18108

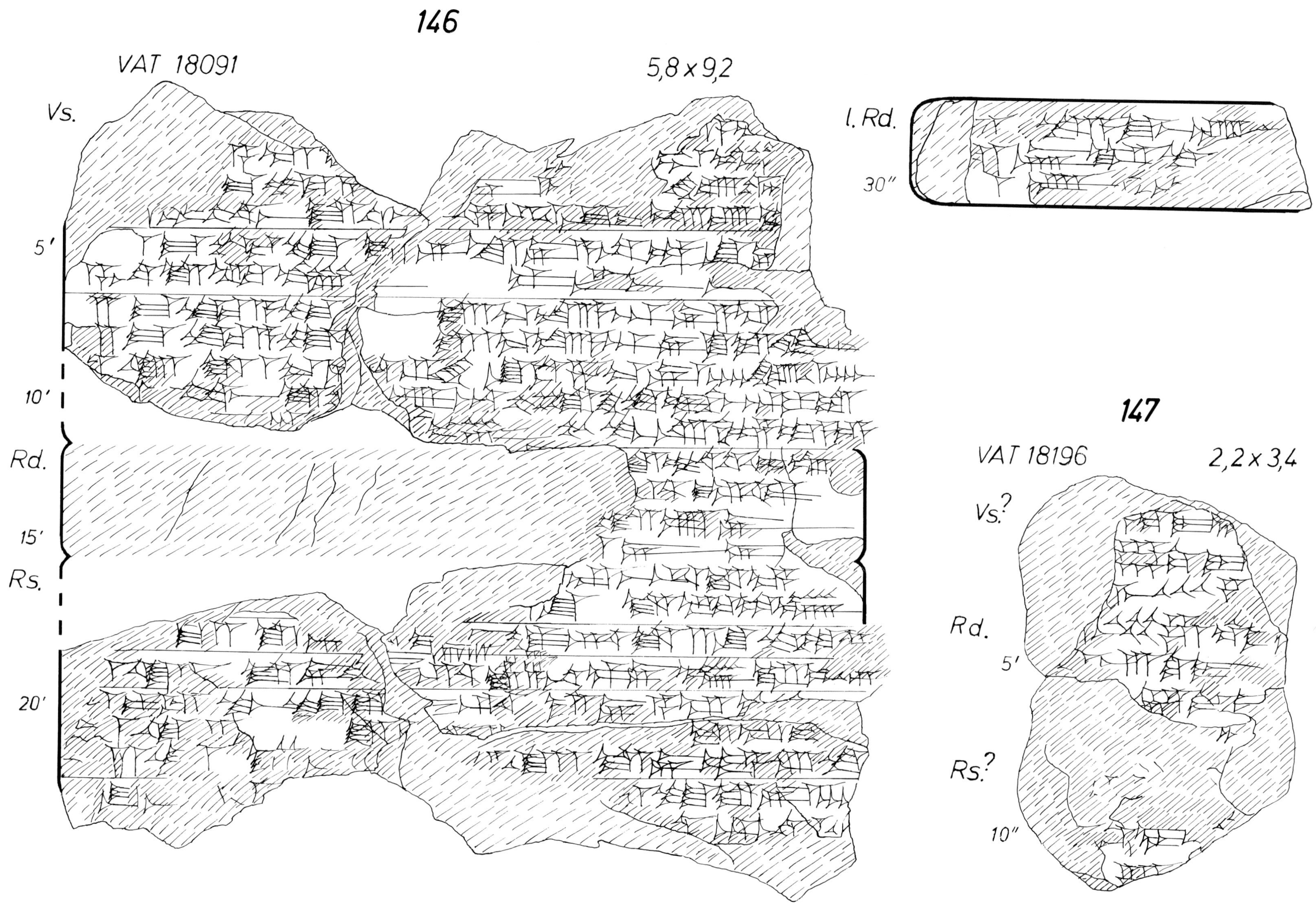
146
VAT 18091
5,8 x 9,2
Vs.
5'
10'
Rd.
15'
Rs.
20'
l. Rd.
30''
147
VAT 18196
2,2 x 3,4
Vs.?
Rd.
5'
Rs.?
10''

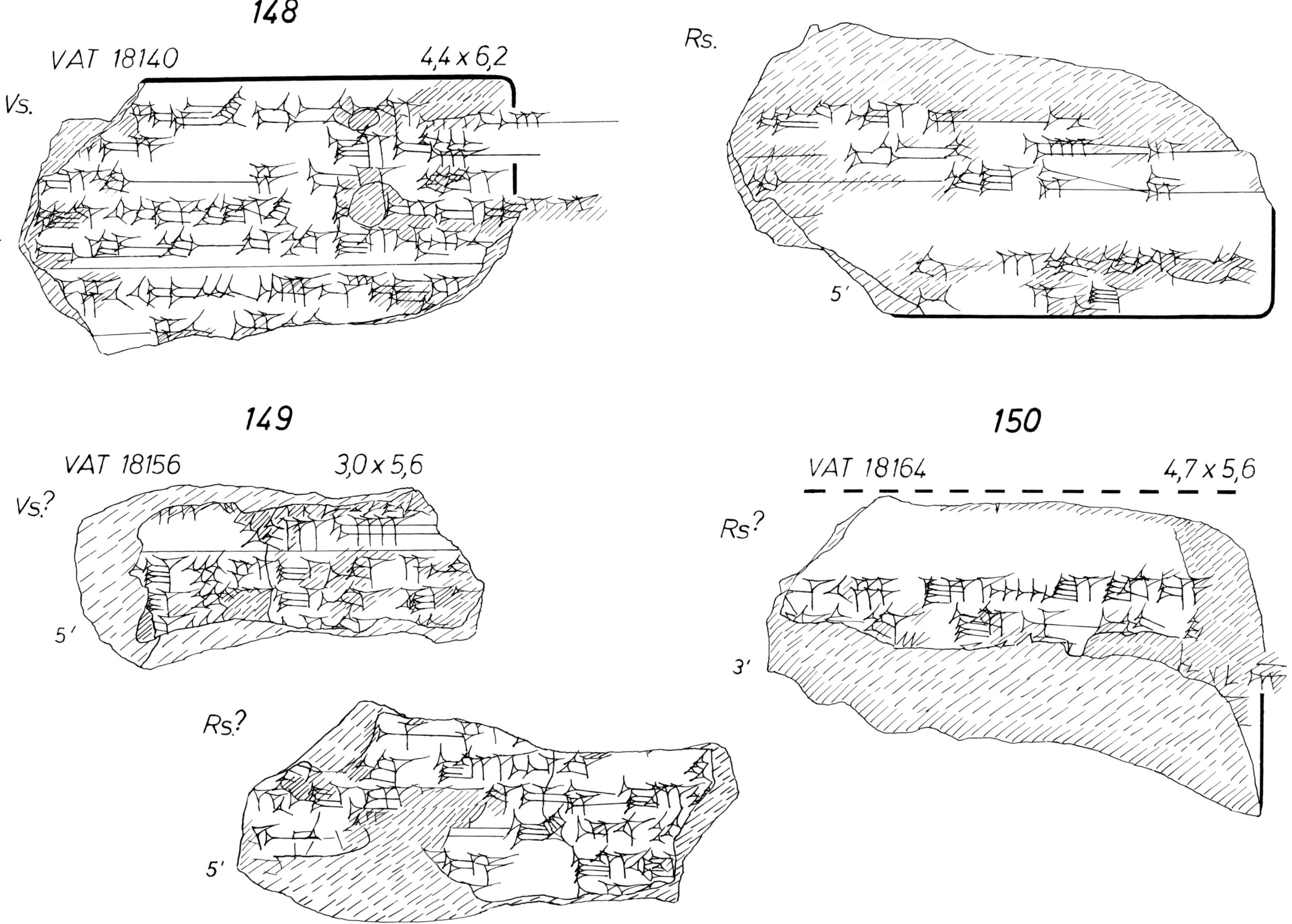
148
VAT 18140
4,4 x 6,2
Vs.
Rs.
149
VAT 18156
3,0 x 5,6
Vs?
Rs?
150
VAT 18164
4,7 x 5,6
Rs?

# 151

VAT 20328 20,2x11,8

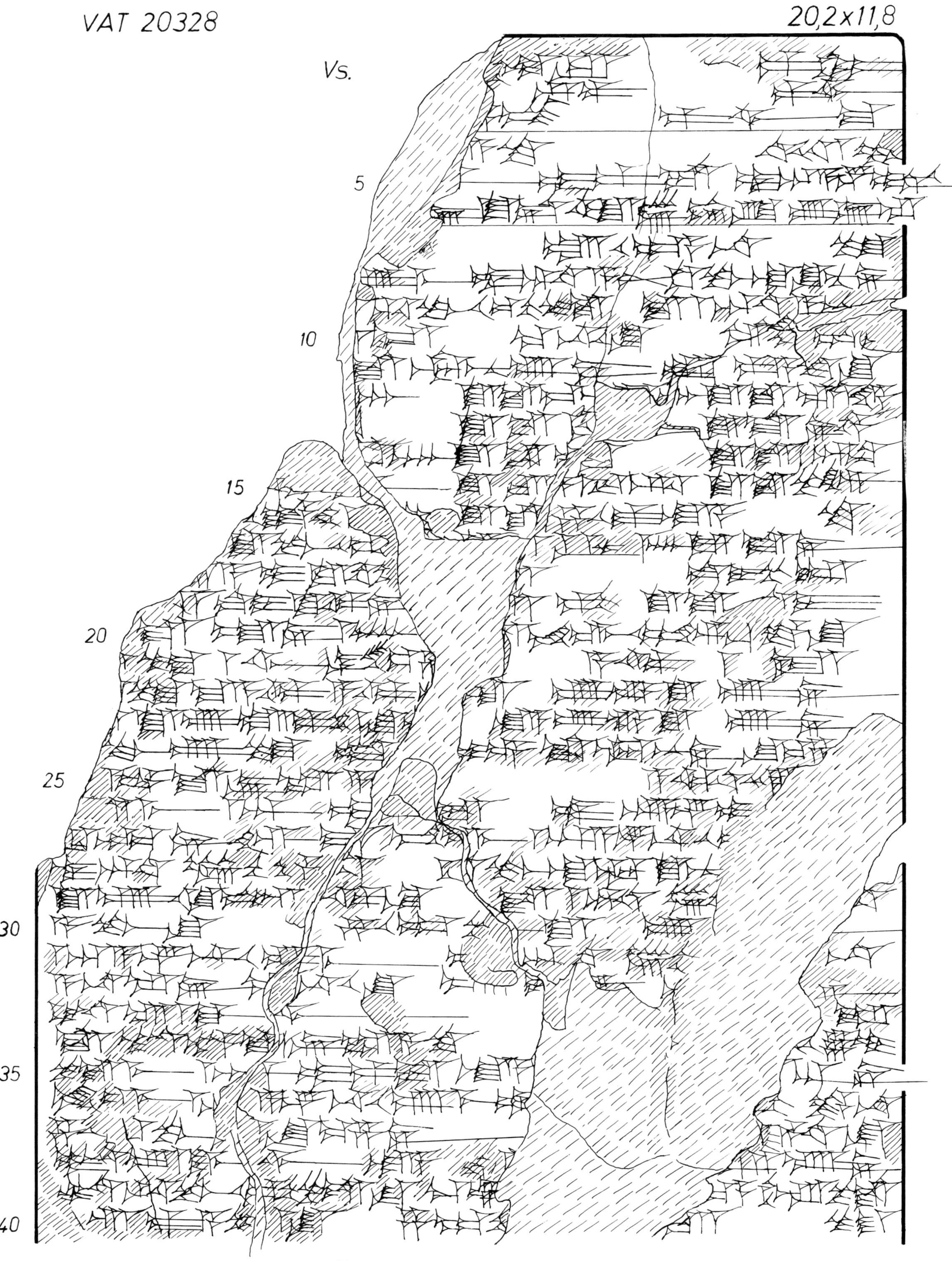


Fortsetzung s. nächstes Blatt

## 151 (Fortsetzung)

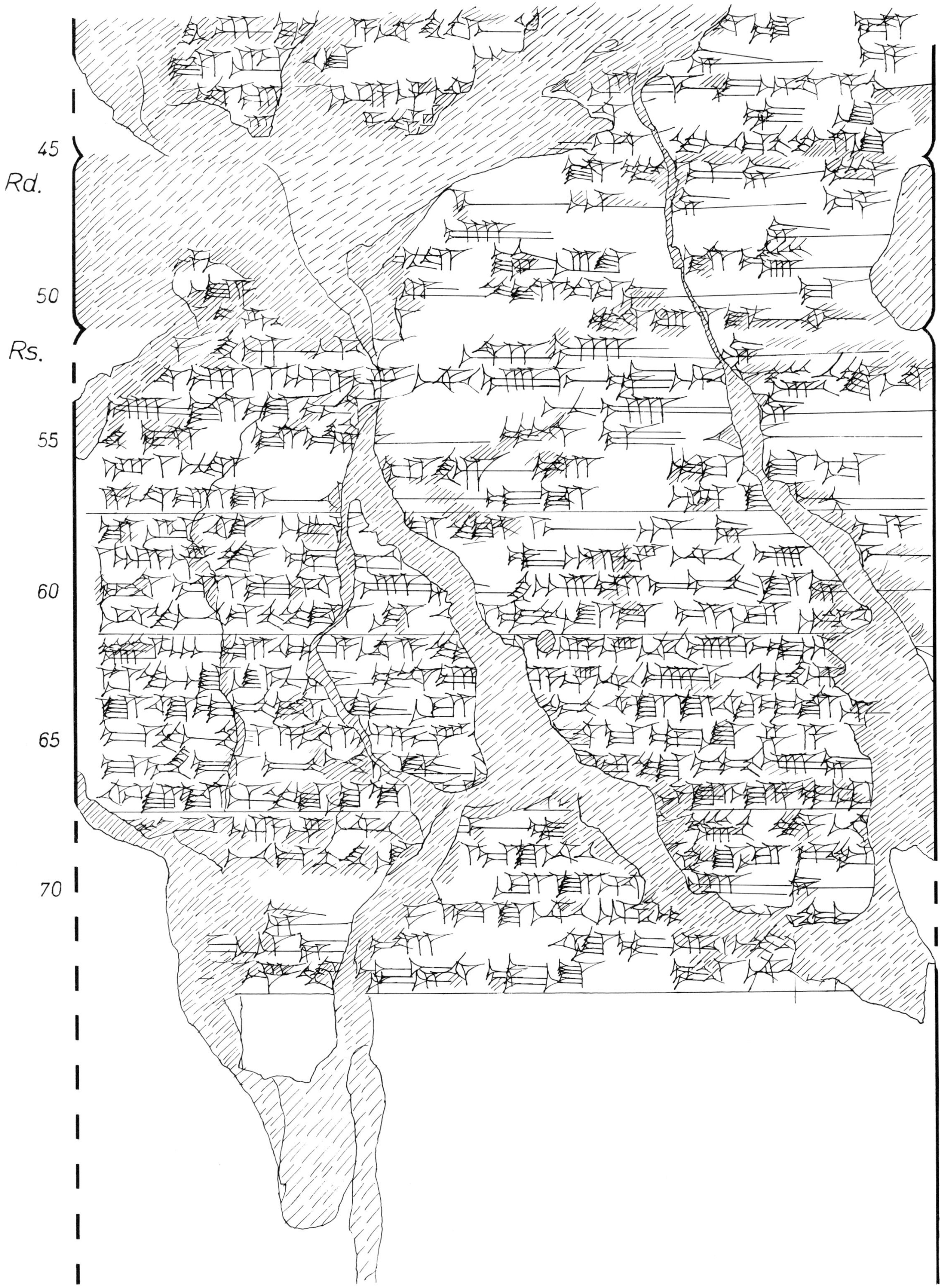


Fortsetzung s. nächstes Blatt

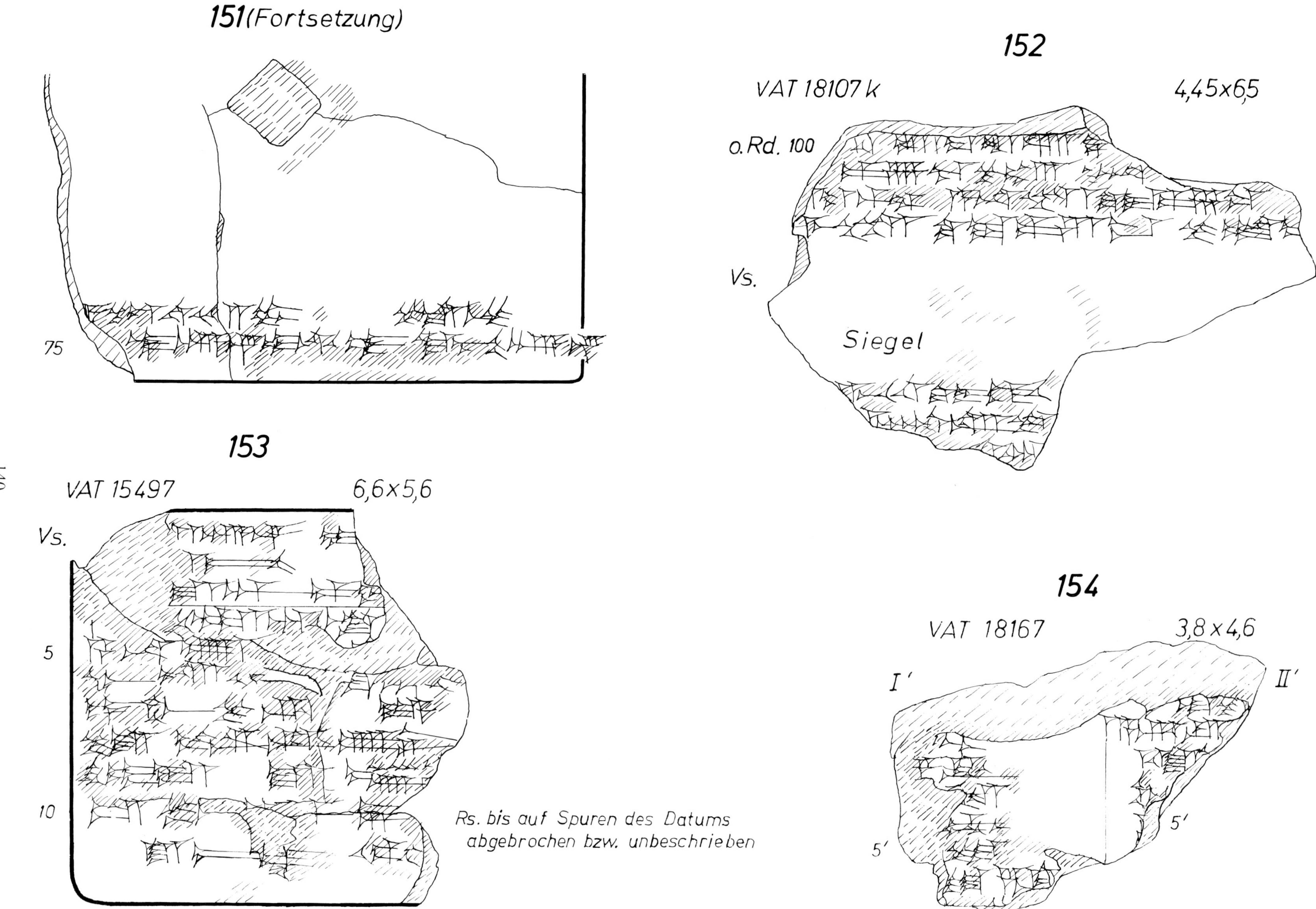
151(Fortsetzung)
75
152
VAT 18107 k
4,45x6,5
o.Rd. 100
Vs.
Siegel
153
VAT 15497
6,6x5,6
Vs.
5
10
Rs. bis auf Spuren des Datums
abgebrochen bzw. unbeschrieben
154
VAT 18167
3,8x4,6
I'
II'
5'
5'

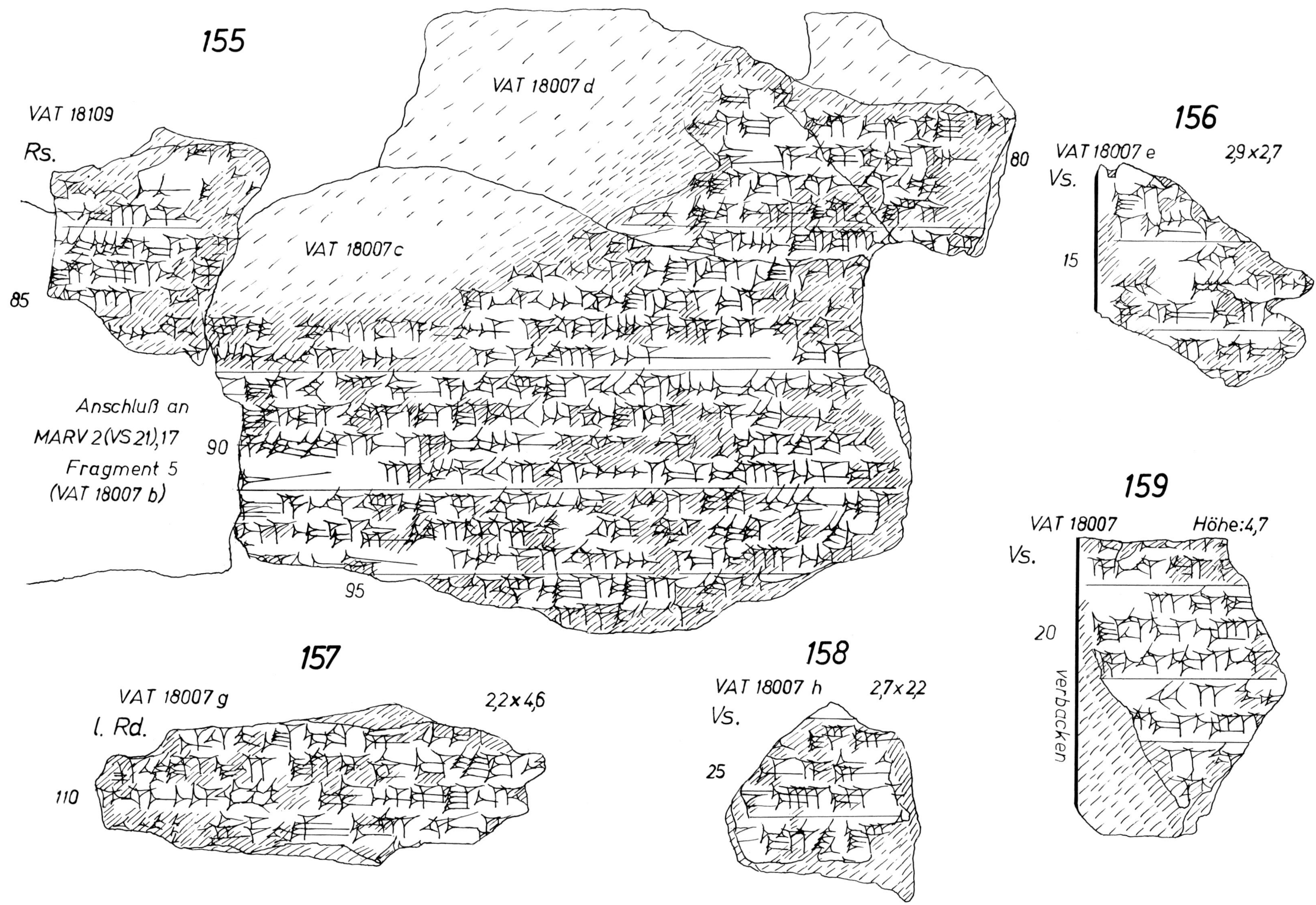
155
VAT 18109
Rs.
VAT 18007 d
VAT 18007 c
Anschluß an
MARV 2 (VS 21),17
Fragment 5
(VAT 18007 b)
156
VAT 18007 e
Vs.
2,9 x 2,7
159
VAT 18007
Vs.
Höhe: 4,7
verbacken
157
VAT 18007 g
l. Rd.
2,2 x 4,6
158
VAT 18007 h
Vs.
2,7 x 2,2

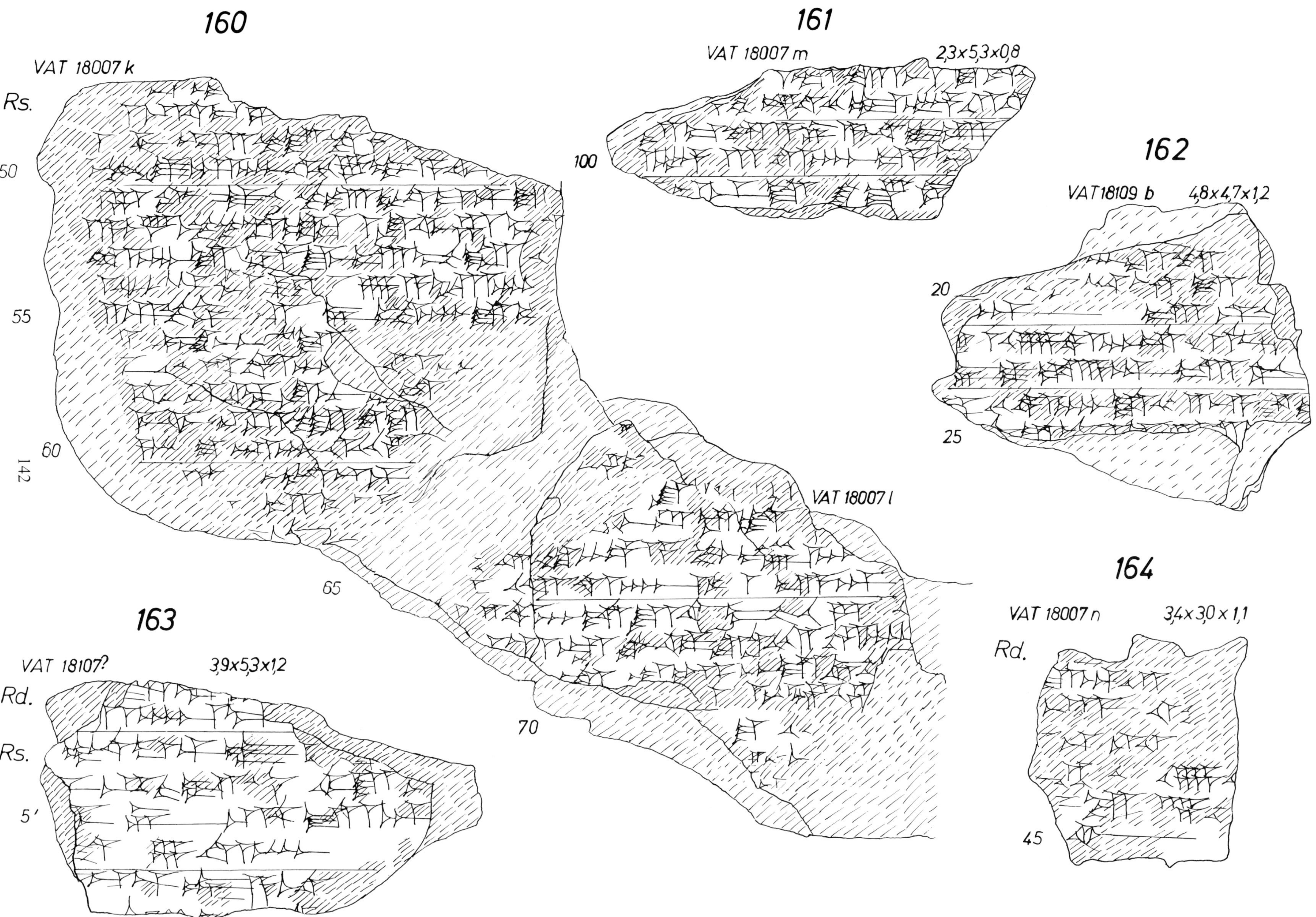
160
VAT 18007 k
Rs.
161
VAT 18007 m
2,3x5,3x0,8
162
VAT18109 b
4,8x4,7x1,2
VAT 18007 l
164
VAT 18007 n
3,4x3,0x1,1
Rd.
163
VAT 18107?
3,9x5,3x1,2
Rd.
Rs.

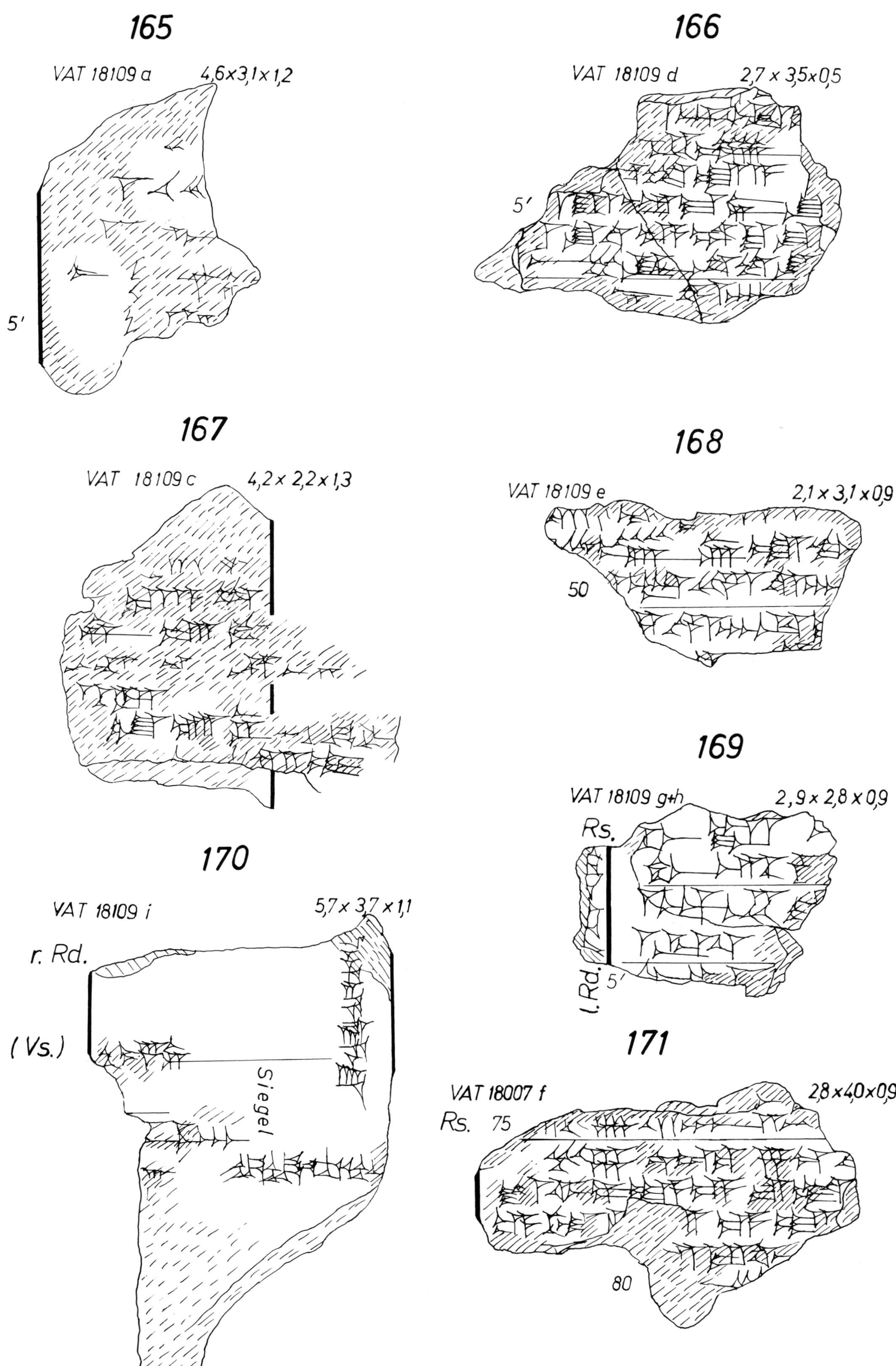
165
VAT 18109 a
4,6x3,1x1,2
5′
166
VAT 18109 d
2,7 x 3,5x0,5
5′
167
VAT 18109 c
4,2 x 2,2 x 1,3
168
VAT 18109 e
2,1 x 3,1 x 0,9
50
169
VAT 18109 g+h
2,9 x 2,8 x 0,9
Rs.
l.Rd.
5′
170
VAT 18109 i
5,7 x 3,7 x 1,1
r. Rd.
(Vs.)
Siegel
171
VAT 18007 f
2,8x4,0x0,9
Rs.
75
80

# 172

VAT 18088 6,4x6,5x3,5

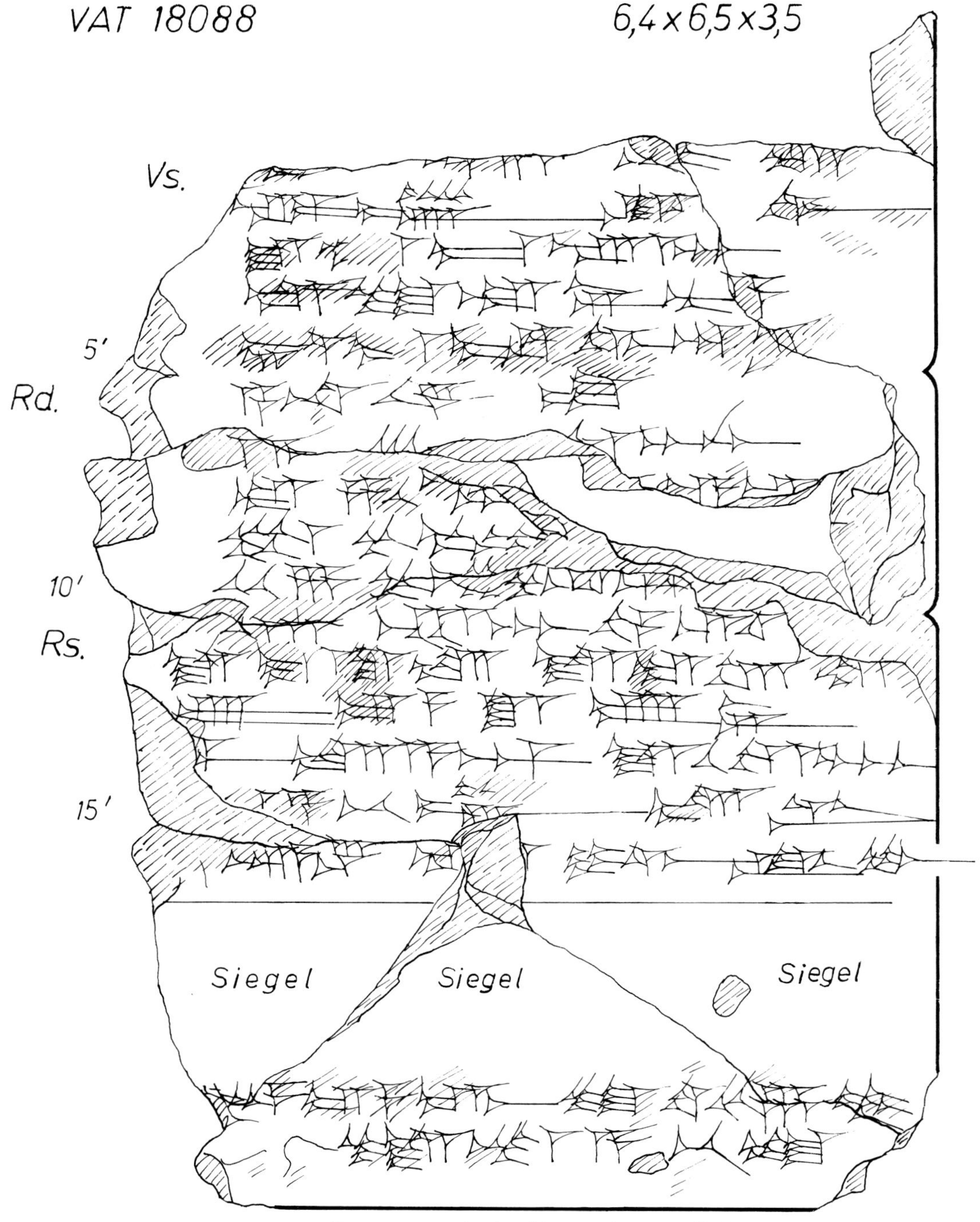


Siegel auf der Vs. u. dem r. Rd.

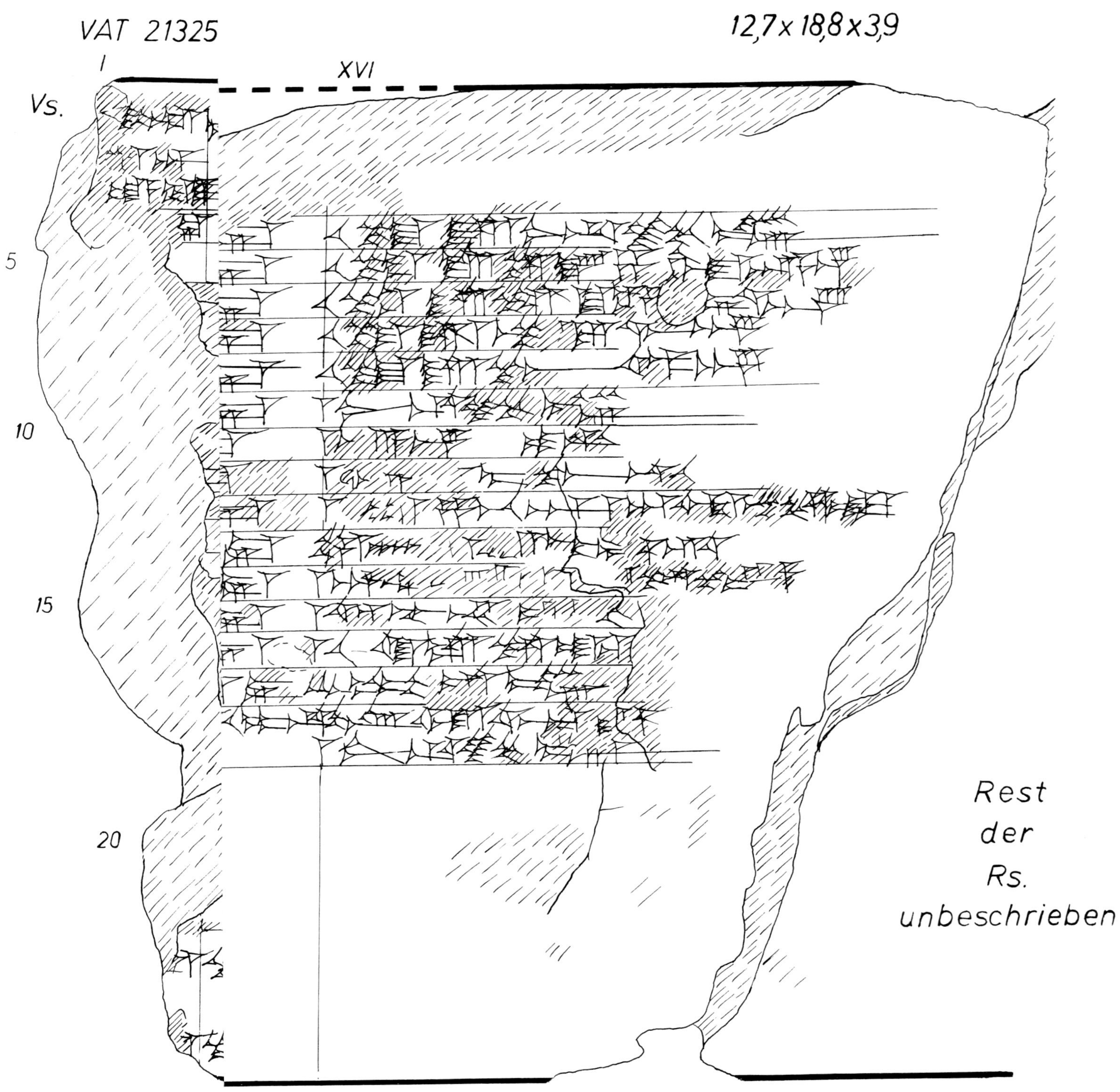
VAT 21325
12,7 x 18,8 x 3,9
I
XVI
Vs.
5
10
15
20
Rest
der
Rs.
unbeschrieben

# Die Siegelabrollungen

## auf den Tafeln KAM 2

von

Claudia Fischer

# Katalog

Alle Zeichnungen (M. 1 : 1) wurden von der Verfasserin angefertigt. Mein herzlicher Dank gilt R. M. Boehmer für die photodokumentarische Unterstützung. – Die tatsächliche Anzahl der gesiegelten Texte aus KTN kann der Inhaltsangabe zu den einzelnen Texten in H. Freydanks philologischem Teil entnommen werden. Die Abfolge der Katalognummern orientiert sich an den Textkopien im Band. Eine ausführliche Bearbeitung der Siegelabrollungen aus KTN ist in MDOG 131 (Fischer 1999) erschienen.

**SIEGEL 1** ; Text Nr. 5 ; VAT 15422 ; Fischer 1999, Nr. 27.
Eponym : Qarrād-Aššur, Sohn des Aššur-iddin.
Siegelbesitzer : Urdu, Sohn des Idû (KIŠIB *Ur-du*, DUMU *I*-[*du*]-*ú*).
Abrollungen wohl eines einzigen Siegels, infolge des fragm. Erhaltungszustandes nur noch auf Vorderseite und oberem Seitenrand zu erkennen.
Flüchtig geschnittenes Siegel mit der Darstellung eines Helden im kurzen Rock mit zwei herabhängenden Quasten ; er greift mit beiden Händen je einen stürzenden Capriden. Reste von sekundären Motiven erkennbar.
Vgl. Moortgat 1942, 56 Abb. 7, 79 Abb. 60. - Parker 1977, Nrn. 19. 22. 33.

**SIEGEL 2** ; Text Nr. 7 ; VAT 15425 ; Fischer 1999, Nr. 28.
Abrollungen wohl eines einzigen Siegels auf der Vorderseite und den beiden erhaltenen Seitenrändern, Rückseite beschädigt.
Eponym : ?
Siegelbesitzer : Munnabittu ('Flüchtling').
Großes, grob geschnittenes Siegel. Held im kurzen, mit Quasten ausgestatteten Rock kämpft an jeder Seite gegen ein geflügeltes(?) Mischwesen ; ein angreifender Löwe ist weiterer Bestandteil des Figurenbandes.

**SIEGEL 3 A** ; Text Nr. 27 : VAT 18058 ; Text Nr. 30 : VAT 18068 ; s. Fischer 1999, Nr. 10. 33.
VAT 18058 : Siegel Nr. 3 A auf Vorder- und Rückseite, das Schreibersiegel Nr. 3 B auf einem Seitenrand. VAT 18068 : Abrollungen des Siegels Nr. 3 A auf Vorder- und Rückseite, das Siegel eines Schreibers war wohl auf den nicht erhaltenen Seitenrändern abgerollt.
Eponym beider Tafeln nicht erhalten.
Siegelbesitzer : Aššur-iddin, Sohn des Urad-ilāni.
Qualitätvolles, mit Kappen ausgestattetes Siegel. Die trianguläre Komposition besteht aus einem aufgebäumten Löwen und geflügelten Löwendrachen.
Vgl. Moortgat 1942, 65 Abb. 26. - Moortgat 1944, 30 Abb. 18. - Kantor 1958, Taf. 77, XIV : Löwendrache kämpft gegen Löwen.

**SIEGEL 3 B** ; Text Nr. 27 ; VAT 18058 ; s. Fischer 1999, Nr. 33.
Siegelbesitzer : der Schreiber Sîn-gimlanni ist Beauftragter (DUB.SAR *qe-pu*).
Abrollung des Siegels auf einem Seitenrand ; Siegel Nr. 3 A auf Vorder- und Rückseite.
Äußerst fragm. erhaltene Siegelabrollung mit einem aufgerichteten Feliden.

**SIEGEL 4** ; Text Nr. 31 : VAT 18094, Tafel ; Text Nr. 122 : VAT 20084, Hülle ; s. Fischer 1999, Nr. 12.
Hülle und Tafel mit Abrollungen eines einzigen Siegels auf Vorder- und Rückseite sowie den Seitenrändern.
Eponym : Aššur-nādin-apli (VAT 18094).
Siegelbesitzer (VAT 18094) : der Beauftragte und Schreiber Aššur-dammeq, Sohn des Šimāju.
Qualitätvolles, mit Kappen ausgestattetes Siegel. Trianguläre Komposition aus plastisch modellierten Körpern eines aufgebäumten Löwen und geflügelten Pferdes, auf dessen Vorderbeinen Seitenlöckchen erkennbar sind.
Vgl. Moortgat 1942, 62 Abb. 22, a.b. - Kantor 1958, Taf. 75, XI.

**SIEGEL 5** ; Text Nr. 33 : VAT 18105 ; Text Nr. 86 : VAT 20091, nur fragm. erhalten ; s. Fischer 1999, Nr. 19.
Abrollungen eines einzigen Siegels auf Vorder- und Rückseite sowie den Seitenrändern.
Eponym : Ninu'āju.

Siegelbesitzer (VAT 18105): der Beauftragte Aššur-apla-iddina, Sohn des Adad-bēl-gabbe.
Mit Kappen ausgestattetes Siegel. Globoide Komposition mit einem Greifen, der von oben gegen einen Löwen kämpft. Reste eines ornamentalen Bandes, das wohl um das Kombattantenpaar angeordnet war.
Vgl. Kühne 1980, 104 Nr. 52.

**SIEGEL 6**; Text Nr. 34; VAT 18100; s. Fischer 1999, Nr. 21.
Abrollungen eines einzigen Siegels auf Vorder- und Rückseite sowie den erhaltenen Seitenrändern.
Eponym: Abī-ilī, Sohn des Katiri.
Siegelbesitzer: der Beauftragte Mušabši-Aššur, Sohn des Königs.
Qualitätvolles, mit Kappen ausgestattetes Siegel eines Prinzen. Infolge des fragm. Erhaltungszustandes ist die genaue Anzahl der Volutenbänder nicht rekonstruierbar, eventuell waren sie dreifach aneinandergereiht. Der Siegelschneider setzte sein Werkzeug bei der Anbringung der Voluten mehrmals an.
Vgl. Collon 1975, Nr. 161 (Tell Açana, Schicht VII: Siegelbesitzerin ist die Ehefrau eines Generals).

**SIEGEL 7**; Text Nr. 39; VAT 18069; s. Fischer 1999, Nr. 20.
Abrollungen eines einzigen Siegels auf Vorder- und Rückseite sowie den Seitenrändern.
Weder Beauftragter noch Eponym genannt.
Fragm. erhaltene Darstellung, die nur noch einen Greifen und ein ornamentales Motiv erkennen läßt. Die Komposition des mit Kappen versehenen Siegels ist wohl zu Siegel Nr. 5 zu ergänzen.
Vgl. Kühne 1983, 7 (SH 80/1527 I/025, Šēḫ Ḥamad).

**SIEGEL 8**; Text Nr. 40; VAT 18179; s. Fischer 1999, Nr. 23.
Tafel mit Abrollungen eines einzigen Siegels auf Vorder- und Rückseite sowie den Seitenrändern.
Eponym: Etel-pî-Aššur, Sohn des Kurbānu.
Siegelbesitzer: der Beauftragte Aššur-tišamme, Sohn des Šamaš-aḫa-iddina.
Fragm. erhaltene Darstellung mit floralen Motiven in Form von Girlanden und Rosetten.

**SIEGEL 9**; Text Nr. 41; VAT 18095; s. Fischer 1999, Nr. 22.
Tafel mit Abrollungen eines einzigen Siegels auf Vorder- und Rückseite, Seitenränder nicht vorhanden.
Eponymen: Aššur-nādin-apli und Libūr-zānin-Aššur. Siegelbesitzer: ?
Die Ergänzung des mit Kappen versehenen Siegels nach den äußerst fragm. erhaltenen Abrollungen ist tentativ. Einzelne Rosetten(?).
Zum Motiv einer Rosette auf einem Ring aus Muschel vgl. Beyer 1982, 174 Abb. 11. Zur Bleiplakette mit einer Rosette aus dem Tukultī-Ninurta-I-Bau des Ištar-Tempels vgl. Andrae 1967, Taf. 47,1; zu Fritte-Rosetten aus einem Tempel in KTN vgl. Dittmann 1990, 169.

**SIEGEL 10**; Text Nr. 42; VAT 18099; s. Fischer 1999, Nr. 15.
Abrollungen eines einzigen Siegels auf der Rückseite und den vorhandenen Seitenrändern sichtbar.
Eponym und Beauftragter nicht erhalten.
Auf der fragm. Siegelabrollung ist nur noch ein geflügelter Felide erkennbar. Komposition eventuell entsprechend Siegel Nr. 11.

**SIEGEL 11**; Text Nr. 43; VAT 18104; s. Fischer 1999, Nr. 14.
Abrollungen wohl eines einzigen Siegels auf Vorder- und Rückseite sowie den Seitenrändern.
Eponym: Abī-ilī, Sohn des Katiri.
Siegelbesitzer: ?
Fragm. erhaltene Darstellung eines mit Kappen ausgestatteten Siegels mit einem geflügelten Feliden und eventuell einem kollabierenden Herbivoren. Die Kombattantengruppe war mit einem ornamentalen Band umgeben.
Vgl. Moortgat 1944, 28 Abb. 12, ebd. 31 Abb. 19.

**SIEGEL 12**; Text Nr. 45; VAT 18092; s. Fischer 1999, Nr. 32.
Eponym: ?
Siegelbesitzer: ein Schreiber.
Infolge des fragm. Erhaltungszustandes ist lediglich das Schreibersiegel Nr. 12 auf einem Seitenrand erkennbar; der Beauftragte ist Aššur-iddin, Sohn des Urad-ilāni, sein Siegel (Siegel Nr. 3 A) befand sich wohl auf der beschädigten Vorder- und Rückseite.
Das flüchtig geschnittene Figurenband ist lediglich noch bis auf die entgegengesetzt orientierten Körper eines Löwendrachen und eines Feliden erhalten.

**SIEGEL 13**; Text Nr. 51; VAT 20155; s. Fischer 1999, Nr. 8.
Tafel mit Abrollungen wahrscheinlich eines einzigen Siegels auf Vorder- und Rückseite sowie dem rechten Seitenrand, die übrigen Seitenränder sind nicht erhalten.
Eponym: ?
Siegelbesitzer: der Beauftragte x-tūra-uṣur.

Fragm. erhaltene Abrollung eines qualitätvollen Siegels mit einem nach rechts gewendeten geflügelten Löwen oder Löwendrachen.
Zum Mischwesen mit beidseitig ausgebreiteten Flügeln vgl. Moortgat 1944, 32 Abb. 24-26.

**SIEGEL 14**; Text Nr. 57 : VAT 18103 ; Text Nr. 58 : VAT 18073 ; s. Fischer 1999, Nr. 13.
Abrollungen eines einzigen Siegels auf Vorder- und Rückseite sowie den Seitenrändern.
Eponym : Abattu (VAT 18103) ; vgl. Kat.-Nrn. 2. 18.
Siegelbesitzer : Mudammeq-Nusku, ein Sohn des Ibašši-ilī.
Mit Kappen versehenes Siegel. Trianguläre, flach modellierte Kombattantengruppe, die sich aus einem Löwen und einem kollabierenden Hirsch mit S-förmig geschwungenem Körper zusammensetzt.
Vgl. Moortgat 1942, 66 Abb. 27. - Parker 1977, Nrn. 4. 29. - Vorläufer der Komposition des Siegels 14 sind eventuell Matthews 1991, Nr. 24, und Parker 1977, Nr. 38.

**SIEGEL 15**; Text Nr. 60; VAT 20110; Fischer 1999, Nr. 36.
Abrollungen eines Siegels auf Vorder- und Rückseite ; es ist unklar, ob dasselbe Siegel auch auf den Seitenrändern abgerollt war.
Eponym : ?
Siegelbesitzer : der Empfänger *Qa-ab-*[*si*?].
Fragm. erhaltene Darstellung eines geflügelten Feliden(?).

**SIEGEL 16**; Text Nr. 70; VAT 20322; Fischer 1999, Nr. 34.
Siegelabrollung lediglich auf dem unteren Rand erhalten. Analog zu den Siegeln Nrn. 3 B und 12 gehörte das Siegel wahrscheinlich einem Schreiber. Auf der Vorder- und Rückseite war wohl das Siegel des beauftragten Verwaltungsbeamten abgerollt.
Weder Eponym noch Beauftragter erhalten.
Entgegengesetzt orientierte Tierkörper eines geflügelten Löwendrachen und eines Feliden.
Zum Figurenband vgl. Kantor 1958, Taf. 77, XV.XVII.

**SIEGEL 17**; Text Nr. 81 ; VAT 18098 ; s. Fischer 1999, Nr. 6.
Tafel mit Abrollungen eines einzigen Siegels auf Vorder- und Rückseite sowie den Seitenrändern.
Eponym : ? (analog zu VAT 18104 vielleicht Abī-ilī, Sohn des Katiri).
Siegelbesitzer : wohl Da"āni-bēl-ekur, da die Verpflegung der Arbeitskräfte in seinen Zuständigkeitsbereich fiel ; er ist zusammen mit Aššur-tappūti als Beauftragter genannt.
Fragm. erhaltene Abrollungen eines sorgfältig geschnittenen Siegels. Nach links gewendete geflügelte, bärtige Sphinx mit Hörnerkappe. Der S-förmig geschwungene Körper ist mit einem ornamentalen Band umgeben.

**SIEGEL 18 A**; Text Nr. 103 VAT 18159; s. Fischer 1999, Nr. 24.
Abrollungen zweier Siegel ; Siegel Nr. 18 A auf linkem Seitenrand, Siegel Nr. 18 B auf Vorderseite ; Rückseite und übrige Seitenränder nicht erhalten oder beschädigt.
Eponym : ?
Siegelbesitzer : Erīb-Aššur, der Vermerk „Siegel des Erīb-Aššur" (KIŠIB [I]SU-[d]*A-šur*) wurde über die Siegelabrollung geschrieben.
Eine Figur im kurzen Rock mit Fransen(?) hält mit ihrer Linken den Schwanz eines Löwen, mit der anderen Hand wahrscheinlich einen zweiten Gegner ; Rückenpartie eines weiteren Tieres erkennbar, unter dem Löwen befindet sich ein sekundäres Motiv.
Vgl. Matthews 1991, Nr. 29.

**SIEGEL 18 B**; Text Nr. 103 ; VAT 18159 ; Fischer 1999, Nr. 25.
Siegelbesitzer : ?
Abrollungen zweier Siegel ; Siegel Nr. 18 B auf der Vorderseite, Siegel Nr. 18 A auf dem linken Seitenrand.
Darstellung einer einem Widder zugewandten Figur im langen Gewand ; die Handlung hat wohl keinen martialischen, vielleicht einen rituellen Charakter ; weitere Figur/en nicht mehr erhalten.
Vgl. Kantor 1958, Taf. 77, IX. - Matthews 1991, Nrn. 15 + 16.

**SIEGEL 19**; Text Nr. 104; VAT 18180; Fischer 1999, Nr. 26.
Abrollungen eines einzigen Siegels auf Vorder- und Rückseite sowie den Seitenrändern.
Eponym : ?
Siegelbesitzer : der Lederarbeiter Naḫiš-šalmu (Empfänger).
Flüchtig geschnittenes Siegel mit einem galoppierenden Capriden und einem angreifenden Löwen, beide Körper sind S-förmig geschwungen ; Szene enthält florale Elemente.
Vgl. Parker 1977, Nr. 37.

**SIEGEL 20**; Text Nr. 105 ; VAT 20275 ; s. Fischer 1999, Nr. 7.

Abrollungen eines einzigen Siegels auf Vorder- und Rückseite sowie den Seitenrändern.
Eponym : ?
Siegelbesitzer : der Beauftragte Aššur-MU-x *ša rēš šarri*, Name vielleicht zu Aššur-mudammeq oder Aššur-šuma-iddina zu ergänzen.
Sorgfältig geschnittenes Siegel. Nach links gewendetes, geflügeltes Pferd mit S-förmig geschwungenem Körper und einem ornamentalen Band, das die Figur einrahmt.
Vgl. Moortgat 1944, 32 Abb. 22.

**SIEGEL 21** ; Text Nr. 106 ; VAT 18097 ; s. Fischer 1999, Nr. 18.
Abrollungen eines einzigen Siegels auf Vorder- und Rückseite sowie den Seitenrändern.
Eponym : Abattu.
Siegelbesitzer : Innamer, 'der über die Felder gesetzt ist'.
Fragm. erhaltene Darstellung mit einem Greifenmenschen im Kampf mit einem Löwen.

**SIEGEL 22** ; Text Nr. 110 ; VAT 15436 ; Fischer 1999, Nr. 29.
Abrollungen eines Siegels auf Vorder- und Rückseite sowie den Seitenrändern.
Eponym : ?
Siegelbesitzer : der Schuldner x, Sohn des Šamaš-rā'im-ketti ; der Gläubiger ist Aššur-iddin, Sohn des Urad-ilāni (s. Siegel Nr. 3 A).
Flüchtig geschnittenes Siegel mit flächigen, in Bewegung befindlichen Figuren. Die genaue Abfolge der einzelnen Kombattantengruppen des Figurenbandes ist nicht rekonstruierbar : aufgerichtete Löwin gegen kollabierenden Löwen(?), Körper in Aufsicht ; weiterhin die entgegengesetzt angeordneten, S-förmig geschwungenen Körper eines Löwen und einer angreifenden Löwin, die wohl aus einem geflügelten Mischwesen geschnitten wurde (Spuren der Flügel noch erkennbar).

**SIEGEL 23** ; Text Nr. 111 ; VAT 15540 ; Fischer 1999, Nr. 30.
Siegelabrollungen lediglich auf der Vorderseite erhalten, Tafelrückseite und Seitenränder beschädigt.
Eponym : [$^{I?}$]x[ ]x-[$^{d}$*A*?]-*šur* (Freydank 1991, 180).
Siegelbesitzer : ⸢*Ka*⸣-*di*-[ (KIŠIB ⸢*Ka*⸣-*di*-⸢*i*⸣).
Figurenband aus dynamisch geschwungenen Tierkörpern, von dem lediglich ein geflügelter Löwendrache(?) und ein Capride(?) erhalten sind.

**SIEGEL 24** ; Text Nr. 113 ; VAT 16451 ; s. Fischer 1999, Nr. 11.
Abrollungen wohl eines einzigen Siegels, nur noch auf einem Seitenrand sichtbar.
Eponym : Abi-ilī, Sohn des Katiri.
Siegelbesitzer : Ina-Aššur-šuma-aṣbat, Sohn des Aššur-nādin-šume.
Die fragm. erhaltene Darstellung einer wahrscheinlich triangulären Komposition läßt nur noch einen nach links gewendeten, aufgebäumten, geflügelten Löwendrachen erkennen ; weitere Figur nicht mehr erhalten.

**SIEGEL 25** ; Text Nr. 114 ; VAT 18106 ; s. Fischer 1999, Nr. 16.
Abrollungen wohl eines einzigen Siegels auf Vorder- und Rückseite sowie den Seitenrändern, nur auf einem Seitenrand erhalten.
Eponym : ?
Siegelbesitzer : Adad-šumu-lēšir, Sohn des Adad-šar-ilāni.
Trianguläre Komposition mit zwei aufgerichteten Löwen, die antithetisch um ein 'lebensbaumähnliches' Objekt gruppiert sind.
Vgl. Moortgat 1944, 35 Abb. 31.

**SIEGEL 26** ; Text Nr. 119 ; VAT 18096 ; s. Fischer 1999, Nr. 3.
Tafel mit Abrollungen eines Siegels auf Vorder- und Rückseite sowie den Seitenrändern.
Eponym : Ninu'āju, Sohn des Aššur-iddin.
Siegelbesitzer : Bēr-išmanni, Sohn des Bēr-bēl-līte, Statthalter (*bēl pāḫete*) des Landes Katmuḫi.
Sorgfältig geschnittenes Siegel. Nach rechts schreitendes, geflügeltes Mischwesen : Kopf, Hinterbeine und Schwanz stammen von einem Löwen, die beiden Vorderbeine von einem Vogel. Über der Rückenpartie der Figur befindet sich ein sekundär eingefügtes, nach links gerichtetes, geflügeltes Mischwesen.
Zum schreitenden Motiv vgl. Moortgat 1944, 32 Abb. 24. 26. - Parker 1977, Nr. 6. - Matthews 1992, Nr. 162.

**SIEGEL 27** ; Text Nr. 121 ; VAT 20131 ; Fischer 1999, Nr. 35.
Tafel mit Abrollungen eines oder zweier Siegel auf der Rückseite (Vorderseite beschädigt) sowie auf dem oberen und rechten Seitenrand.
Eponym : ?
Siegelbesitzer(?) : Aššur-bēl-ilāni [ ].
Die Abrollungen eines geflügelten Feliden bzw. Löwendrachens befinden sich auf den Seitenrändern, auf der Rückseite die eines Löwen. Es ist unklar, ob die beiden Fragmente zusammengehören.

# Bibliographie


W. Andrae 1967: Die jüngeren Ischtar-Tempel in Assur, WVDOG 58, Leipzig (Neudruck der Ausgabe 1935).

D. Beyer 1982: Du Moyen-Euphrate au Luristan: Bagues-Cachets de la fin du deuxième Millénaire, MARI 1, 169-189.

D. Collon 1975: The Seal Impressions from Tell Atchana/Alalakh, AOAT 27, Kevelaer–Neukirchen-Vluyn 1975.

R. Dittmann 1990: Ausgrabungen der Freien Universität Berlin in Assur und Kār-Tukultī-Ninurta in den Jahren 1986-89, MDOG 122, 157-171.

C. Fischer 1999: Elitezugehörigkeit und Harmonieverständnis. Zu den mittelassyrischen Siegelabrollungen aus Kār-Tukultī-Ninurta, MDOG 131, 115-154.

H. J. Kantor 1958: The Glyptic, in: C. W. McEwan et alii, Soundings at Tell Fakhariyah, OIP 79, Chicago, 69-85.

H. Kühne 1980: Das Rollsiegel in Syrien, Tübingen.

H. Kühne 1983: Umwelt und Technik vor 3500 Jahren, Freie Universität Berlin (Broschüre).

D. Matthews 1991: Middle Assyrian Glyptic from Tell Billa, Iraq 53, 17-42.

D. Matthews 1992: The Kassite Glyptic of Nippur, Orbis Biblicus et Orientalis 116, Freiburg/ Schweiz.

A. Moortgat 1942: Assyrische Glyptik des 13. Jahrhunderts, ZA 47, 50-88.

A. Moortgat 1944: Assyrische Glyptik des 12. Jahrhunderts, ZA 48, 23-44.

B. Parker 1977: Middle Assyrian Seal Impressions from Tell al Rimah, Iraq 39, 257-268.

Siegel 1 (VAT 15422)

Siegel 2 (VAT 15425)

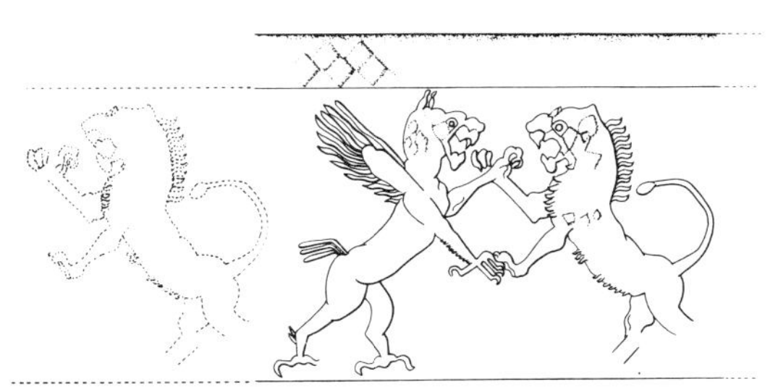

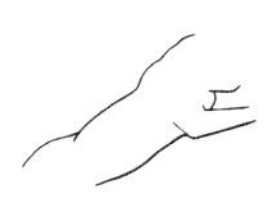

Siegel 3B (VAT 18058)

Siegel 3A (VAT 18058, VAT 18068)

Siegel 4 (VAT 18094, VAT 20084)

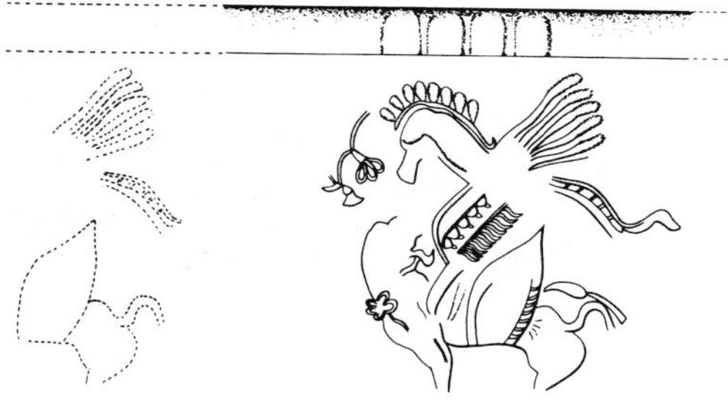

Siegel 5 (VAT 18105, VAT 20091)

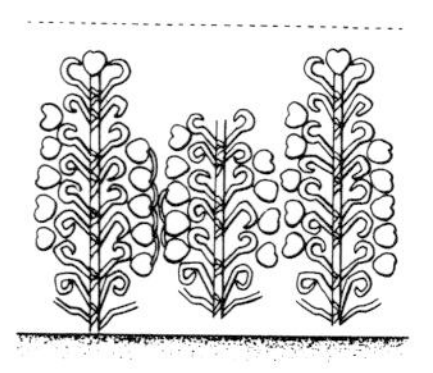

Siegel 6 (VAT 18100)

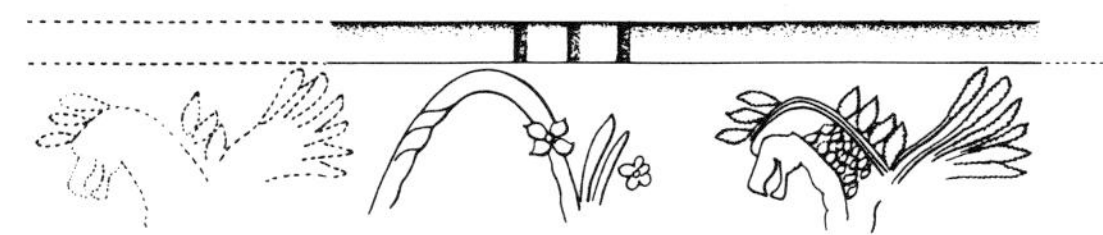

Siegel 7 (VAT 18069)

Siegel 8 (VAT 18179)

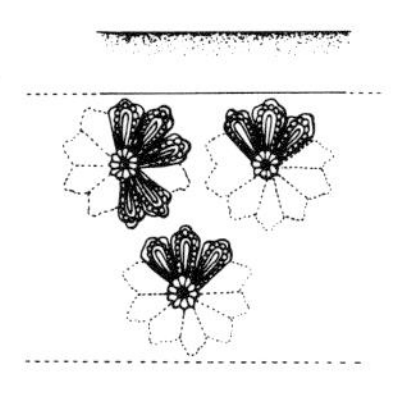

Siegel 9 (VAT 18095)

Siegel 10 (VAT 18099)

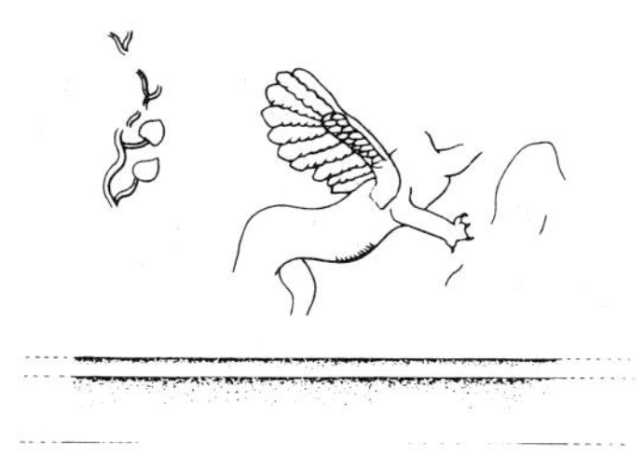

Siegel 11 (VAT 18104)

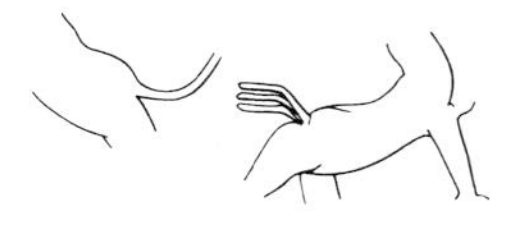

Siegel 12 (VAT 18092)

Siegel 13 (VAT 20155)

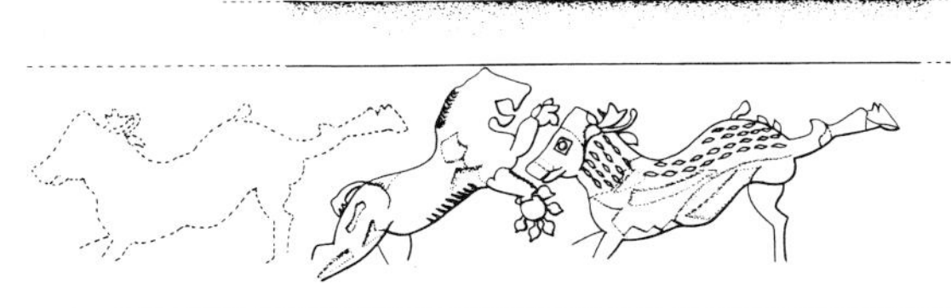

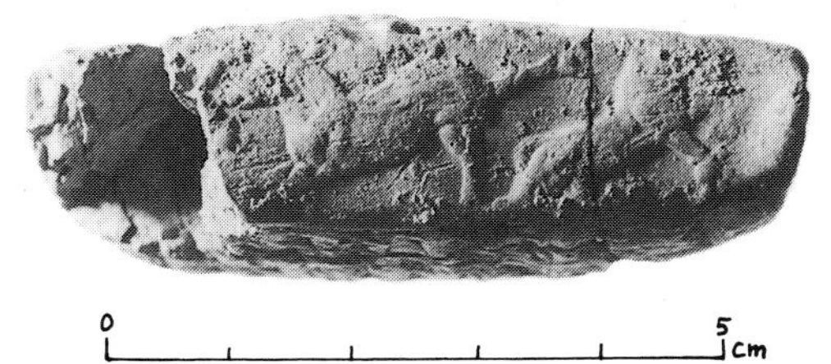


Siegel 14 (VAT 18103)

Siegel 15 (VAT 20110)

Siegel 16 (VAT 20322)

Siegel 17 (VAT 18098)

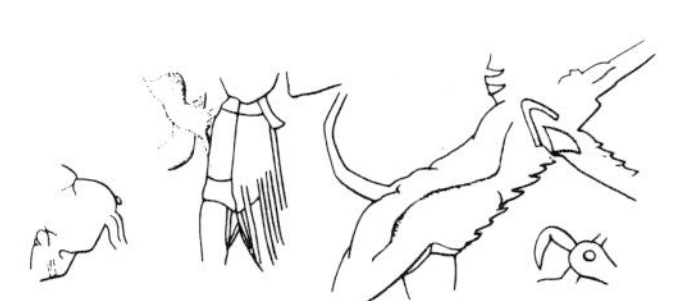

Siegel 18A (VAT 18159)

Siegel 18B (VAT 18159)

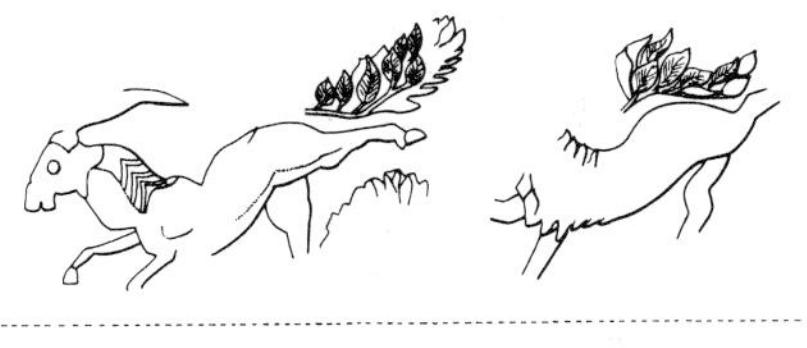

Siegel 19 (VAT 18180)

Siegel 20 (VAT 20275)

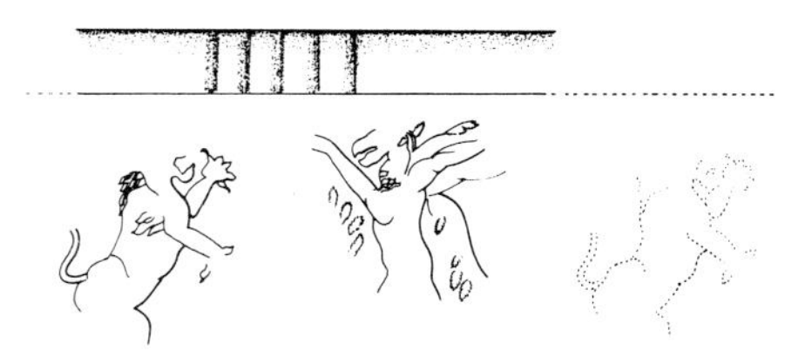

Siegel 21 (VAT 18097)

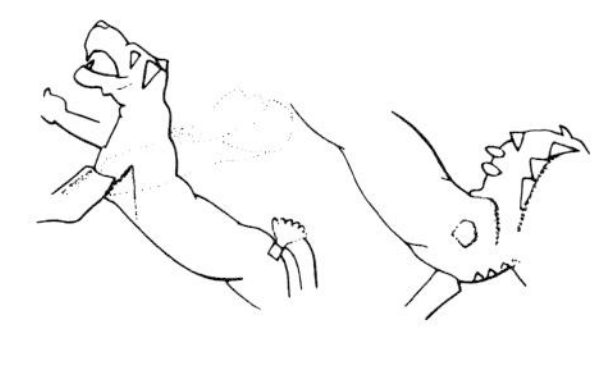

Siegel 22 (VAT 15436)

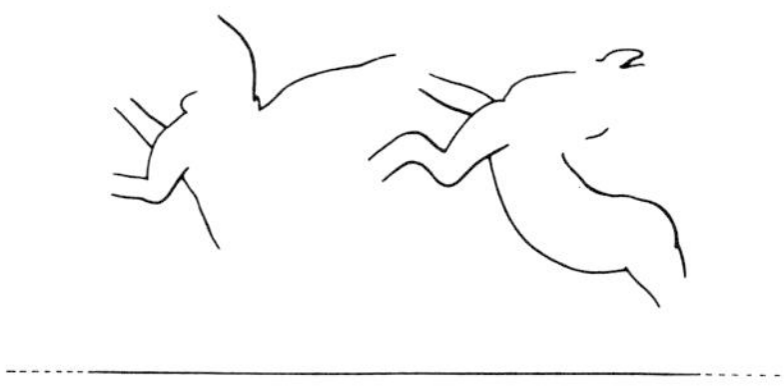

Siegel 23 (VAT 15540)

Siegel 24 (VAT 16451)

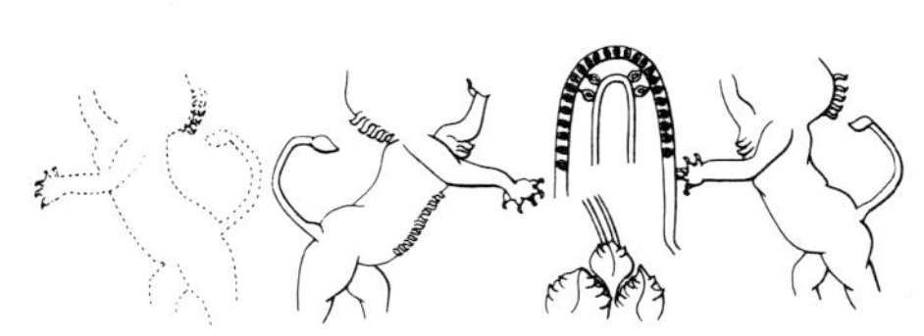

Siegel 25 (VAT 18106)

Siegel 26 (VAT 18096)

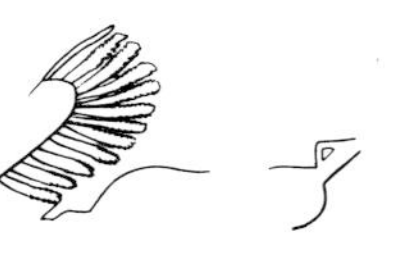

Siegel 27 (VAT 20131)